新时代全面从严治党研究丛书

姚宏志　主编

安徽省哲学社会科学规划重大项目
“习近平总书记关于全面从严治党重要论述研究”
（项目批准号为 AHSKZD2018D01）最终研究成果

拧紧思想信念“总开关”

高正礼　季春芳　著

学习出版社

图书在版编目（CIP）数据

拧紧思想信念“总开关”/ 高正礼，季春芳著. --北京：学习出版社，2023.12（2024.5重印）

（新时代全面从严治党研究丛书 / 姚宏志主编）

ISBN 978-7-5147-0957-5

Ⅰ. ①拧… Ⅱ. ①高… ②季… Ⅲ. ①中国共产党一党的建设一研究 Ⅳ. ①D26

中国国家版本馆CIP数据核字（2023）第068921号

拧紧思想信念“总开关”

NINGJIN SIXIANG XINNIAN “ZONGKAIGUAN”

姚宏志 主编

高正礼 季春芳 著

责任编辑：李紫薇

技术编辑：朱宝娟

装帧设计：壹读闻话

出版发行：学习出版社

北京市崇外大街11号新成文化大厦B座11层（100062）

010-66063020 010-66061634 010-66061646

网 址：http://www.xuexiph.cn

经 销：新华书店

印 刷：北京顶佳世纪印刷有限公司

开 本：710毫米×1000毫米 1/16

印 张：20.75

字 数：247千字

版次印次：2023年12月第1版 2024年5月第3次印刷

书 号：ISBN 978-7-5147-0957-5

定 价：76.00元

如有印装错误请与本社联系调换，电话：010-67081356

序

全面建设社会主义现代化国家，全面推进中华民族伟大复兴，关键在党。党的十八大以来，以习近平同志为核心的党中央，紧紧围绕建设什么样的长期执政的马克思主义政党、怎样建设长期执政的马克思主义政党的重大时代课题，以前所未有的勇气和定力深入推进全面从严治党，解决了党内许多长期想解决而没有解决的突出问题，推动新时代全面从严治党取得了历史性、开创性成就，产生了全方位、深层次影响。不仅如此，习近平总书记还就全面从严治党问题发表了一系列重要论述，提出了事关党的长远发展的一系列新举措新思想新战略，比较系统地回答了全面从严治党的重大理论和现实问题，形成了内涵丰富、逻辑严密、系统完备的科学思想体系，丰富和发展了中国共产党管党治党、兴党强党的新鲜经验，标志着我们党对马克思主义执政党建设规律的认识达到了新高度和新境界，为深入推进新时代党的建设新的伟大工程提供了根本遵循。

为深入研究新时代全面从严治党的理论与实践，特别是深刻阐释习近平总书记关于全面从严治党的重要论述，安徽省哲学社会科学规划办公室设立安徽省哲学社会科学规划重大项目，面向全省高校和科研机构公开招标。本次招标首个选题方向和范围就是“习近平新时代中国特色社会主义思想专题化系列研究”，要求围绕习近平总书记各方面重要论述，分专题进行研究阐释，成果形式为系列专著。据此，由本人为首席专家牵头申报，并以“习近平总书记关于全面从严治党重要论述研究”为题进行投标，后经专家评审，报中共安徽省委宣传部批准，最终成功中标立项。

本项目研究的设计思路是：基于中国特色社会主义进入新时代这一全新历史方位，围绕中国共产党建设面临的新形势新要求以及所肩负的伟大历史使命，力图从总体上全面梳理党的十八大以来习近平总书记关于全面从严治党的系列重要论述，深入阐发这些重要论述的生成背景、丰富内涵、科学体系、鲜明特征、精神实质和实践要求，以期从总体上全面理解和深刻把握这一思想体系。基于这一研究思路，课题组成员经过深入研讨，确定了本项目的6个子课题，名称分别如下：

第一个子课题为“全面从严治党永远在路上”，以习近平总书记关于全面从严治党永远在路上重要论述为文本依据，深刻阐释习近平总书记这些重要论述的生成逻辑、主要内容、基本目标、逻辑体系、主要特点等，力求完整、准确地把握习近平总书记全面从严治党的科学内涵和精神实质，深入阐发习近平总书记关于全面从严治党永远在路上重要论述的理论意义和现实价值。

第二个子课题为“把党的政治建设摆在首位”，以习近平总书记关于党的政治建设重要论述为文本依据，深刻阐释坚定无产阶级政治信仰、坚持党中央权威和集中统一领导、紧扣民心这个最大政治、营造风清气正的政治生态、严明党的政治纪律和政治规矩、着力防范化解重大政治风险、努力提高领导干部政治能力等方面内容，同时注重对这些重要论述的思想史梳理和社会史还原，以期深入揭示习近平总书记关于党的政治建设重要论述的历史继承性、思想丰富性、现实针对性。

第三个子课题为“拧紧思想信念‘总开关’”，以习近平总书记关于党的思想建设重要论述为文本依据，深刻阐释思想建设是党的基础性建设、坚持不懈用习近平新时代中国特色社会主义思想武装全党、补足中国共产党人精神之“钙”、党性教育是中国共产党人“心学”、坚持思想建党和制度治党相统一等方面内容，从历史、理论、实践等方面着力概括习近平总书记关于党的思想建设重要论述的基本特征、历史地位、理论价值和指导作用。

第四个子课题为“贯彻落实好党的组织路线”，以习近平总书记关于党的组织建设特别是党的组织路线重要论述为文本依据，深刻阐释组织体系建设是新时代党的组织工作和组织路线的重点、着力培养忠诚干净担当的高素质干部、着力聚集爱国奉献的各方面优秀人才、做好年轻干部工作等方面内容，旨在揭示习近平总书记关于党的组织建设重要论述的提出背景、主要内容、理论意义与实践意义。

第五个子课题为“以钉钉子精神狠抓作风建设”，以习近平总书记关乎党的作风建设重要论述为文本依据，深刻阐释党风问题关乎党的生死存亡、弘扬党的光荣传统和优良作风、纠正“四风”不能止步、党性问题是改进作风的重要着眼点、把家风建设作为领导干部作风建设重要内容、持之以恒抓作风建设等方面内容，进而剖析习近平总书记关于党的作风建设重要论述的思想来源、科学内涵、理论创新和现实价值。

第六个子课题为“把纪律和规矩挺在前面”，以习近平总书记关于党的纪律建设重要论述为文本依据，深刻阐释用严明的纪律管全党治全党、建立健全各项纪律和规矩、严明政治纪律和政治规矩、把严明组织纪律贯穿管党治党全过程、使纪律真正成为带电的高压线等方面内容，旨在深入概括习近平总书记关于新时代党的纪律建设重要论述的生成背景、主要内容、核心观点、建设路径和现实意义。

上述6个子课题之间形成了“1+5”的框架结构和逻辑关系。这里的“1”即第一个子课题，主要是从全局性、宏观上对习近平总书记关于全面从严治党重要论述进行整体性阐述，这是总论；这里的“5”即其他5个子课题，分别从政治建设、思想建设、组织建设、作风建设、纪律建设等五大具体领域和局部内容，对习近平总书记关于全面从严治党某方面重要论述进行专题化阐释，这是分论。“1+5”研究框架有总有分，第一个子课题与其他5个子课题之间，以及5个子课题相互之间，既各有区别、各有侧重，又相互联系、相互补充，共同构成了一个有机联系的统一整体。

这里要特别感谢本项目各子课题负责人及课题组全体成员的大力支持。第一至第五个子课题负责人依次为张正光教授、王先俊教授、高正礼教授、严宏教授、沈燕培教授，第六个子课题负责人由首席专家兼任。在项目推进过程中，首席专家和各个子课题负责人以及课题组其他成员多次召开汇报会、推进会和研讨会，细化工作实施方案，深入研讨框架结构，相互切磋、解疑释惑，通报各自研究进度，共同推动项目研究工作的有序开展和持续推进，确保项目如期完成和高质量结项。经过课题组全体成员整整4年的共同努力，项目最终结项成果经安徽省哲学社会科学规划办公室审核，达到免于鉴定条件，于2022年10月正式结项。

为使研究成果早日与读者见面，一俟本项目结项，首席专家便与各个子课题负责人以及课题组全体成员根据结项评审专家的意见建议，对研究成果作了进一步修改、丰富和完善，并冠以“新时代全面从严治党研究丛书”之名，由学习出版社出版发行。

习近平总书记关于全面从严治党重要论述，立意高远，内涵丰富，思想深邃，为新时代推进管党治党、全面从严治党指明了前进方向。研究和阐释习近平总书记关于全面从严治党重要论述，不仅有着重大理论意义，而且有着重大现实意义。思想理论界对习近平总书记关于全面从严治党重要论述的深入研究和深刻阐释，已经取得了不少研究成果，但也只是刚刚开始，我们的研究同样只是起步，祈愿本研究成果能够对思想理论界有所裨益。

姚宏志

2022年12月

目录

前言

马克思主义政党的自身建设是一项系统的伟大工程。2017年10月，党的十九大报告对新时代党的建设总要求作出新的概括，这就是"以党的政治建设为统领，以坚定理想信念宗旨为根基"，"全面推进党的政治建设、思想建设、组织建设、作风建设、纪律建设，把制度建设贯穿其中，深入推进反腐败斗争"。[①]这一概括从政治、思想、组织、作风、纪律、制度6个方面建设和反腐败斗争进一步指明了新时代中国共产党自身建设的总体布局，也是马克思主义政党学说尤其是中国共产党党建理论发展的重大成果。

着重从思想上建党是马克思主义政党的优良传统，是中国共产党加强自身建设的显著特征。早在党的十八大之前，习近平同志就十分重视党的思想建设尤其是党员干部的理想信念教育，认为"建设马克思主义学习型政党，必须始终以思想

---

① 《十九大以来重要文献选编》上，中央文献出版社2019年版，第43—44页。

理论建设为根本，以提高全党的马克思主义理论水平为目标”，“理想信念是思想和行动的‘总开关’”[①]。党的十八大以来，习近平总书记同样高度重视党的思想建设，并进一步将之提升和形象地概括为共产党员世界观、人生观、价值观的“总开关”“压舱石”。2015年1月，习近平总书记在中共中央党校县委书记研修班学员座谈会上指出：“大家要把学习掌握马克思主义理论作为看家本领，深入学习马克思列宁主义、毛泽东思想，深入学习邓小平理论、‘三个代表’重要思想、科学发展观，深入学习十八大以来党的理论创新成果，不断领悟，不断参透，做到学有所得、思有所悟，注重解决好世界观、人生观、价值观这个‘总开关’问题，真正做到对马克思主义虔诚而执着、至信而深厚。”[②]此外，在2014年10月党的群众路线教育实践活动总结大会、2016年10月党的十八届六中全会、2017年10月党的十九大、2018年7月党的全国组织工作会议、2019年12月中央政治局“不忘初心、牢记使命”专题民主生活会、2021年党史学习教育动员大会、2021年庆祝中国共产党成立100周年大会、2021年党的十九届六中全会、2022年党的二十大等重大场合的重要讲话中，习近平总书记都强调了党员领导干部拧紧思想信念“总开关”的必要性，认为“‘欲事立，须是立心。’加强思想教育和理论武装，是党内政治生

① 《十七大以来重要文献选编》中，中央文献出版社2011年版，第257、第264页。

② 《十八大以来重要文献选编》中，中央文献出版社2016年版，第321页。

活的首要任务，是保证全党步调一致的前提……党内政治生活出现这样那样的问题，根子还是一些党员、干部理想信念这个'压舱石'发生了动摇，世界观、人生观、价值观这个'总开关'出现了松动"[①]；"要把坚定理想信念作为党的思想建设的首要任务，教育引导全党牢记党的宗旨，挺起共产党人的精神脊梁，解决好世界观、人生观、价值观这个'总开关'问题，自觉做共产主义远大理想和中国特色社会主义共同理想的坚定信仰者和忠实实践者"[②]；"思想理论是灵魂，制度建设是保障。我们既注重解决思想问题、拧紧'总开关'，又注重解决制度问题、上紧制度规矩发条"[③]；"理想信念是共产党人的政治灵魂，是共产党人初心的本质要求。共产党人只有树立了崇高而坚定的理想信念，才能做到不忘初心、牢记使命。要始终把不忘初心、牢记使命作为必修课、常修课，时常叩问和守护初心，及时修枝剪叶、补钙壮骨，把牢理想信念'总开关'，在大是大非面前旗帜鲜明，在风浪考验面前无所畏惧，在各种诱惑面前立场坚定，在关键时刻让党信得过、靠得住、能放心"[④]。

---

① 《习近平关于全面从严治党论述摘编》，中央文献出版社2016年版，第73页。

② 《十九大以来重要文献选编》上，中央文献出版社2019年版，第44—45页。

③ 《十九大以来重要文献选编》上，中央文献出版社2019年版，第556页。

④ 《中共中央政治局召开专题民主生活会强调　带头把不忘初心牢记使命作为终身课题　始终保持共产党人的政治本色和前进动力　习近平主持会议并发表重要讲话》，《人民日报》2019年12月28日。

这些重要论述指明了马克思主义理论武装党员干部，尤其是解决党员干部世界观、人生观、价值观的关键作用，突出强调了思想建设在党的建设总体布局中的“基础性建设”[1]地位。

历史上，关于马克思主义政党的思想建设，马克思、恩格斯和列宁等经典作家，中国共产党的历任领导人毛泽东、邓小平、江泽民、胡锦涛等，在众多文献和场合的讲话中都曾使用过“思想建设”“思想政治建设”“思想理论建设”“党内思想教育”等概念。根据习近平总书记的重要论述、党的十九大和二十大精神及本专题研究的主题，除引文尊重原文，一般语境下统一表述为“思想建设”。

中国共产党是马克思列宁主义同中国工人运动相结合的产物，自诞生以来就一直高度重视思想建设，坚持把马克思主义基本原理同中国具体实际相结合、同中华优秀传统文化相结合，实现了马克思主义中国化的第一次历史性飞跃和两次新的飞跃，产生了三大理论成果，即毛泽东思想、中国特色社会主义理论体系和习近平新时代中国特色社会主义思想。100 多年来，在马克思主义和中国化马克思主义的指导下，党领导中国人民取得了新民主主义革命、社会主义革命和建设、改革开放和社会主义现代化建设、新时代中国特色社会主义的伟大成就。

党的十八大以来，以习近平同志为核心的党中央团结带领全党全国各族人民高举中国特色社会主义伟大旗帜，为决胜全

① 《十九大以来重要文献选编》上，中央文献出版社 2019 年版，第 44 页。

面建成小康社会、夺取新时代中国特色社会主义伟大胜利、实现中华民族伟大复兴中国梦，统筹推进伟大斗争、伟大工程、伟大事业、伟大梦想，尤其是通过全面从严治党、深入推进新时代党的建设新的伟大工程为伟大斗争、伟大事业、伟大梦想提供政治保障。这期间，习近平总书记围绕党的思想建设发表了一系列重要论述，成为习近平新时代中国特色社会主义思想的重要组成部分。

注重思想建党是马克思主义政党的鲜明特色。马克思主义政党是指19世纪中叶以来世界各国和国际性的、以马克思主义为指导思想的、以工人阶级为阶级基础的、以实现共产主义为奋斗目标的政党，是马克思主义与各国工人运动相结合的产物。马克思、恩格斯和列宁等经典作家向来高度重视和评价理论对实践的指导作用。1844年2月，马克思指出："批判的武器当然不能代替武器的批判，物质力量只能用物质力量来摧毁；但是理论一经掌握群众，也会变成物质力量。理论只要说服人，就能掌握群众；而理论只要彻底，就能说服人。"①1878年6月，恩格斯曾指出："一个民族要想站在科学的最高峰，就一刻也不能没有理论思维。"②马克思主义政党区别于空想社会主义、无政府主义、封建社会主义等各种非无产阶级政党、资产阶级政党的显著特色和标志之一就是坚持以马克思主义为指导、把思想建设摆在党的自身建设的突出地位。

① 《马克思恩格斯文集》第1卷，人民出版社2009年版，第11页。
② 《马克思恩格斯文集》第9卷，人民出版社2009年版，第437页。

以“科学的世界观作为理论的基础”。马克思恩格斯在指导欧美国家工人阶级成立政党、开展国际共产主义运动的过程中，始终强调共产党必须以科学的世界观作为自己的理论基础。1847年和1848年，马克思恩格斯指导成立世界上第一个马克思主义政党——共产主义者同盟时就提出，共产党是先进的工人阶级政党，其先进性的重要表现之一就是指导思想的先进性和科学性，他们在为共产主义者同盟起草的宣言——《共产党宣言》中指出，“在实践方面，共产党人是各国工人政党中最坚决的、始终起推动作用的部分；在理论方面，他们胜过其余无产阶级群众的地方在于他们了解无产阶级运动的条件、进程和一般结果”，“共产党人的理论原理，决不是以这个或那个世界改革家所发明和发现的思想、原则为根据的”，“这些原理不过是现存的阶级斗争、我们眼前的历史运动的真实关系的一般表述”。[①]1859年8月，恩格斯再次指出，“我们党有个很大的优点，就是有一个新的科学的世界观作为理论的基础”[②]。后来，在指导第一国际、第二国际及德国、法国、美国等国家共产党开展革命斗争过程中，马克思恩格斯同各国马克思主义者一道，坚持用发展着的科学社会主义指导工人阶级政党的建设，同杜林、拉萨尔、赫希柏格、伯恩斯坦、施拉姆等民主社会主义、修正主义等展开了持续、激烈的斗争，有

① 《马克思恩格斯选集》第1卷，人民出版社2012年版，第413—414页。

② 《马克思恩格斯选集》第2卷，人民出版社2012年版，第16页。

力地推动了国际性共产党和欧美各国共产党及其领导的国际共产主义运动的发展。

“只有以先进理论为指南的党，才能实现先进战士的作用。”19世纪末和20世纪初，列宁在领导创建俄国社会民主党[1918年3月更名为“俄国共产党（布尔什维克）”，简称“俄共（布）”——笔者注]的过程中，同第二国际修正主义、国内经济主义和党内的孟什维克派等展开了激烈的斗争，强调没有先进的革命理论作指导就不会有坚强的革命政党，俄国社会民主党担负着“世界上任何一个政党都不曾有过的”把全体人民从专制制度压迫下解放出来的艰巨任务，“只有以先进理论为指南的党，才能实现先进战士的作用”，因此，党除了进行政治的、经济的、文化的斗争，还必须加强理论建设，努力进行“理论的斗争”①。十月革命胜利后，列宁领导俄共（布）和苏俄人民组建新的国家政权，恢复工农业生产，平定内部暴乱，抗击外国武装侵略，结束战时共产主义政策后又实施了新经济政策，通过成立第三国际推动国际共产主义运动事业的发展，并对马克思主义执政党建设作出积极的理论和实践探索，特别强调共产党员要努力学习马克思主义理论和业务知识，注重通过礼仪、广播、出版物、电影等多种途径，尤其是通过创办从中央到地方的各级党校对党员干部进行马克思主义理论教育，努力提高全党思想理论水平和政治觉悟。1922年3月，列宁主持召开的俄共（布）第十一次代表大会通过决议，明确

---

① 《列宁选集》第1卷，人民出版社2012年版，第312—313页。

提出“必须不断提高党员群众的政治——马克思主义修养水平”[①]的要求。1923年3月，列宁再次提出了共产党人“第一是学习，第二是学习，第三还是学习”[②]的任务。

列宁逝世后，斯大林领导俄共（布）[1925年12月更名为“全联盟共产党（布尔什维克）”，简称“联共（布）”；1952年10月更名为“苏联共产党”，简称“苏共”——笔者注］在探索社会主义革命和建设的道路上取得了巨大成就，也在加强执政党建设方面取得了较大成绩，同样强调党的思想建设的重要性，认为党要成为工人阶级“真正的先进部队”，“应当用革命理论，用运动规律的知识，用革命规律的知识把自己武装起来”[③]。

“党的建设中最主要的问题，首先就是思想建设问题。”在中国新民主主义革命、社会主义革命和建设时期，以毛泽东同志为主要代表的中国共产党人坚持把马克思列宁主义党的建设学说同中国具体实际、同中华优秀传统文化相结合，努力建设马克思主义政党，形成和发展了毛泽东党建思想。鉴于中国共产党创建和发展的理论准备相对不足、相当长的时期内农民和其他小资产阶级出身的革命分子占党员绝大多数、党内各种非无产阶级思想影响较广等问题和挑战，毛泽东、刘少奇等特别

---

① 《苏共决议汇编》第2分册，人民出版社1958年版，第205页。转引自魏泽焕主编《马克思主义党的学说及其发展》，广东人民出版社2001年版，第130页。

② 《列宁选集》第4卷，人民出版社2012年版，第786页。

③ 《斯大林选集》上卷，人民出版社1979年版，第261页。

强调着重从思想上建党、党必须确立以科学的主义作指导。早在党创建时期，毛泽东就提出，“主义譬如一面旗子，旗子立起来了，大家才有所指望，才知所趋赴”[①]。中国共产党诞生伊始就把马克思主义作为指导思想写在了自己的旗帜上。经过国民革命和土地革命战争的洗礼，毛泽东等对党和红军中存在的单纯军事观点、极端民主化、绝对平均主义等各种非无产阶级思想的表现及其根源有了清醒认识，更加明确了加强党的思想建设的重要性，强调必须“教育党员用马克思列宁主义的方法去作政治形势的分析和阶级势力的估量，以代替主观主义的分析和估量”[②]，要通过加强党内教育特别是党的正确路线的教育和开展党内的正确批评有效地纠正各种错误思想。在此基础上，毛泽东提出了党“从斗争中创造新局面的思想路线”，认为“马克思主义的‘本本’是要学习的，但是必须同我国的实际情况相结合。我们需要‘本本’，但是一定要纠正脱离实际情况的本本主义”[③]。这期间，因为根据地发展的党员大都是农民出身，党内非无产阶级的思想严重影响了党的自身建设及其领导的革命事业的发展。鉴于这种状况，农村革命根据地各地各级党组织都比较注重加强思想建设。苏区中央局组织部、宣传部及红军总政治部等机关，印发了一系列通俗易懂的有关马克思列宁主义和党的基本知识的读物，供党员干部和红军将

① 《毛泽东早期文稿》，湖南人民出版社 2013 年版，第 498 页。

② 《毛泽东选集》第 1 卷，人民出版社 1991 年版，第 92 页。

③ 《毛泽东选集》第 1 卷，人民出版社 1991 年版，第 111—112 页。

士学习。如红军总政治部 1932 年 1 月编印的《新党员训练大纲》，对党的主张、组织、纪律、任务等都作了说明。中央根据地的党组织通过组织各种研究组、政治讨论会、短期训练班和举行比赛等形式，对党员进行思想教育。党组织还通过举办各种短期训练班，加强干部的速成教育，提高党员干部的文化知识和理论水平。短期训练班的主要课程有政治常识、党的建设、苏维埃建设、实习等。除经常性的短期训练班以外，党组织还创办各种干部学校，对党员干部进行比较系统的马克思列宁主义教育和各种专业知识教育。①

全民族抗日战争时期，毛泽东党建思想得到系统发展从而达到成熟，关于加强党的思想建设的重要论述也更加丰富。1938 年 10 月，毛泽东在党的六届六中全会上指出：“指导一个伟大的革命运动的政党，如果没有革命理论，没有历史知识，没有对于实际运动的深刻的了解，要取得胜利是不可能的。”②1939 年 7 月，刘少奇也提出：“马克思列宁主义的理论，是我们观察一切现象、处理一切问题的武器，特别是观察一切社会现象、处理一切社会问题的武器。如果我们不能掌握马克思列宁主义的理论武器，我们就不能正确地认识和处理在革命斗争中所遇到的各种问题，就有迷失方向、背离无产阶级革命立场的危险，甚至可能自觉地或者不自觉地成为各种机会

---

① 《中国共产党的历史（1921—1949）》第一卷上册，中共党史出版社 2011 年版，第 366—367 页。

② 《毛泽东选集》第 2 卷，人民出版社 1991 年版，第 533 页。

主义者，成为资产阶级的俘虏和应声虫。”[①]1939年8月，中共中央作出的《关于巩固党的决定》指出，“在思想上、政治上、组织上巩固党，成为我们今天极端严重的任务，成为完成党的政治任务的决定因素”，“巩固党的中心一环，就是加强党内马克思列宁主义的教育、阶级教育和党的教育”。[②]不仅把思想建设摆在首位，而且明确指出其是巩固党的中心一环。1943年1月，毛泽东认为党员干部教育包括思想教育、政治教育、军事教育、文化教育等，但“应着重思想教育……这是建党的基本政策”[③]。1945年5月，刘少奇在中国共产党第七次全国代表大会所作修改党章的报告中指出，“只有在党内加强马克思列宁主义——无产阶级科学思想的教育与锻炼，不断克服小资产阶级以及其他各阶级反映在党内的思想，我们党的建设和党的事业，才能进步，才能发展……因此，我们党的建设中最主要的问题，首先就是思想建设问题，就是以马克思列宁主义——无产阶级的科学思想去教育与改造我们的党员、特别是小资产阶级革命分子的问题”[④]。新中国成立后，中国共产党不断总结历史和实践经验，继续坚持理论创新、坚持推进马克思主义中国化时代化并用马克思主义中国化时代化的理论

---

① 《刘少奇选集》上卷，人民出版社1985年版，第116页。

② 《建党以来重要文献选编（1921—1949）》第16册，中央文献出版社2011年版，第579—580页。

③ 《毛泽东年谱（1893—1949）》（修订本）中卷，中央文献出版社2013年版，第425页。

④ 《刘少奇论党的建设》，中央文献出版社1991年版，第411页。

成果武装全党，同时通过开展整风运动、干部培训和引导自学等多种途径对党员干部加强思想理论教育，从而推动了党的思想建设持续前进。

“解放思想，实事求是。”“文化大革命”结束后和改革开放初期，以邓小平同志为主要代表的中国共产党人在领导中国人民开创中国特色社会主义的同时，不断加强党的自身建设，并在总结实践经验的基础上提出了关于坚持着重从思想上建党、党的思想建设的根本任务是坚持和发展马克思主义、用建设有中国特色社会主义理论武装全党、继续把思想政治教育摆在突出地位、加强新形势下共产主义理想教育等邓小平党的思想建设的理论，继承和发展了马克思列宁主义、毛泽东思想的党建学说。其中，关于坚持解放思想、实事求是思想路线的理论具有基础性地位。“文化大革命”结束后，面对“两个凡是”[①]思想束缚，老一辈无产阶级革命家邓小平、陈云等支持思想理论界掀起的关于真理标准问题的大讨论。1978 年 12 月，党的十一届三中全会在北京召开，邓小平在之前召开的中共中央工作会议闭幕式上所作《解放思想，实事求是，团结一致向前看》的报告，实际上成为党的十一届三中全会的主题报告。全会充分肯定了真理标准问题的大讨论，重新确立了党的实事求是思想路线。之后，邓小平对实事求是思想路线的科学内涵作

① “两个凡是”即“凡是毛主席作出的决策，我们都坚决维护，凡是毛主席的指示，我们都始终不渝地遵循。”见《人民日报》、《红旗》杂志、《解放军报》社论：《学好文件抓住纲》，《人民日报》1977 年 2 月 7 日。

出了明确概括，指出："实事求是，一切从实际出发，理论联系实际，坚持实践是检验真理的标准，这就是我们党的思想路线。"[①]与此同时，邓小平还强调两点：一是把坚持马克思列宁主义和毛泽东思想为指导作为之一，列入"立国之本"的四项基本原则，指出"我们要在中国实现四个现代化，必须在思想政治上坚持四项基本原则……这四项是：第一，必须坚持社会主义道路；第二，必须坚持无产阶级专政；第三，必须坚持共产党的领导；第四，必须坚持马列主义、毛泽东思想"[②]。二是强调解放思想的极端重要性，认为"我们搞四个现代化，不开动脑筋，不解放思想不行。什么叫解放思想？我们讲解放思想，是指马克思主义指导下打破习惯势力和主观偏见的束缚，研究新情况，解决新问题"，"一个党，一个国家，一个民族，如果一切从本本出发，思想僵化，迷信盛行，那就不能前进，它的生机就停止了，就要亡党亡国"。[③]解放思想、实事求是不仅成为邓小平党建理论的基础，也是邓小平理论形成和发展的逻辑起点和思想精髓。

"把思想政治建设摆在党的建设的首位。"1989年6月，党的十三届四中全会以后，以江泽民同志为主要代表的中国共产党人紧紧围绕"建设一个什么样的党、怎样建设党"的基本问题，开创改革开放新局面，推进党的建设新的伟大工程，捍卫

① 《邓小平文选》第2卷，人民出版社1994年版，第278页。
② 《邓小平文选》第2卷，人民出版社1994年版，第164—165页。
③ 《邓小平文选》第2卷，人民出版社1994年版，第279、第143页。

中国特色社会主义，成功地把中国特色社会主义推向21世纪，并提出了关于始终把思想理论建设摆在首位、把党建设成为用邓小平理论武装起来的马克思主义政党、“共产党员的指导思想、方法论必须是马克思主义的”[①]、党作为工人阶级先锋队“必须在理论上更加成熟，在思想上更加统一，政治上更加坚定”[②]、“理论思维的成熟是党成熟的一个重要标志”[③]、必须把教育干部摆在党的建设的突出位置、具有远大的共产主义理想和唯物辩证的思想方法是全党各级干部应具备的基本政治业务素质等党的思想建设学说。这些党的思想建设学说是“三个代表”重要思想的有机组成部分，突出强调了思想建设在党的建设中的基础性和根本性地位。如前述及，中国共产党自诞生以来就十分重视自身的思想理论建设，着重从思想上建党是毛泽东党建思想的显著特征，在推进新时期党的建设新的伟大工程的过程中，江泽民同志将此特征概括得更加明确。1995年1月，他在党的十四届纪律检查委员会第五次全体会议上的讲话中指出：“我们党历来把思想政治建设摆在党的建设的首位。这是我们党提高自身凝聚力、战斗力的一条十分重要的经验，也是我们党始终保持工人阶级先锋队性质、坚持拒腐防变的一项根

① 《十三大以来重要文献选编》中，人民出版社1991年版，第587页。

② 《十三大以来重要文献选编》中，人民出版社1991年版，第805页。

③ 《十四大以来重要文献选编》上，人民出版社1996年版，第445页。

本性措施。”[①]2001 年 8 月，江泽民总结党 80 年历史经验提出：“重视理论建设和理论指导，是我们党的一个根本特点。重视在思想上建党，是我们党的一条重要政治经验。每当事业发展的重要关头，我们党都注重首先抓好理论建设。我们党八十年的历史经验说明，注重理论创新，是党的事业前进的重要保证。什么时候我们紧密结合实践不断推进理论创新，党的事业就充满生机和活力。什么时候理论的发展落后于实践，党的事业就会受到损害，甚至发生挫折。”[②]

“党的建设最根本的是思想政治建设。”2002 年 11 月，党的十六大以后的新世纪新阶段，以胡锦涛同志为主要代表的中国共产党人，团结带领全党全国各族人民，坚持以马克思列宁主义、毛泽东思想、邓小平理论和“三个代表”重要思想为指导，根据新的发展要求，在深刻认识和系统回答新形势下“实现什么样的发展、怎样发展”等重大问题的基础上，形成了科学发展观，在全面建成小康社会的进程中坚持以人为本、全面协调可持续发展，着力保障和改善民生，促进社会公平主义，推动建设和谐世界。同时，着力加强党的执政能力和先进性建设，提升党的建设科学化水平，提出了关于求真务实是“我们党的思想路线的核心内容”[③]、解放思想是“党的思想路线的本

---

① 《江泽民思想年编（1989—2008）》，中央文献出版社 2010 年版，第 184 页。

② 江泽民：《论党的建设》，中央文献出版社 2001 年版，第 536 页。

③ 《胡锦涛文选》第 2 卷，人民出版社 2016 年版，第 151 页。

质要求"[①]、坚持把党的思想理论建设放在首位、建设马克思主义学习型政党、全党要坚持用马克思主义中国化最新成果武装头脑、新时期保持共产党员先进性教育首先要坚持理想信念教育、把理想信念教育作为全党学习践行社会主义核心价值体系的重中之重等党的思想建设理论，并在全党开展了以实践"三个代表"重要思想为主要内容的保持共产党员先进性、深入学习实践科学发展观等主题教育活动。尤其是早在2000年11月，胡锦涛在中共中央党校的讲话中就指出："党的建设最根本的是思想政治建设，思想政治建设的核心是理论建设。党的理论正确和牢固与否，直接关系着党的兴衰存亡和国家的前途命运。"[②]之后，他多次强调了思想政治建设在党的建设总体布局中的基础和根本地位。把党的思想建设由"首位"提升到"根本"，深化了对党的思想建设重要地位的认识。

"坚持思想建党和制度治党相结合。"党的十八大以前，习近平同志就十分重视党的思想理论、思想政治建设，认为"加强以坚定理想信念为重点的思想建设"是今后一定时期党的建设总要求的重要内容，"思想理论建设是党的根本建设，党在思想理论上的提高是党和人民事业不断发展的重要保证"，"加强党的思想理论建设，首要的是深入学习贯彻中国特色社会主义理论体系，着力用马克思主义中国化最新成果武装全党。这

① 《胡锦涛在中央党校发表重要讲话》，《人民日报（海外版）》2007年6月26日。

② 《胡锦涛文选》第1卷，人民出版社2016年版，第453页。

是提高全党马克思主义理论水平的根本大计”[①]。党的十八大以来，习近平总书记更加重视党的思想政治建设，多次强调“必须把党的思想政治建设摆在首位”[②]。随着全面从严治党的纵深推进和党的建设学说的不断发展，以习近平同志为核心的党中央开始把党的思想政治建设划分为政治建设和思想建设，既强调“把党的政治建设摆在首位”，又提出“思想建设是党的基础性建设”[③]。习近平总书记在一系列重要讲话中继续突出强调了党的思想建设的重要性。例如，在2016年7月庆祝中国共产党成立95周年大会上的讲话中指出：“95年来，中国共产党之所以能够完成近代以来各种政治力量不可能完成的艰巨任务，就在于始终把马克思主义这一科学理论作为自己的行动指南，并坚持在实践中不断丰富和发展马克思主义。”[④]2020年6月，习近平总书记主持十九届中共中央政治局第二十一次集体学习时指出：“组织是‘形’，思想是‘魂’。加强党的组织建设，既要‘造形’，更要‘铸魂’。我们党之所以能够完成近代以来各种政治力量不可能完成的艰巨任务，带领人民取得革命、建设、改革的辉煌成就，就在于始终把马克思主义作为行

① 《十七大以来重要文献选编》上，中央文献出版社2009年版，第205—206页。

② 《习近平关于全面从严治党论述摘编》，中央文献出版社2016年版，第24页。

③ 《十九大以来重要文献选编》上，中央文献出版社2019年版，第44页。

④ 《十八大以来重要文献选编》下，中央文献出版社2018年版，第345—346页。

动指南，始终坚持用马克思主义中国化最新成果武装全党，使全党始终保持统一的思想、坚定的意志、协调的行动、强大的战斗力。”[①]2021 年 2 月，在党史学习教育动员大会上，习近平总书记就党史学习教育提出的第一条要求就是“进一步感悟思想伟力，增强用党的创新理论武装全党的政治自觉”，强调“要教育引导全党从党的非凡历程中领会马克思主义是如何深刻改变中国、改变世界的，感悟马克思主义的真理力量和实践力量，深化对中国化马克思主义既一脉相承又与时俱进的理论品质的认识，特别是要结合党的十八大以来党和国家事业取得历史性成就、发生历史性变革的进程，深刻学习领会新时代党的创新理论，坚持不懈用党的创新理论最新成果武装头脑、指导实践、推动工作”。[②]2022 年 10 月，在党的二十大报告中，习近平总书记把“创立了新时代中国特色社会主义思想……提出一系列治国理政新理念新思想新战略，实现了马克思主义中国化时代化新的飞跃”[③]列为新时代十年来党和人民取得的十六个方面历史性成就的第一位；在大会报告的第二部分，以“开辟马克思主义中国化时代化新境界”[④]为题专门论述了新时

---

① 《十九大以来重要文献选编》中，中央文献出版社 2021 年版，第 597—598 页。

② 习近平：《在党史学习教育动员大会上的讲话》，人民出版社 2021 年版，第 11—12 页。

③ 习近平：《高举中国特色社会主义伟大旗帜　为全面建设社会主义现代化国家而团结奋斗》，人民出版社 2022 年版，第 6 页。

④ 习近平：《高举中国特色社会主义伟大旗帜　为全面建设社会主义现代化国家而团结奋斗》，人民出版社 2022 年版，第 16 页。

代新征程继续推进马克思主义中国化时代化的重大意义、科学内涵和基本要求等，充分体现了思想建党的基础性地位。

在继续强调党的思想建设重要性的基础上，在推进全面依法治国、依规治党的过程中，习近平总书记提出了“思想建党”、“理论强党”、思想建党和制度治党同向发力等范畴和理论。2014 年 10 月，在党的群众路线教育实践活动总结大会上的讲话中，习近平总书记提出，要“坚持思想建党和制度治党紧密结合”，“思想教育要结合落实制度规定来进行，抓住主要矛盾，不搞空对空。要使加强制度治党的过程成为加强思想建党的过程，也要使加强思想建党的过程成为加强制度治党的过程”。[①]2016 年 10 月，习近平总书记在党的十八届六中全会上的讲话中指出：“我们党抓党的建设，很重要的一条经验就是要不断总结我们党长期以来形成的历史经验和成功做法，并结合新的形势任务和实践要求加以创新。因此，有必要通过六中全会，对近年来特别是党的十八大以来全面从严治党的理论和实践进行总结，看哪些经过实践检验是好的，必须长期坚持；哪些可以进一步完善并上升为制度规定，以党内法规的形式固化下来；哪些需要结合新的情况继续深化。所以，党中央决定同时制定准则、修订条例，这是着眼于推进全面从严治党、坚持思想建党和制度治党相结合的一个重要安排。”[②]这就

① 《十八大以来重要文献选编》中，中央文献出版社 2016 年版，第 94、第 95 页。

② 《习近平关于全面从严治党论述摘编》，中央文献出版社 2016 年版，第 15 页。

进一步从总结历史经验、巩固创新成果、着眼全面从严治党的视角提出了把党的思想建设与制度建设相结合的思想和举措。2018年1月，在十九届中央纪委第二次全体会议上，习近平总书记总结了党的十八大以来全面从严治党的六条重要经验，并把“坚持思想建党和制度治党相统一”摆在第一条，认为“二者一柔一刚、刚柔相济，同向发力、同时发力，能产生一加一大于二的功效”[①]。同年5月，习近平总书记在纪念马克思诞辰200周年大会上的讲话中提出：“回顾党的奋斗历程可以发现，中国共产党之所以能够历经艰难困苦而不断发展壮大，很重要的一个原因就是我们党始终重视思想建党、理论强党，使全党始终保持统一的思想、坚定的意志、协调的行动、强大的战斗力。”[②]紧接着同年7月，习近平总书记在党的全国组织工作会议上的讲话中又指出：“坚持思想建党和制度治党同向发力。思想理论是灵魂，制度建设是保障。我们既注重解决思想问题、拧紧‘总开关’，又注重解决制度问题、上紧制度规矩发条。我们要求全党树立革命理想高于天的理念，不断补钙壮骨、固本培元，重点用新时代中国特色社会主义思想武装头脑，自觉做共产主义远大理想和中国特色社会主义共同理想的坚定信仰者、忠实实践者。我们推动形成配套完备、有效管用的党内法规制度体系，强化依规治党，维护法规制度严肃性和

---

① 《十九大以来重要文献选编》上，中央文献出版社2019年版，第188页。

② 《十九大以来重要文献选编》上，中央文献出版社2019年版，第433页。

权威性，不留‘暗门’、不开‘天窗’，真正让铁规发力、让禁令生威。”①

总之，从国际共产主义运动史、马克思主义党的学说史和中国共产党历史看，着重从思想上建党是马克思主义政党的鲜明特色，也是优良传统，马克思主义经典作家和中国共产党历任领导人对此都作出过重要论述，其思想发展既一脉相承又与时俱进。这是保持马克思主义政党的先进性、创造力、凝聚力和战斗力的思想理论基础，也是马克思主义政党永葆生机的精神密码和思想源泉。

关于党的思想建设的主要内容，习近平总书记在2019年6月主持十九届中共中央政治局第十五次集体学习时指出，全面从严治党需要从政治、思想、组织、作风、纪律和制度等方面全面查找问题，全面发力推进，“在党的思想建设方面，要坚持不懈加强理论武装，坚定理想信念，牢记党的性质宗旨，强化党性修养，切实解决一些党员、干部理想信念缺失、宗旨意识淡化等问题，不断增强全党同志党的意识、党员意识”②。与此同时，如上所述，习近平总书记在一系列重大场合多次指出：“推进全面从严治党，既要解决思想问题，也要解决制度

① 《十九大以来重要文献选编》上，中央文献出版社2019年版，第556页。

② 《习近平谈治国理政》第3卷，外文出版社2020年版，第533页。

问题。坚持思想建党和制度治党同向发力。”[①]这些重要讲话从加强理论武装、坚定理想信念、牢记性质宗旨、强化党性修养、坚持思想建党与制度治党同向发力等方面阐明了新时代加强党的思想建设的主要内容和目标任务，为本专题研究内容的确定和框架的设计指明了方向。

本专题研究紧紧围绕党的十八大以来习近平总书记关于党的思想建设的重要论述这一主题而展开，首先回顾马克思主义政党尤其是中国共产党长期以来加强思想建设的鲜明特色和优良传统，概述党的十八大以来以习近平同志为核心的党中央团结带领全党全国各族人民统筹推进“五位一体”总体布局、协调推进“四个全面”战略布局的世情国情党情，阐明习近平总书记关于党的思想建设重要论述的生成背景和主要依据；其次分章节解读习近平总书记关于思想建设是党的基础性建设、坚持用习近平新时代中国特色社会主义思想武装全党、补足共产党人精神上的“钙”、党性教育是共产党人的“心学”、坚持思想建党和制度治党相统一等重要论述，阐释习近平总书记关于党的思想建设重要论述的主要内容和深刻内涵；最后从历史、理论、实践等方面研读习近平总书记关于党的思想建设重要论述的基本特征、历史地位、理论价值和指导作用。

---

① 中共中央宣传部编：《习近平新时代中国特色社会主义思想学习纲要》，学习出版社、人民出版社2019年版，第237页。

第一章 思想建设是党的基础性建设

2017年10月，习近平总书记在党的十九大报告中提出了“全面推进党的政治建设、思想建设、组织建设、作风建设、纪律建设，把制度建设贯穿其中，深入推进反腐败斗争”的新时代党的建设的总体布局和总要求，并强调“思想建设是党的基础性建设”①。这一重要论述指明了思想建设在新时代中国共产党自身建设总体布局、总要求中的基础性地位。2022年10月，习近平总书记在党的二十大报告中再次指出“要落实新时代党的建设总要求”“深入推进新时代党的建设新的伟大工程”②。

① 《十九大以来重要文献选编》上，中央文献出版社2019年版，第43—44页。

② 习近平：《高举中国特色社会主义伟大旗帜　为全面建设社会主义现代化国家而团结奋斗》，人民出版社2022年版，第64页。

一、思想建党的现实依据

马克思主义认为，人的理论思维是时代和实践的产物，“共产党人的理论原理，决不是以这个或那个世界改革家所发明或发现的思想、原则为根据的。这些原理不过是现存的阶级斗争、我们眼前的历史运动的真实关系的一般表述”[①]。党的十八大以来，习近平总书记多次强调，包括“抓思想从严”[②]在内的全面从严治党是应对新形势下世情、国情、党情的新变化、新挑战、新要求提出和发展的。2012 年 11 月，习近平总书记在讲到学习宣传贯彻党的十八大精神时指出：“党的十八大提出的党的建设总要求，既是着眼于继承和弘扬我们党 90 多年来保持和发展马克思主义政党先进性的根本点提出来的，又是着眼于顺应和应对新形势下世情、国情、党情的新变化提出来的。”[③]2014 年 10 月和 2016 年 10 月，在党的群众路线教育实践活动总结大会、党的十八届六中全会上，习近平总书记再次指出：“随着世情、国情、党情的不断变化，影响从严治党的因素更加复杂，提出了很多新课题。我们要深入基层、深入实际，深入研究管党治党实践，通过纵向和横向的比较，进行去伪存真、由表及里的分析，正确把握掩盖在纷繁表面现象后面的事物本质，深化对从严治党规律的认识”[④]，“我们把全面从严治党纳入‘四个全面’战略布局，

① 《马克思恩格斯文集》第 2 卷，人民出版社 2009 年版，第 44—45 页。
② 《习近平关于全面从严治党论述摘编》，中央文献出版社 2016 年版，第 16 页。
③ 《习近平谈治国理政》第 1 卷，外文出版社 2018 年版，第 14 页。
④ 《十八大以来重要文献选编》中，中央文献出版社 2016 年版，第 102 页。

这是新的历史条件下我们党应对世情国情党情变化的必然选择”①。党的十八大以来，习近平总书记关于党的思想建设重要性、基础性地位和作用的重要论述，除了马克思主义政党重视思想建设的优良传统、经典作家和中国共产党历任领导人关于党的思想建设相关重要论述的理论基础等历史和理论依据，还具有以下现实依据。

（一）应对世界百年未有之大变局

当今世界仍然处在和平与发展的时代，和平、发展、合作、共赢是时代潮流。世界多极化、经济全球化、社会信息化、文化多样化深入发展，世界各民族和国家的交往更加多维频繁、命运更加紧密相连。随着新兴市场国家和发展中国家的快速崛起，西方国家整体实力的衰退，国际力量对比更趋均势，全球治理体系和国际秩序变革加速推进，尤其是中国发展理念、发展道路、发展模式的影响力和吸引力的显著增强，中国作为世界和平建设者、全球发展贡献者、国际秩序维护者的作用日益提升，科学社会主义在21世纪的中国焕发出强大生机活力，使世界上正视和相信马克思主义、社会主义的人越来越多，世界范围内两种意识形态、两种社会制度的历史演进及其较量，发生了有利于马克思主义、社会主义的深刻转变。②这些都有利于中国共产党和中国人民集中精力深化和扩大改革开放、坚持和发展中国特色社会主义、努力实现中华民族伟大复兴中国梦。

---

① 《十九大以来重要文献选编》上，中央文献出版社2019年版，第453页。

② 中共中央宣传部编：《习近平新时代中国特色社会主义思想学习纲要》，学习出版社、人民出版社2019年版，第5页。

同时，当今世界面临的不稳定性不确定性因素日益增多，全球经济增长乏力，贸易保护主义、孤立主义、民粹主义等思潮不断抬头，贫富分化日益严重，局部地区的武装冲突和政局动荡此起彼伏，恐怖主义、网络信息安全、重大传染性疾病、气候变暖等非传统安全威胁持续蔓延。另外，由于新兴经济体和发展中国家的崛起，尤其是中国综合国力和国际吸引力、影响力的快速提升，引起了一些西方国家的担忧和不安，因此极力从意识形态、贸易往来、尖端科技等众多领域对我国实行围堵、封锁和遏制，妄图阻止或打断中华民族伟大复兴的历史进程。这些都对我国坚持和发展中国特色社会主义、如期实现“两个一百年”奋斗目标等构成一定的风险和挑战。

总之，当今世界正处在一个大发展大变革大调整时期，百年来，西方国家主导国际政治经济的格局正在发生根本性改变，作为世界上最大的、日益走近世界舞台中央的发展中国家的马克思主义执政党，需要提高全党科学思维、战略思维能力，使“党在世界形势深刻变化的历史进程中始终走在时代前列”①，对世界发展大势、人类共同利益和挑战、全球治理体系变革、世界社会主义运动等作出准确判断，推进理论创新、实践创新、制度创新，统筹谋划和推进社会主义现代化建设、完成祖国统一、维护世界和平与促进共同发展这三大历史任务。2018 年 6 月，习近平总书记在中央外事工作会议上发表重要讲话指出，“把握国际形势要树立正确的历史观、大局观、角色观。……当前，我国处于近代以来最好的发展时期，世界处于百年未有之大变局，两者同步交织、相互激

① 《十九大以来重要文献选编》上，中央文献出版社 2019 年版，第 7 页。

荡”[1]，既为我国乘势而上、争取迈上新台阶提供了难得的机遇，也对我国正确把握两个大局、积极应对风险和挑战提出了更高要求。因此，引领全党全国各族人民乃至全人类应对百年未有之大变局，需要中国共产党加强思想建设，坚持理论创新，提高全党科学理论和执政领导水平，同时为解决世界经济、国际安全、全球治理等提供中国理论、中国智慧和中国方案。

（二）实现“两个一百年”奋斗目标

2017 年 10 月，党的十九大宣布：新中国成立以来，尤其是改革开放以来，“党团结带领全国各族人民不懈奋斗，推动我国经济实力、科技实力、国防实力、综合国力进入世界前列，推动我国国际地位实现前所未有的提升，党的面貌、国家的面貌、人民的面貌、军队的面貌、中华民族的面貌发生了前所未有的变化，中华民族正以崭新姿态屹立于世界的东方。经过长期努力，中国特色社会主义进入了新时代，这是我国发展新的历史方位”[2]。大会同时指出：这个新时代，是承前启后、继往开来、在新的历史条件下继续夺取中国特色社会主义伟大胜利的时代，是决胜全面建成小康社会、进而全面建设社会主义现代化强国的时代，是全国各族人民团结奋斗、不断创造美好生活、逐步实现全体人民共同富裕的时代，是全体中华儿女勠力同心、奋力实现中华民族伟大复兴中国梦的时代。全党全国各族人民在新时代的历史使命就是实现“两个一百

① 《习近平在中央外事工作会议上强调　坚持以新时代中国特色社会主义外交思想为指导　努力开创中国特色大国外交新局面》，《人民日报》2018 年 6 月 24 日。

② 《十九大以来重要文献选编》上，中央文献出版社 2019 年版，第 14 页。

年”奋斗目标，即到建党一百年时把我国建设成为经济更加发展、民主更加健全、科教更加进步、文化更加繁荣、社会更加和谐、人民生活更加殷实的小康社会；到新中国成立一百年时把我国建设成为富强民主文明和谐美丽的社会主义现代化强国。

经过全党全国各族人民的长期努力和斗争，中华民族先后实现了从几千年封建专制政治向人民民主、一穷二白和人口众多的东方大国大步迈进社会主义社会、从站起来到富起来的伟大飞跃。马克思主义在意识形态领域指导地位的坚强巩固和中国特色社会主义理论体系的科学指导、中国共产党的坚强领导、人民当家作主焕发的不竭动力、中国特色社会主义经济建设的物质基础、中外社会主义建设正反两方面的经验教训、中国特色社会主义共同理想的精神支柱、和平与发展的时代背景等，为党和人民如期实现“两个一百年”奋斗目标奠定了理论、道路、制度、文化、历史和环境等坚实基础。因此，在新时代，“我们比历史上任何时期都更接近、更有信心和能力实现中华民族伟大复兴的目标”[①]。

但是，行百里者半九十。中华民族伟大复兴，绝不是轻轻松松、敲锣打鼓就能实现的，需要全党全国各族人民付出更为艰巨、更为艰苦的努力。坚持和发展中国特色社会主义事业是前无古人的事业，前进道路上必然会遇到各种风险和挑战。我国党和人民虽然有马克思主义的科学指导，但是马克思主义“整个世界观不是教义，而是方法。它提供的不是现成的教条，而是进一步研究的出发点和供这种研究使用的方法”[②]。在拥有14亿多人口的东方大国，如何实现社会主义现代化，马克思主义

① 《十九大以来重要文献选编》上，中央文献出版社2019年版，第11页。

② 《马克思恩格斯选集》第4卷，人民出版社2012年版，第664页。

经典文献中没有给出现成的答案，需要中国共产党领导中国人民坚持把马克思主义基本原理同当代中国具体实际、同中华优秀传统文化相结合，继续推进马克思主义中国化，通过理论创新引领科技创新、文化创新和制度创新。因此，2012 年 11 月，习近平总书记在主持十八届中共中央政治局第一次集体学习时指出：“马克思列宁主义、毛泽东思想一定不能丢，丢了就丧失根本。同时，我们一定要以我国改革开放和现代化建设的实际问题、以我们正在做的事情为中心，着眼于马克思主义理论的运用，着眼于对实际问题的理论思考，着眼于新的实践和新的发展。”[①] 之后，习近平总书记多次指出，在新时代，党的根本任务是团结带领全党全国各族人民“继续把改革开放推向前进，为实现‘两个一百年’奋斗目标、实现中华民族伟大复兴的中国梦不懈奋斗”[②]。为此，必须坚持以马克思主义指导实践，又善于把总结实践经验丰富和发展马克思主义结合起来，“马克思主义经典作家并没有穷尽真理，而是不断为寻求真理和发展真理开辟道路。今天，坚持和发展中国特色社会主义，全面深化改革，有效应对前进道路上可以预见和难以预见的各种困难与风险，都会提出新的课题，迫切需要我们从理论上作出新的科学回答。我们要及时总结党领导人民创造的新鲜经验，不断开辟马克思主义中国化新境界”[③]。2021 年 7 月，在庆祝中国共产党成立 100 周年大会上的讲话中，习近平总书记首次指出：“一百年来，中国共产党团结带领中国人民进行的一切奋斗、一切牺牲、一切创造，归结起来就是一个主题：实现

① 《习近平谈治国理政》第 1 卷，外文出版社 2018 年版，第 9 页。
② 《十九大以来重要文献选编》上，中央文献出版社 2019 年版，第 720 页。
③ 《习近平谈治国理政》第 1 卷，外文出版社 2018 年版，第 26—27 页。

中华民族伟大复兴。”[①]讲话提出了“九个必须”的“以史为鉴、开创未来”的历史经验和基本遵循，其中包括“必须继续推进马克思主义中国化”“必须不断推进党的建设新的伟大工程”[②]。2021年7月，经过全党全国各族人民的不懈努力，我国全面建成了小康社会，彻底解决了绝对贫困问题，实现了第一个百年奋斗目标，并开启了向第二个百年奋斗目标迈进的新征程。据此，2022年10月，习近平总书记在党的二十大报告中指出：“实践没有止境，理论创新也没有止境。”新时代新征程必须坚持把马克思主义基本原理同中国具体实际相结合、同中华优秀传统文化相结合，不断“开辟马克思主义中国化时代化新境界”[③]。党的二十大修改党章，号召全党“高举中国特色社会主义伟大旗帜，坚定道路自信、理论自信、制度自信、文化自信，发扬斗争精神，增强斗争本领，贯彻党的基本理论、基本路线、基本方略，为实现推进现代化建设、完成祖国统一、维护世界和平与促进共同发展这三大历史任务，实现第二个百年奋斗目标、实现中华民族伟大复兴的中国梦而奋斗”[④]。可见，新时代坚持和发展中国特色社会主义，实现“两个一百年”奋斗目标，需要党加强思想建设，坚持理论创新，继续推进马克思主义中国化，用马克思主义中国化的理论成果武装全党。

---

① 习近平：《在庆祝中国共产党成立100周年大会上的讲话》，人民出版社2021年版，第3页。

② 习近平：《在庆祝中国共产党成立100周年大会上的讲话》，人民出版社2021年版，第12、第19页。

③ 习近平：《高举中国特色社会主义伟大旗帜　为全面建设社会主义现代化国家而团结奋斗》，人民出版社2022年版，第16—17页。

④《中国共产党章程》，人民出版社2022年版，第4页。

（三）推进全面从严治党自我革命

中国共产党自诞生以来在致力于领导中国人民进行社会革命的同时，就十分重视加强自身建设，不断推进自我革命，从而保持并发展了党的先进性和纯洁性，成为新民主主义革命时期党领导人民战胜敌人的“三大法宝”[①]之一，也是新中国成立以来党领导中国人民进行社会主义革命和建设、开创和推进中国特色社会主义事业不断取得胜利的传家宝。2021 年 2 月，习近平总书记在党史学习教育动员大会上指出：“勇于自我革命，是我们党最鲜明的品格，也是我们党最大的优势。百年风霜雪雨、百年大浪淘沙，我们党能够从最初的 50 多名党员发展到今天的 9100 多万名党员，战胜一个又一个困难，取得一个又一个胜利，关键在于我们始终坚持党要管党、全面从严治党不放松，在推动社会革命的同时进行彻底的自我革命。”[②]自我革命需要新的理论指导，从严治党成功经验经过总结可以上升为理论，丰富马克思主义党建学说。党的十八大以来，全面从严治党、推进自我革命是习近平总书记关于党的思想建设重要论述形成和发展的实践源泉、动力和标准。

在经济文化十分落后、农民占人口绝大多数的东方大国，如何建设一个以工业无产阶级为基础的马克思主义政党，无疑是一项复杂而艰巨

---

① 1939 年 10 月，毛泽东在《〈共产党人〉发刊词》一文中总结中国共产党领导新民主主义革命的经验，将统一战线、武装斗争、党的建设概括为党在中国革命中战胜敌人的三个法宝。见《毛泽东选集》第 2 卷，人民出版社 1991 年版，第 606 页。

② 习近平：《在党史学习教育动员大会上的讲话》，人民出版社 2021 年版，第 9—10 页。

的任务。毛泽东在抗日战争时期曾指出，在中国“建设一个全国范围的、广大群众性的、思想上政治上组织上完全巩固的布尔什维克化的中国共产党”是一个“伟大的工程”，是“一个光荣而又严重的任务”[①]。新中国成立后，以毛泽东同志为主要代表的中国共产党人在加强党的先进性、执政能力等建设方面尽管发生了曲折，但也取得了扩大组织、创新理论、继承传统、保持本色等巨大成绩。

党的十一届三中全会以来，以邓小平、江泽民、胡锦涛同志为主要代表的中国共产党人，坚持以马克思列宁主义、毛泽东思想的党建学说指导中国马克思主义政党建设，明确提出在改革开放和发展社会主义市场经济的环境下、在东欧剧变后世界社会主义运动陷入低潮的背景下，新时期加强党的自身建设是一项“新的伟大工程”[②]，并在应对长期执政、改革开放、市场经济、外部环境等考验中继续取得辉煌成就，中国特色社会主义理论体系不断形成和丰富发展，党员队伍由改革开放初期党的十二大召开时的3900多万人增加到党的十八大召开时的8400多万人，各级领导干部持续稳步实现新老交接，先进性、纯洁性和执政能力等建设的科学化水平得到显著提高，国际影响力也大幅提升。当然，由于种种国内国际、历史现实、主观客观等因素的影响，中国共产党“坚持党要管党、从严治党，推进党的建设取得明显成效”的同时，“一度出现管党不力、治党不严问题，有些党员、干部政治信仰出现严重危机，一些地方和部门选人用人风气不正，形式主义、官僚主义、享乐主义和奢靡

---

① 《毛泽东选集》第2卷，人民出版社1991年版，第602—603页。

② 《江泽民论有中国特色社会主义（专题摘编）》，中央文献出版社2002年版，第571页。

之风盛行，特权思想和特权现象较为普遍存在”[①]。此外，事物总是在矛盾中变化发展的，旧矛盾解决后又会产生新的矛盾和问题。因此，中国共产党加强自身建设、推进自我革命是一项永恒的课题，党的思想建设只有进行时，没有完成时。

2012年11月，习近平同志当选为十八届中央委员会总书记后，首次同中外记者见面时就提出：“新形势下，我们党面临着许多严峻挑战，党内存在着许多亟待解决的问题。尤其是一些党员干部中发生的贪污腐败、脱离群众、形式主义、官僚主义等问题，必须下大气力解决。全党必须警醒起来。打铁还需自身硬。我们的责任，就是同全党同志一道，坚持党要管党、从严治党，切实解决自身存在的突出问题，切实改进工作作风，密切联系群众，使我们党始终成为中国特色社会主义事业的坚强领导核心。”[②]这显示了习近平总书记不负重托，不辱使命，对党负责的使命担当，对坚持党要管党、从严治党的高度警觉和坚定决心。

思想是行动的先导，科学理论对人的实践具有指导意义。思想建设在党的建设总体布局中处于基础地位，从严治党，正风肃纪，严守规矩，奋发而为等都需要理论武装和指导。党的十八大以来，为了加强党的自身建设，推进全面从严治党，习近平总书记在众多场合深刻阐述了加强理论建设对党员干部个人和全党加强政治、组织、作风、纪律等建设的意义和作用。2015年12月，习近平总书记在中央政治局“三严三实”专题民主生活会上的讲话中指出：“理论修养是干部综合素质的核

---

① 《中共中央关于党的百年奋斗重大成就和历史经验的决议》，人民出版社2021年版，第29页。

② 《习近平谈治国理政》第1卷，外文出版社2018年版，第4—5页。

心，理论上的成熟是政治上成熟的基础，政治上的坚定源于理论上的清醒。从一定意义上说，掌握马克思主义理论的深度，决定着政治敏感的程度、思维视野的广度、思想境界的高度。所以，我要求中央政治局集体学习加强对马克思主义基本原理的学习，已经安排学习了历史唯物主义、辩证唯物主义、马克思主义政治经济学方面的内容，以后还要安排。”①2017 年 9 月，在主持十八届中共中央政治局第四十三次集体学习时，习近平总书记强调：“我们要赢得优势、赢得主动、赢得未来，战胜前进道路上各种各样的拦路虎、绊脚石，必须把马克思主义作为看家本领，以更宽广的视野、更长远的眼光来思考把握未来发展面临的一系列重大问题，不断提高全党运用马克思主义分析和解决实际问题的能力，不断提高运用科学理论指导我们应对重大挑战、抵御重大风险、克服重大阻力、解决重大矛盾的能力。”②

中外历史和实践一再证明，一个政党尤其是执政党领导党员和民众开展社会革命不容易，进行自我革命更不容易，而不进行自我革命又必然被历史所淘汰，更不可能引领社会革命持续取得胜利。党的十八大以来，以习近平同志为核心的党中央团结带领全党全国各族人民进行伟大社会革命的同时，坚持以马克思主义为指导，不断推进党的自我革命，实现党的自我净化、自我完善、自我革新、自我提高。习近平总书记多次总结历史经验指出，“办好中国的事情，关键在党，关键在坚持党要管党、全面从严治党。我们党只有在领导改革开放和社会主义现代化建设

① 《习近平关于“不忘初心、牢记使命”论述摘编》，党建读物出版社、中央文献出版社 2019 年版，第 45 页。

② 《习近平谈治国理政》第 2 卷，外文出版社 2017 年版，第 4—5 页。

伟大社会革命的同时，坚定不移推进党的伟大自我革命，敢于清除一切侵蚀党的健康肌体的病毒，使党不断自我净化、自我完善、自我革新、自我提高，不断增强党的政治领导力、思想引领力、群众组织力、社会号召力”[①]，“一路走来，我们党在带领人民进行伟大社会革命的同时，不断进行伟大自我革命，这是我们党不断从胜利走向新的胜利的关键所在”[②]。2017年10月，在党的十九大报告中，习近平总书记初步总结党的十八大以来党自我革命的成果时说，“全面加强党的领导和党的建设，坚决改变管党治党宽松软状况。推动全党尊崇党章，增强政治意识、大局意识、核心意识、看齐意识，坚决维护党中央权威和集中统一领导，严明党的政治纪律和政治规矩，层层落实管党治党政治责任。坚持照镜子、正衣冠、洗洗澡、治治病的要求，开展党的群众路线教育实践活动和‘三严三实’专题教育，推进‘两学一做’学习教育常态化制度化，全党理想信念更加坚定、党性更加坚强”，“全面从严治党成效卓著”[③]。2021年2月，习近平总书记在党史学习教育动员大会上指明了全党开展党史学习教育的目的和要求，其中第一条要求就是“进一步感悟思想伟力，增强用党的创新理论武装全党的政治自觉”，强调“堡垒最容易从内部被攻破。从某种意义上说，自从党成立以来，我们党面临的最大风险是内部变质、变色、变味，丧失马克思主义政党的政治本色，背离党的宗旨而失去最广大人民支持和拥护”，因此，全面从严治党、力行自我革命，需要“教育引导全党从党的非凡历程中领会马克思主义是如何深刻

---

① 《十九大以来重要文献选编》上，中央文献出版社2019年版，第735页。

② 中共中央宣传部编：《习近平新时代中国特色社会主义思想学习纲要》，学习出版社、人民出版社2019年版，第3页。

③ 《十九大以来重要文献选编》上，中央文献出版社2019年版，第5—6页。

改变中国、改变世界的，感悟马克思主义的真理力量和实践力量，深化对中国化马克思主义既一脉相承又与时俱进的理论品质的认识，特别是要结合党的十八大以来党和国家事业取得历史性成就、发生历史性变革的进程，深刻学习领会新时代党的创新理论，坚持不懈用党的创新理论最新成果武装头脑、指导实践、推动工作”[①]。2021 年 7 月，习近平总书记在庆祝中国共产党成立 100 周年大会上的讲话中指出，“勇于自我革命是中国共产党区别于其他政党的显著标志。我们党历经千锤百炼而朝气蓬勃，一个很重要的原因就是我们始终坚持党要管党、全面从严治党”，“以史为鉴、开创未来，必须继续推进马克思主义中国化”，“继续发展当代中国马克思主义、21 世纪马克思主义”。[②]2022 年 10 月，习近平总书记在党的二十大报告中指出，“全面建设社会主义现代化国家、全面推进中华民族伟大复兴，关键在党”，新时代新征程必须“开辟马克思主义中国化时代化新境界”，落实包括思想建设在内的“新时代党的建设的总要求”“健全全面从严治党体系”[③]。总之，正是在党的十八大以来全面从严治党的伟大实践中，习近平总书记发表了思想建党、理论强党、用新时代中国特色社会主义思想武装头脑、炼就“金刚不坏之身”、补足共产党人理想信念的精神之“钙”、依靠学习走向未来、坚持思想建党和制度治党相统一等关于加强党的思想建设的重要论述。

---

① 习近平：《在党史学习教育动员大会上的讲话》，人民出版社 2021 年版，第 11、第 12—13、第 18 页。

② 习近平：《在庆祝中国共产党成立 100 周年大会上的讲话》，人民出版社 2021 年版，第 19、第 12—13 页。

③ 习近平：《高举中国特色社会主义伟大旗帜　为全面建设社会主义现代化国家而团结奋斗》，人民出版社 2022 年版，第 16、第 64 页。

二、思想建设的基础地位

党的十八大以前，习近平同志就曾充分论述了思想建设在党的建设总体布局中的基础地位，直到2016年10月党的十八届六中全会，他在阐述党的建设总体布局、强调严肃党内政治生活等讲话中，仍坚持把思想建设、思想政治建设摆在党的建设的首位。2009年11月，习近平同志在中共中央党校秋季学期第二批研修班开学典礼上的讲话中提出，“建设马克思主义学习型政党，必须始终以思想理论建设为根本，以提高全党的马克思主义理论水平为目标”①。2012年3月，他在中共中央党校春季开学典礼上提出，党的纯洁性体现在思想、政治、组织、作风等各个方面，而“保持党在思想上的纯洁性，是保证党的正确政治方向和党的团结统一的思想基础。思想是导向，是灵魂。……在新的历史条件下，一定要坚持发扬我们党注重思想建党的优良传统，坚持对党员和党的干部加强思想政治教育特别是中国特色社会主义理论体系教育，帮助他们做到真学真懂真信真用，牢固树立正确的世界观、权力观、事业观，带头践行社会主义核心价值体系，在大是大非面前保持清醒认识，在大风大浪面前坚持正确立场，在各种诱惑面前筑牢思想防线”②。这一讲话中不仅把思想纯洁性摆在党的纯洁性的首位，而且强调要坚持发扬注重思想建党、把思想建设摆在首位的优良传统。2016年9月，习近平总书记在学习《胡锦涛文选》报告会上的讲话中指出：“我们要牢牢把握加强党

① 《十七大以来重要文献选编》中，中央文献出版社2011年版，第257页。

② 《十七大以来重要文献选编》下，中央文献出版社2013年版，第823页。

的执政能力建设和先进性建设这条主线，继续从严从实加强党的思想建设、组织建设、作风建设、反腐倡廉建设、制度建设，坚持问题导向，以自我革命的政治勇气，着力解决党内存在的各种问题。”[①]同年10月，在党的十八届六中全会中，他列举了种种严重侵蚀党的思想道德基础、严重破坏党的团结统一、严重损害党内政治生态和党的形象等问题后强调：“这就使我们认识到，要解决党内存在的一些突出矛盾和问题，必须把党的思想政治建设摆在首位，营造风清气正的政治生态。”[②]

党的十八大以来，随着全面从严治党的纵深推进，一些党员干部中存在的工作上独断专行、“一言堂”、自由主义、分散主义，作风上形式主义、官僚主义、享乐主义、奢靡之风、滥用权力、贪污受贿、腐化堕落、不思进取、不敢担当、庸懒无为等群众看得真切、界限尺度比较明确的违法乱纪问题，得到了有效遏制和明显改进，且防范和惩治的体制机制不断完善，但在重大问题上不同党中央保持一致、不执行党的政治纪律和政治规矩、对党不忠诚不老实、阳奉阴违、做“两面人”、结党营私、拉帮结派、政治野心膨胀等隐蔽性强、不到关键时刻难以暴露的问题越来越成为全面从严治党的顽瘴痼疾，习近平总书记开始把思想政治建设分为思想建设和政治建设，特别强调把政治建设摆在党的建设的首要地位。2017年10月，习近平总书记在党的十九大报告中首次明确指出“把党的政治建设摆在首位”，同时强调“思想建设是党的基础性建设”[③]。

---

① 《十八大以来重要文献选编》下，中央文献出版社2018年版，第388页。

② 《习近平关于全面从严治党论述摘编》，中央文献出版社2016年版，第44页。

③ 《十九大以来重要文献选编》上，中央文献出版社2019年版，第44页。

党的十八大以来，习近平总书记关于思想建设是党的基础性建设的重要论述，主要体现在以下几个方面。

（一）思想建党，理论强党

1. 总结党历史经验的基本结论

中国共产党的百年奋斗史，就是一部党领导中国人民历经艰难困苦，把一个贫穷落后、四分五裂的半殖民地半封建国家一步步经革命、建设、改革成为日益繁荣富强的社会主义大国的历史。党自身也在社会变革的大潮中不断由小到大、由弱到强。党之所以能够完成近代以来农民阶级、地主阶级、官僚资产阶级、民族资产阶级等种种政治力量不可能完成的艰巨任务，其中一个根本原因就在于高度重视思想建党、理论强党，使全党能够始终保持思想与时俱进且高度统一，并在此基础上意志坚定，行动一致，战斗有力。

中国共产党自诞生伊始就把马克思主义作为指导思想写在了自己的旗帜上，不仅强调共产党员要学习研究马克思主义，而且注重成立产业工会，创办工人学校，“在工会里灌输阶级斗争的精神”①，提高工人觉悟。在领导国民革命、土地革命的过程中，党通过创办报刊、译介马克思主义经典著作、选派青年干部赴莫斯科学习等多种途径，研究和传播马克思主义，提高党员干部、革命工农的理论水平和思想觉悟。1929 年 12 月，毛泽东起草的古田会议决议正式确立了“思想建党”的基本原则，初步回答了为何要加强党的思想建设、如何保持党的无产阶级先锋队性

① 《建党以来重要文献选编（1921—1949）》第 1 册，中央文献出版社 2011 年版，第 4 页。

质等问题。之后，毛泽东思想在土地革命战争、抗日战争中不断形成、发展和成熟。1945 年 5 月，党的七大把中国化的马克思主义——毛泽东思想正式写在了自己的旗帜上。在毛泽东思想的指引下，党团结带领人民取得新民主主义革命胜利，实现了中华民族从积贫积弱到站起来、从几千年封建专制政治向人民民主的伟大飞跃。

新中国成立后，党领导人民在恢复国民经济、完成新民主主义革命遗留任务的基础上，通过对农业、手工业和资本主义工商业的社会主义改造，于 1956 年年底在我国确立了社会主义基本制度，实现了中国历史上最为广泛而深刻的社会变革。接着，又持续 20 多年对中国自己的社会主义建设道路进行了艰辛探索，尽管探索中出现了“大跃进”、人民公社化运动、“文化大革命”等严重曲折，但社会主义革命和建设仍然取得了巨大成就，建立起比较完整的工业体系和国民经济体系，实现了一穷二白、人口众多的东方大国大步迈进社会主义社会的伟大飞跃。同时，毛泽东思想在社会主义革命和建设中继续得到丰富和发展，成为中国探索社会主义建设道路的科学指导思想。

党的十一届三中全会以来，以邓小平、江泽民、胡锦涛同志为主要代表的中国共产党人领导中国人民深刻总结中外社会主义建设正反两方面的经验教训，毅然决然地实行改革开放，开创、捍卫、坚持和发展了中国特色社会主义，推动党的面貌、国家的面貌、人民的面貌、军队的面貌、中华民族的面貌发生了前所未有的变化，我国实现了从生产力相对落后到经济总量跃居世界第二的历史性突破，实现了人民生活从温饱不足到总体小康、奔向全面小康的历史性跨越，中国大踏步赶上了时代，中华民族实现了从站起来到富起来的伟大飞跃。这期间，党不断总结实践经验，形成了中国特色社会主义理论体系，并先后在党的十五大、十六大、十八大上把邓小平理论、“三个代表”重要思想、科学发展观写入党章，确立为指导思想，实现了指导思想的一脉相承和与时俱进。

党的十八大以来，中国特色社会主义进入新时代。以习近平同志为核心的党中央，坚持把马克思主义基本原理同中国具体实际相结合、同中华优秀传统文化相结合，围绕新时代坚持和发展什么样的中国特色社会主义、怎样坚持和发展中国特色社会主义，建设什么样的社会主义现代化强国、怎样建设社会主义现代化强国，建设什么样的长期执政的马克思主义政党、怎样建设长期执政的马克思主义政党等重大时代课题，提出了一系列原创性的治国理政新理念新思想新战略，形成了习近平新时代中国特色社会主义思想，实现了马克思主义中国化新的飞跃。在习近平新时代中国特色社会主义思想的指导下，党领导人民统筹国内国际两个大局，贯彻党的基本理论、基本路线、基本方略，统揽伟大斗争、伟大工程、伟大事业、伟大梦想，出台一系列重大方针政策，推出一系列重大举措，推进一系列重大工作，战胜一系列风险挑战，解决了许多长期想解决而没有解决的难题，办成了许多过去想办而没有办成的大事，推动党和国家事业取得历史性成就、发生历史性变革。

中国共产党是一个十分重视理论创新并紧紧依靠理论创新推进革命、建设、改革事业和自身发展的政党。党的百年奋斗史“就是一部不断推进马克思主义中国化的历史，就是一部不断推进理论创新、进行理论创造的历史”[①]，也是一部持续加强党的思想建设的历史。如前述及，早在党的十八大以前，习近平同志就十分强调党的思想建设的基础性、根本

① 习近平：《在党史学习教育动员大会上的讲话》，人民出版社2021年版，第12页。

性地位，并认为这是党加强自身建设的一个优良传统，应继续传承和弘扬。同时，他在一些场合总结党领导人民进行革命、建设和改革及推进自我革命的历史经验时，认为着重从思想上建党是中国共产党立党、兴党的重要历史经验。2009 年 10 月，党的十七届四中全会通过的《中共中央关于加强和改进新形势下党的建设若干重大问题的决定》总结了党在全国执政以来加强自身建设的 6 条基本经验，其中首条经验就是“坚持把思想理论建设放在首位，提高全党马克思主义水平”①。习近平同志在全会上就该决定起草所作说明时提出：“这条经验，反映了思想理论建设对于我们……党所具有的重要性，揭示了我们党注重从思想上建设党，善于运用马克思主义理论来立党、兴党的政治优势。回顾历史，正是靠这一政治优势，才能够在旧中国无产阶级人数很少、农民和其他小资产阶级占人口绝大多数、经济文化十分落后的社会里，建设起一支团结统一、纪律严明、英勇善战的工人阶级先锋队。我们党在全国执政以后……尤其在党和国家处于历史转折时期、事业发展处于新的起点、前进道路上遇到大的困难、世界社会主义运动出现风波、国内外敌对势力借机制造思想混乱的时候，我们党更加注重用科学理论武装党员、教育干部，起到了统一全党思想、凝聚全党力量的重要作用。60 年的实践证明，坚持以思想理论建设为根本建设，坚持党的指导思想与时俱进，坚持用发展着的马克思主义武装全党，党和国家事业的发展就有了坚实的理论基础、正确的前进方向和强大的精神动力，就能不断开创新局面。”②

① 《十七大以来重要文献选编》中，中央文献出版社 2011 年版，第 143 页。

② 习近平：《加强和改进新形势下党的建设的纲领性文献》，《人民日报》2009 年 10 月 9 日。

这一阐释，虽然是着重对党全国执政60年实践经验的总结，但也回顾了党在新民主主义革命时期的建设和发展，因此完全适合对党全部自身建设历史的经验总结。

党的十八大以来，习近平总书记在多个场合的重要讲话中，从总结中国共产党领导中国革命、建设和改革并取得伟大成就的历史经验中强调了思想建党、理论强党的必要性和重要性。2016年7月，习近平总书记在庆祝中国共产党成立95周年大会上的讲话中，深刻总结了中国共产党领导中国人民创造“人类社会发展史上惊天动地的发展奇迹”的成功经验，其中第一条就是先进理论及其指导下党的领导，指出“历史告诉我们，没有先进理论的指导，没有用先进理论武装起来的先进政党的领导……中国人民就无法打败压在自己头上的各种反动派，中华民族就无法改变被压迫、被奴役的命运，我们的国家就无法团结统一、在社会主义道路上走向繁荣富强”[①]。同年9月，习近平总书记在学习《胡锦涛文选》报告会上的讲话中指出，“我们党是高度重视理论指导并在实践中不断推进理论创新的马克思主义政党。成立九十五年来，我们党坚持把马克思主义基本原理同中国具体实际相结合，先后形成了毛泽东思想和包括邓小平理论、‘三个代表’重要思想、科学发展观等在内的中国特色社会主义理论体系”，学习党的基本理论，是“当前和今后一个时期党的思想政治建设和党员、干部理论学习培训的重要任务”。[②]2017年9月，在中共中央政治局集体学习会上，习近平总书记分析党领导人民取得辉煌成就的原因和经验时指出：“我们党之所以能够不断历经艰难困苦创造

---

① 《十八大以来重要文献选编》下，中央文献出版社2018年版，第343页。

② 《十八大以来重要文献选编》下，中央文献出版社2018年版，第381页。

新的辉煌，很重要的一条就是我们党始终重视思想建党、理论强党，坚持用科学理论武装广大党员、干部的头脑，使全党始终保持统一的思想、坚定的意志、强大的战斗力。”[①]2018 年 1 月，在十九届中央纪委第二次全体会议上，习近平总书记总结了党的十八大以来全面从严治党的六条“弥足珍贵，需要我们长期坚持、不断深化”的重要经验，其中第一条经验就是“坚持思想建党和制度治党相统一”，强调“推进全面从严治党，既要解决思想问题，也要解决制度问题，二者一柔一刚、刚柔相济，同向发力、同时发力，能产生一加一大于二的功效。我们连续开展党的群众路线教育实践活动和‘三严三实’专题教育，推进‘两学一做’学习教育常态化制度化，全党思想信念更加坚定、党性更加坚强，为全面从严治党夯实了思想基础”[②]。同年 5 月，在纪念马克思诞辰 200 周年大会上的讲话中，习近平总书记又回顾和总结了中国共产党自身历经磨难而不断成长壮大的原因，认为“中国共产党之所以能够历经艰难困苦而不断发展壮大，很重要的一个原因就是我们党始终重视思想建党、理论强党，使全党始终保持统一的思想、坚定的意志、协调的行动、强大的战斗力”[③]。2021 年 7 月，在庆祝中国共产党成立 100 周年大会上，习近平总书记总结历史经验提出了“九个必须”的“以史为鉴、开创未来”的基本遵循，其中包括“必须继续推进马克思主义中国化”，还特别强调：“中国共产党为什么能，中国特色社会主义为什么好，归根到底是因为马克思主义行！”在新的征程上，必须“坚持把马克思主义基本原

① 《习近平谈治国理政》第 2 卷，外文出版社 2017 年版，第 67 页。

② 《十九大以来重要文献选编》上，中央文献出版社 2019 年版，第 188 页。

③ 习近平：《在纪念马克思诞辰 200 周年大会上的讲话》，人民出版社 2018 年版，第 24 页。

理同中国具体实际相结合、同中华优秀传统文化相结合，用马克思主义观察时代、把握时代、引领时代，继续发展当代中国马克思主义、21世纪马克思主义"[①]。可见，不论是从党自身发展壮大还是从党领导的革命、建设和改革事业取得辉煌成就来看，习近平总书记都认为党的思想理论建设、全党思想认识的统一至关重要，都处于基础地位。

2021年11月，党的十九届六中全会审议通过的《中共中央关于党的百年奋斗重大成就和历史经验的决议》，认为党百年来"领导人民进行伟大奋斗，在进取中突破，于挫折中奋起，从总结中提高，积累了宝贵的历史经验"[②]。该决议总结的"十个坚持"的历史经验，其中包括"坚持理论创新"，强调"党之所以能够领导人民在一次次求索、一次次挫折、一次次开拓中完成中国其他各种政治力量不可能完成的艰巨任务，根本在于坚持解放思想、实事求是、与时俱进、求真务实，坚持把马克思主义基本原理同中国具体实际相结合、同中华优秀传统文化相结合，坚持实践是检验真理的唯一标准，坚持一切从实际出发，及时回答时代之问、人民之问，不断推进马克思主义中国化时代化"[③]。2022年10月，习近平总书记在党的二十大报告中同样总结历史和实践经验，提出了开辟马克思主义中国化时代化新境界的使命和任务。可见，以习近平同志为核心的党中央坚定地认为，坚持以马克思主义为指导、注

① 习近平：《在党史学习教育动员大会上的讲话》，人民出版社2021年版，第13页。

② 《中共中央关于党的百年奋斗重大成就和历史经验的决议》，人民出版社2021年版，第65页。

③ 《中共中央关于党的百年奋斗重大成就和历史经验的决议》，人民出版社2021年版，第66—67页。

重思想建设是总结党百年奋斗历史经验的基本结论。

2. 保持党的先进性和纯洁性的客观要求

马克思主义政党是由先进理论武装的、工人阶级先进分子组成的政治组织，先进性和纯洁性是其生命所系、力量所在。改革开放以来，尤其是新时代以来，中国共产党清晰地认识到：先进性和纯洁性建设，同执政能力建设一起，是贯穿于党的自身建设始终的主线。加强党的先进性和纯洁性建设就是通过推进党的政治、思想、组织、作风、纪律和制度等方面建设，提高广大党员的自身素质、发挥广大党员的先锋模范作用、增强各级党组织的创造力凝聚力战斗力，使党的理论、路线、方针、政策等顺应时代发展潮流和我国经济社会发展进步的要求，反映和实现全国各族人民的利益和愿望，使党永葆与时俱进的品质，使党的各级组织和广大党员在思想和行动上符合党的宗旨要求，保持纯粹清正的状态，始终走在时代前列。

习近平同志在地方任职期间就十分强调思想建设对于加强党的先进性和纯洁性建设的重要性，认为“保持和发展党的先进性关系马克思主义执政党的生死存亡”①，“保持党的纯洁性是马克思主义政党的本质要求”②。中国共产党的阶级基础是工人阶级，思想基础是马克思主义，根本宗旨是全心全意为人民服务，奋斗目标和远大理想是建设中国特色社会主义和实现共产主义，根本组织原则和领导制度是民主集中制，这些主要方面集中体现了我们党作为马克思主义政党的先进性。但是，一个

① 习近平：《加强和改进新形势下党的建设的纲领性文献》，《人民日报》2009年10月9日。

② 《十七大以来重要文献选编》下，中央文献出版社2013年版，第820页。

政党的先进性不是一蹴而就的，也不是一成不变的，过去先进不等于现在先进，现在先进不等于永远先进。因此，加强党的先进性建设是马克思主义政党自身建设的永恒课题。同时，习近平总书记还指出，切实加强党的先进性和纯洁性建设，首先“要从思想上政治上加强党的先进性和纯洁性建设，坚持从思想教育入手，教育引导党员和干部认真学习并实践中国特色社会主义理论体系”[①]，“保持党在思想上的纯洁性，是保证党的正确政治方向和党的团结统一的思想基础”[②]，“党的纯洁性，体现在党的思想、政治、组织和作风各个方面。体现在思想上，就是要求各级党组织和广大党员、党的领导干部必须坚持把马克思主义及其中国化的理论成果作为指导思想，坚持把为社会主义、共产主义奋斗作为理想信念，坚持马克思主义实事求是的思想路线，坚决抵制各种反马克思主义思想的侵蚀，坚决同各种违背马克思主义的错误思想作斗争”[③]。这些重要论述不仅指明了党的纯洁性建设的重要性，而且对其基本内涵和建设路径进行了深刻阐释，为党的十八大以后习近平总书记提出关于通过加强思想建设保持党的先进性等理论奠定了基础。

2012 年 11 月，党的十八大强调，提高广大党员的自身素质，首要的就是提高其思想理论素质，“要抓好思想理论建设这个根本”[④]，推进学习型党组织建设，教育引导广大党员干部学习马克思列宁主义、毛泽东思想和中国特色社会主义理论体系，坚定对马克思主义的信仰、对社会

① 习近平：《切实加强党的先进性和纯洁性建设》，http://www.chinanews.com/gn/2012/05-21/3904727.shtml，2012 年 5 月 21 日。

② 《十七大以来重要文献选编》下，中央文献出版社 2013 年版，第 823 页。

③ 《十七大以来重要文献选编》下，中央文献出版社 2013 年版，第 821 页。

④ 《十八大以来重要文献选编》上，中央文献出版社 2014 年版，第 39 页。

主义和共产主义的信念，矢志不渝地为实现“两个一百年”奋斗目标、实现中华民族伟大复兴中国梦而努力奋斗。

党的十八大以来，以习近平同志为核心的党中央牢牢把握党的执政能力、先进性和纯洁性建设的主线，全面加强党的领导和党的建设，全面从严治党取得卓著成效。关于思想理论建设同党的先进性和纯洁性建设的关系，习近平总书记多次作出重要论述。2013 年 1 月，在新进中央委员会委员、候补委员学习贯彻党的十八大精神研讨班开班式上，习近平总书记指出，“中国特色社会主义，既坚持了科学社会主义基本原理，又根据时代条件赋予其鲜明的中国特色”，“是科学社会主义理论逻辑和中国社会发展历史逻辑的辩证统一”，共产党员特别是党员领导干部要坚定对马克思主义的信仰、对共产主义的信念和对中国特色社会主义的信心，坚持和发展中国特色社会主义，“有了坚定的理想信念，站位就高了，眼界就宽了，心胸就开阔了，就能坚持正确政治方向，在胜利和顺境时不骄傲不急躁，在困难和逆境时不消沉不动摇，经受住各种风险和困难考验，自觉抵制各种腐朽思想的侵蚀，永葆共产党人政治本色”。①2019 年 6 月，在全党开展“不忘初心、牢记使命”主题教育之际，十九届中共中央政治局以“牢记初心使命，推进自我革命”为题进行第十五次集体学习，习近平总书记在主持集体学习时指出，“我们党作为百年大党，如何永葆先进性和纯洁性、永葆青春活力，如何永远得到人民拥护和支持，如何实现长期执政，是我们必须回答好、解决好的一个根本性问题”，“回顾党的历史，为什么我们党在那么弱小的情

① 《十八大以来重要文献选编》上，中央文献出版社 2014 年版，第 109、第 118、第 117 页。

况下能够逐步发展壮大起来，在腥风血雨中能够一次次绝境重生，在攻坚克难中能够不断从胜利走向胜利，根本原因就在于不管是处于顺境还是逆境”，都牢记初心使命，推进自我革命，同一切弱化党的先进性和纯洁性、危害党的肌体健康的现象作坚决斗争，永葆马克思主义政党的本色，从而得到了人民群众的衷心拥护和坚决支持。之所以能够做到这样，是因为“我们党的初心和使命是建立在马克思主义科学理论基础之上的”，“我们党在推进马克思主义中国化进程中，先后形成了毛泽东思想、邓小平理论、‘三个代表’重要思想、科学发展观、新时代中国特色社会主义思想，为推进社会革命和自我革命提供了强大思想武器”。[①]习近平总书记在讲话中还进一步总结了党牢记初心使命、推进自我革命的成功举措，如加强党性修养，从严管党治党，严肃党内政治生活，坚持经常性教育和集中性教育相结合，勇于开展批评和自我批评，加强党内监督，接受人民监督，不断纯洁党的思想、组织、作风，等等，认为这些既是党推进自我革命的历史经验，也是党对马克思主义建党学说的继承和发展，形成了关于党的自我革命的丰富思想成果。2020年1月，习近平总书记在“不忘初心、牢记使命”主题教育总结大会上指出，“在党长期执政条件下，各种弱化党的先进性、损害党的纯洁性的因素无时不有，各种违背初心和使命、动摇党的根基的危险无处不在，党内存在的思想不纯、政治不纯、组织不纯、作风不纯等突出问题尚未得到根本解决”，而“马克思主义政党的先进性，首先体现为思想理论上的先进性”，“注重思想建党、理论强党，是我们党的鲜明特色和光荣

① 《十九大以来重要文献选编》中，中央文献出版社2021年版，第118—121页。

传统……共产党人的初心，不仅来自于对人民的朴素感情、对真理的执着追求，更建立在马克思主义的科学理论之上”。因此，全党“必须用马克思主义中国化最新成果统一思想、统一意志、统一行动”，“只有坚持思想建党、理论强党，不忘初心才能更加自觉，担当使命才能更加坚定”。[①]2021 年 2 月，在党史学习教育动员大会上，习近平总书记强调，“当前，同向社会主义现代化强国进军的伟大社会革命相比，党的自身建设上还存在一些不匹配、不适应的地方，一些弱化党的先进性、损害党的纯洁性的问题具有很大的危险性和破坏性”，因此，需要通过党史学习教育，使广大党员干部“感悟马克思主义的真理力量和实践力量，深化对中国化马克思主义既一脉相承又与时俱进的理论品质的认识，特别是要结合党的十八大以来党和国家事业取得历史性成就、发生历史性变革的进程，深刻学习领会新时代党的创新理论，坚持不懈用党的创新理论最新成果武装头脑、指导实践、推动工作”[②]。这些重要论述，都清晰而深刻地阐明了加强思想理论建设，尤其是坚持以马克思列宁主义和中国化的马克思主义科学理论为指导，对保持、增强党的先进性和纯洁性的基础作用。

3. 巩固党团结统一的思想基础

“党的团结是党的生命。”[③]思想理论、价值信仰的统一是一个国家、政党、社会、团体等行动上步调一致、组织上团结统一的前提和基础。1954 年 2 月，为了加强党的团结统一，党的七届四中全会通过的《关于

---

① 《习近平谈治国理政》第 3 卷，外文出版社 2020 年版，第 538—540 页。

② 习近平：《在党史学习教育动员大会上的讲话》，人民出版社 2021 年版，第 10、第 12 页。

③ 《建国以来重要文献选编》第 5 册，中央文献出版社 1993 年版，第 128 页。

增强党的团结的决议》引用了列宁的话，"无产阶级之能够成为而且必然会成为不可战胜的力量，就只是因为它由马克思主义原则所造成的思想统一，有组织的物质统一把它巩固起来"，并强调党的团结统一特别是高级干部在马克思列宁主义基础上的团结，"尤其是决定革命胜利的最主要的关键"①。这充分说明了无产阶级在马克思主义原则上实现思想统一的重要性。反之，理论模糊、思想混乱、观念纷争必然带来组织动摇和瓦解。国际共产主义运动史上，一些国家共产党组织上的瓦解和政治上失去执政地位，都源于思想认识上的分歧和斗争。习近平总书记指出，苏联解体、苏共垮台，"一个重要原因就是意识形态领域的斗争十分激烈，全面否定苏联历史、苏共历史，否定列宁，否定斯大林，搞历史虚无主义，思想搞乱了，各级党组织几乎没有任何作用了，军队都不在党的领导之下了"②。因此，加强思想建设是巩固党团结统一的首要任务。

改革开放以来，尤其是发展社会主义市场经济以来，随着我国经济成分、就业形势、收入分配、阶级阶层等多元化，人们的利益关系、思想观念和消费需求等越来越多元化、多样化，这对广大党员干部的思想认识、理想信念等也产生了深刻影响，对保持党的先进性、纯洁性，巩固党的团结统一等带来挑战。

关于如何加强和巩固党的团结统一，习近平总书记同样强调思想统一是组织和行动统一的基础，并多次指出全党的团结统一，尤其是全体党员干部"自觉同党中央保持高度一致是关键。我们党是高度集中统

① 中央档案馆、中共中央文献研究室编：《中共中央文件选集（1949年10月—1966年5月）》第15册，人民出版社2013年版，第251页。

② 《十八大以来重要文献选编》上，中央文献出版社2014年版，第113页。

一的马克思主义政党，思想上的统一、政治上的团结、行动上的一致是党的事业不断发展壮大的根本所在”[①]。党的十八大以来，以习近平同志为核心的党中央团结带领全国各族人民统筹推进社会主义现代化建设的“五位一体”总体布局，协调推进党和国家事业发展的“四个全面”战略布局，根据我国经济社会发展和人民群众的新要求、针对党内存在的风险和问题，提出了不断增强“四个意识”、坚定“四个自信”、做到“两个维护”、自觉拥护“两个确立”的政治纪律和要求。何谓坚决维护党中央权威、怎样坚决维护党中央权威，习近平总书记在众多场合都对此进行了深刻阐释，几乎无一例外地指明，坚决维护党中央权威就是“在思想上政治上行动上同党中央保持高度一致”[②]，始终把保持思想上的高度一致摆在第一位。与此同时，习近平总书记对党内存在的思想认识不统一、理想信念不坚定及其危害提出了高度警惕，并强调要通过思想建设来巩固党的团结统一。2014 年 6 月，习近平总书记在十八届中共中央政治局第十六次集体学习时指出：“当前，党的建设形势总体是好的，同时党建工作面临的难题不少，主要表现在四个方面。一是社会多样化发展使人民思想多元化、复杂性的特征越来越明显，这必然增加党内统一思想的难度，我们党是一个大党，统一思想历来不易。……三是党内存在大量思想问题和利益矛盾，某些矛盾涉及党员、干部多，同其他社会矛盾错综交织，协调处理难度很大。”[③]提高理论水平，增强政治意识，

---

① 《习近平关于全面从严治党论述摘编》，中央文献出版社2016年版，第82—83页。

② 《习近平关于全面从严治党论述摘编》，中央文献出版社 2016 年版，第 77、第 82 页。

③ 《习近平关于全面从严治党论述摘编》，中央文献出版社2016年版，第7页。

加强党性修养等是解决这些问题的重要途径。2016 年 1 月，习近平总书记在接见军委机关各部门负责同志时的讲话中强调，“领导干部讲政治是第一要求”，要做到这一点首先就是“要自觉学习马克思列宁主义、毛泽东思想，学习中国特色社会主义理论体系，学习党的十八大以来党的理论创新成果，掌握马克思主义立场、观点、方法，增强政治敏锐性和政治鉴别力”①。2017 年 10 月，在党的十九大报告中，习近平总书记指出，决胜全面建成小康社会，夺取新时代中国特色社会主义伟大胜利，必须坚定不移全面从严治党，不断提高党的执政能力和领导水平，坚持用新时代中国特色社会主义武装全党，“革命理想高于天。共产主义远大理想和中国特色社会主义共同理想，是中国共产党人的精神支柱和政治灵魂，也是保持党的团结统一的思想基础”②。2022 年 10 月，习近平总书记在党的二十大报告中开门见山地提出了举什么旗、走什么路、以什么样的精神状态、朝什么样的目标继续前进的大会主题，即“高举中国特色社会主义伟大旗帜，全面贯彻新时代中国特色社会主义思想，弘扬伟大建党精神，自信自强、守正创新，踔厉奋发、勇毅前行，为全面建设社会主义现代化国家、全面推进中华民族伟大复兴而团结奋斗”③。对今后全面从严治党作出战略部署时，习近平总书记强调要“全面加强党的思想建设，坚持用新时代中国特色社会主义思想统一思想、统一意志、

---

① 《讲政治谋打赢搞服务作表率　努力建设“四铁”军委机关——2016 年 1 月 11 日习近平在接见军委机关各部门负责同志时发表重要讲话》，《人民日报》2016 年 1 月 12 日。

② 《十九大以来重要文献选编》上，中央文献出版社 2019 年版，第 44 页。

③　习近平：《高举中国特色社会主义伟大旗帜　为全面建设社会主义现代化国家而团结奋斗》，人民出版社 2022 年版，第 1 页。

统一行动”[①]。此外，习近平总书记在大会的标题、结束语的号召及大会期间参加广西代表团的讨论时都强调了全党全国人民要在高举中国特色社会主义伟大旗帜、全面贯彻新时代中国特色社会主义思想的基础上为实现党的第二个百年奋斗目标和中华民族伟大复兴而团结奋斗。可见，思想上的团结统一是党组织上团结统一、行动上步调一致的基础和前提。

（二）炼就“金刚不坏之身”

如前述及，马克思主义政党的先进性和纯洁性，最终要落实到党员和干部的先进性和纯洁性，只有用科学的、先进的理论武装党员和干部，才能奠定保持、增强党的先进性和纯洁性的思想基础。在长期执政的条件下，各种弱化党的先进性、损害党的纯洁性的因素无时不有，广大党员尤其是党员干部如何抵御各种名利、美色等利诱，需要从内在提升素养和觉悟、外在加强教育和监督等多方面开展工作。当然，内因是根本，提高内在能力素质是治本之策。党的十八大以来，习近平总书记特别强调要用马克思主义理论尤其是新时代中国特色社会主义思想武装共产党人的头脑，以提高广大党员干部的领导水平和执政能力、增强拒腐防变和抵御风险的能力，并形象地比喻为炼就“金刚不坏之身”[②]。

1. 理论水平决定境界视野

马克思主义作为科学的世界观和方法论，揭示了自然界、人类社会和思维发展的一般规律，不仅为工人阶级及其政党提供了行动指南，而

① 习近平：《高举中国特色社会主义伟大旗帜　为全面建设社会主义现代化国家而团结奋斗》，人民出版社 2022 年版，第 65 页。

② 《习近平谈治国理政》第 3 卷，外文出版社 2020 年版，第 413 页。

且为工人阶级的先进分子、共产党人厚植理想信念、道德品质等奠定了思想基础，是共产党人尤其是各级领导干部的基本素质，可以使共产党人开阔胸怀，拓宽视野。学习领悟马克思主义基本原理，学会运用马克思主义立场观点方法观察和解决问题，就能够把理想信念、眼界视野建立在科学理论之上，建立在对规律的认识和把握之上，增强实践行动的主动性、积极性和创造性。因此，习近平总书记指出："理论修养是干部综合素质的核心，理论上的成熟是政治上成熟的基础，政治上的坚定源于理论上的清醒。在一定意义上说，党员掌握马克思主义理论的深度，决定着政治敏感的程度、思维视野的广度和思想境界的高度"①；学习和把握了马克思主义理论，尤其是坚定了共产主义的远大理想和中国特色社会主义共同理想，"站位就高了，眼界就宽了，心胸就开阔了，就能坚持正确政治方向……自觉抵制各种腐朽思想的侵蚀，永葆共产党人政治本色"②；共产党人"要炼就'金刚不坏之身'，必须用科学理论武装头脑，不断培植我们的精神家园"③。

与此同时，党的十八大以来，习近平总书记特别强调要坚持马克思主义和中国化的马克思主义指导实践斗争、奠定具有许多新的历史特点的伟大斗争之理论基础，认为"实现伟大梦想，必须进行伟大斗争"，"我们党要团结带领人民有效应对重大挑战、抵御重大风险、克服重大

① 《习近平总书记重要讲话文章选编》，中央文献出版社、党建读物出版社2016年版，第339页。

② 《十八大以来重要文献选编》上，中央文献出版社2014年版，第117页。

③ 中共中央宣传部编：《习近平新时代中国特色社会主义思想三十讲》，学习出版社2018年版，第314页。

阻力、解决重大矛盾，必须进行具有许多新的历史特点的伟大斗争”[①]，而科学的理论武装、坚定的理想信念有利于党员干部夯实斗争根基，增强斗争精神，提高斗争本领，提升斗争力量。2017 年 7 月，在中共中央党校省部级主要领导干部“学习习近平总书记重要讲话精神，迎接党的十九大”专题研讨班开班式上的重要讲话中，习近平总书记指出：“我们党是高度重视理论建设和理论指导的党……坚持和发展中国特色社会主义，必须高度重视理论的作用，增强理论自信和战略定力。在新的时代条件下，我们要进行伟大斗争、建设伟大工程、推进伟大事业、实现伟大梦想，仍然需要保持和发扬马克思主义政党与时俱进的理论品格，勇于推进实践基础上的理论创新”，并以创新理论为指导“在迅速变化的时代中赢得主动”“在新的伟大斗争中赢得胜利”[②]。2019 年 9 月，在中共中央党校（国家行政学院）秋季学期中青年干部培训班开班式上的重要讲话中，习近平总书记指出，马克思主义产生和发展、社会主义国家诞生和发展、中国共产党创立和发展、中华人民共和国成立和发展、改革开放和新时代中国特色社会主义事业的推进等都充满着斗争的艰辛，我们党领导的伟大斗争、伟大工程、伟大事业、伟大梦想正如火如荼进行，既面临难得的历史机遇，也面临着一系列重大风险考验，必须发扬斗争精神，增强斗争本领，而“斗争精神、斗争本领，不是与生俱来的。领导干部要经受严格的思想淬炼、政治历练、实践锻炼，在复杂严峻的斗争中经风雨、见世面、壮筋骨，真正锻炼成为烈火真金。要学懂弄通做实党的创新理论，掌握马克思主义立场、观点、方法，夯实敢于斗争、

---

① 《十九大以来重要文献选编》上，中央文献出版社 2019 年版，第 11 页。

② 《习近平谈治国理政》第 2 卷，外文出版社 2017 年版，第 62 页。

善于斗争的思想根基，理论上清醒，政治上才能坚定，斗争起来才有底气、才有力量”[①]。

2. 理论素养奠定修养根基

改革开放以来，尤其是发展社会主义市场经济以来，少数党员干部因经受不住名利、美色等诱惑，出现了脱离群众、形式主义、官僚主义、生活腐化等问题，甚至走上了违法犯罪道路，严重败坏了党和政府的形象，严重侵害了人民群众的根本利益。其中重要原因之一，就是党员干部缺乏学习和修炼，思想迷茫，价值观错乱。2014 年 5 月，习近平总书记在一份批示中指出：“无数事实证明，对共产党人来说，只有理论上清醒才能有政治上清醒，只有理论上坚定才能有政治上坚定。所以，要全面提高马克思主义理论素养，掌握辩证唯物主义和历史唯物主义思想武器，学懂弄通中国特色社会主义理论体系，弄明白历史怎样走来、又怎样走下去，从而不断增强中国特色社会主义道路自信、理论自信、制度自信。”[②]同年 10 月，习近平总书记在党的群众路线教育实践活动总结大会上的讲话中指出，“对党员、干部来说，思想上的滑坡是最严重的病变，‘总开关’没拧紧，不能正确处理公私关系，缺乏正确的是非观、义利观、权力观、事业观，各种出轨越界、跑冒滴漏就在所难免了。思想上松一寸，行动上就会散一尺。思想认识问题一时解决了，不等于永远解决。就像房间需要经常打扫一样，思想上的灰尘也要经常打扫”[③]。2018 年 1 月，习近平总书记在十九届中央纪委二次全会上总结了党的十八大

---

① 《习近平谈治国理政》第 3 卷，外文出版社 2020 年版，第 227 页。

② 《习近平关于全面从严治党论述摘编》，中央文献出版社 2016 年版，第 62 页。

③ 《十八大以来重要文献选编》中，中央文献出版社 2016 年版，第 94—95 页。

以来全面从严治党的系列重要经验，其中第一条经验就是“坚持思想建党和制度治党相统一”，强调“要把思想建设作为党的基础性建设牢牢抓在手里，把坚定理想信念作为根本任务，教育全党牢记党的宗旨，引导党员、干部坚守入党誓词，不移其志、不改其心、不忘其本，经受住各种诱惑和考验”[①]。

那么，领导干部又如何提高理论素养呢？习近平总书记认为，学习是重要途径，向书本学习，向实践学习，向群众学习。2018 年 5 月，在纪念马克思诞辰 200 周年大会上的讲话中，习近平总书记指出，“全党同志特别是各级领导干部要更加自觉、更加刻苦地学习马克思列宁主义，学习毛泽东思想、邓小平理论、‘三个代表’重要思想、科学发展观，学习新时代中国特色社会主义思想”，“要把读马克思主义经典、悟马克思主义原理当作一种生活习惯、当作一种精神追求，用经典涵养正气、淬炼思想、升华境界、指导实践”[②]。因此，正反两方面历史经验都说明，加强理论学习，坚持用马克思主义尤其是马克思主义中国化最新成果武装头脑是中国共产党人坚定自信、树立正确世界观人生观价值观、防止思想道德滑坡的理论基础。

3. 理想信念支撑坚定立场

中国共产党是中国革命、建设和改革事业的领导核心，办好中国的事，关键在党，而各级领导干部又是关键的关键，亦即“关键少数”。党的十八大以来，习近平总书记特别重视党员干部队伍建设，并把理想

① 《十九大以来重要文献选编》上，中央文献出版社 2019 年版，第 188—189 页。

② 《十九大以来重要文献选编》上，中央文献出版社 2019 年版，第 434 页。

信念摆在党员干部素质的第一位，强调“要把我们党建设好，必须抓住‘关键少数’。中央委员会成员和省部级主要领导干部必须做到信念过硬，带头做共产主义远大理想和中国特色社会主义共同理想的坚定信仰者和忠实实践者”[①]，“理想信念坚定，是好干部的第一位的标准”，“只有理想信念坚定，用坚定理想信念炼就了‘金刚不坏之身’，干部才能在大是大非面前旗帜鲜明，在风浪考验面前无所畏惧，在各种诱惑面前立场坚定，在关键时刻靠得住、信得过、能放心”[②]。他在多次讲话中指出，马克思主义真理信仰、共产主义远大理想和中国特色社会主义共同理想是支撑共产党人前赴后继、不屈不挠战胜前进中的困难险阻的精神动力和精神支柱，认为“信仰、信念、信心，任何时候都至关重要。小到一个人、一个集体，大到一个政党、一个民族、一个国家，只要有信仰、信念、信心，就会愈挫愈奋、愈战愈勇，否则就会不战自败、不打自垮。无论过去、现在还是将来，对马克思主义的信仰，对中国特色社会主义的信念，对实现中华民族伟大复兴中国梦的信心，都是指引和支撑中国人民站起来、富起来、强起来的强大精神力量”[③]。2020年6月和8月，习近平总书记先后到宁夏和湖南考察工作时，特别要求广大党员干部坚定理想信念，为决胜全面建成小康社会、决战脱贫攻坚，进而开启全面建设社会主义现代化国家而奋斗，认为革命战争年代，共产党人随时面临生死考验，支撑他们视死如归、革命到底的就是坚定的理想信念，“坚定的理想信念，永远是激励我们奋勇向前、克难制胜不竭的力

---

① 《习近平谈治国理政》第3卷，外文出版社2020年版，第72页。

② 《习近平谈治国理政》第1卷，外文出版社2018年版，第413页。

③ 《十九大以来重要文献选编》上，中央文献出版社2019年版，第739页。

量源泉。全党同志特别是各级领导干部要不忘初心、牢记使命，始终保持清醒头脑和政治定力，坚持和加强党的领导不动摇，坚持和发展中国特色社会主义不动摇，坚持实现中华民族伟大复兴的宏伟目标不动摇，锲而不舍把革命先辈为之奋斗的伟大事业推向前进”①，各级党组织要把党的政治建设放在首位，教育引导广大党员、干部筑牢信仰之基、补足精神之钙、把稳思想之舵，自觉做远大理想、共同理想的坚定信仰者和忠实实践者。

（三）依靠学习创造历史并走向未来

1. 依靠学习创造历史

虽然中国共产党诞生伊始就把马克思主义作为指导思想写在了自己的旗帜上，但是马克思主义中国化需要一个历史过程，加上近代中国社会矛盾异常尖锐，中国共产党成立后即投入轰轰烈烈的革命实践当中。所以，相对于德国、俄国等国家的共产党来说，中国共产党的成立及成立后的初期革命，理论准备相对不足，一度出现了把共产国际指示神圣化、把苏联经验绝对化的“左”倾教条主义错误，给党及其领导的革命和建设事业造成重大损失。刘少奇曾总结历史教训说：“中国党有一极大的弱点，这个弱点，就是党在思想上的准备、理论上的修养是不够的，是比较幼稚的。因此，中国党过去的屡次失败，都是指导上的失败，是在指导上的幼稚与错误而引起全党或重要部分的失败，而并不是工作上

① 《习近平在宁夏考察时强调　决胜全面建成小康社会决战脱贫攻坚　继续建设经济繁荣民族团结环境优美人民富裕的美丽新宁夏》，《人民日报》2020 年 6 月 11 日。

的失败。”[1]

由于中国的国情不同于欧美国家，在马克思、恩格斯、列宁等革命导师的经典文献中又找不到关于中国革命的现成答案，在创建中国共产党的过程中，早期马克思主义者就自觉地学习和研究马克思主义，上海、北京等地的早期马克思主义者纷纷成立了马克思主义研究会、马克思学说研究会、俄罗斯研究会等学习和研究马克思主义的组织。在开始以马克思主义为指导探索中国革命的初始阶段，陈独秀提出“要做边学边干的马克思主义的学生”[2]。在不断总结中国革命历史经验的基础上，以毛泽东同志为主要代表的中国共产党人明确提出了马克思主义中国化的命题，既坚持学习和运用马克思主义，又反对本本主义，强调中国共产党人要作人民群众学习的楷模，通过广泛学习提升自己的工作能力和视野境界。1938 年 10 月，毛泽东在党的六届六中全会上说：“共产党员又应成为学习的模范，他们每天都是民众的教师，但又每天都是民众的学生。只有向民众学习，向环境学习，向友党友军学习，了解了他们，才能对于工作实事求是，对于前途有远见卓识。”[3]刘少奇也强调全党要“学习过去的经验，学习马克思列宁主义的理论，学习马克思列宁主义的方法。只有这样，才能使我们前进”[4]。

新中国成立后，中国共产党成为执掌全国政权的执政党，以毛泽东同志为主要代表的中国共产党人认识到，“党正面临着建设新中国的

---

① 《刘少奇论党的建设》，中央文献出版社 1991 年版，第 273 页。

② 张国焘：《我的回忆》第 1 卷，东方出版社 1980 年版，第 95 页。

③ 《毛泽东选集》第 2 卷，人民出版社 1991 年版，第 523 页。

④ 《刘少奇选集》上卷，人民出版社 1981 年版，第 71 页。

复杂任务，全党有系统地学习理论，比较过去任何时候都有更好的条件，也更加迫切需要”，“党在学习问题上的任务，就是彻底纠正此前忽视理论的经验主义的危险倾向，就是领导全体党员在统一的制度下无例外地和不间断地进行马克思列宁主义——毛泽东思想的有系统的学习，以便逐步地造成全党的理论高涨”。[①]在深入学习的基础上，中国共产党人坚持把马克思主义基本原理同中国社会主义革命的实际相结合，成功探索并实践了具有中国特色的社会主义改造道路，在中国确立起社会主义基本制度。1956年年初，又明确提出把马克思主义基本原理同中国实际进行“第二次结合”，开始探索中国自己的社会主义建设道路，并在中共八大前后取得了关于我国社会主义制度确立后社会主要矛盾和中心任务、社会主义社会两类矛盾、正确处理社会主义建设中的若干关系等重要理论成果。但由于缺乏经验、受国际国内形势的干扰，中国社会主义建设出现了“大跃进”、人民公社化运动等严重错误。在这一背景下，毛泽东等提出了大兴调查研究之风，并带领高级干部学习《苏联社会主义经济问题》《政治经济学教科书》，努力提高对社会主义建设规律的认识。

改革开放以后，以邓小平、江泽民和胡锦涛同志为主要代表的中国共产党人，总结国内外社会主义建设正反两方面的经验教训，继续强调通过学习开创、捍卫、坚持和发展中国特色社会主义。邓小平号召“全党必须再重新进行一次学习”[②]，并强调“要对毛泽东思想有一个完整的准确的认识，要善于学习、掌握和运用毛泽东思想的体系来指导我们的

---

① 《建国以来重要文献选编》第2册，中央文献出版社1992年版，第123页。

② 《邓小平文选》第2卷，人民出版社1994年版，第153页。

各项工作”[①]。在学习研究的基础上，邓小平领导党于1981年6月制定了《中共中央关于建国以来党的若干历史问题的决议》，科学地界定了毛泽东思想的科学内涵、系统地概括了毛泽东思想的理论体系和正确地评价了毛泽东、毛泽东思想的历史地位和作用，实现了党的指导思想的拨乱反正，并在此基础上开创了中国特色社会主义。1989年6月，党的十三届四中全会以后，以江泽民同志为主要代表的中国共产党人继续强调学习，尤其是学习邓小平理论。1997年9月，江泽民在党的十五大报告中援引邓小平的话特别强调：“我们现在所干的事业，是一项新事业。马克思没有讲过，我们的前人没有做过，其他社会主义国家也没有干过，所以，没有现成的经验可学。我们只能在干中学，在实践中摸索。”[②]他不断呼吁全党“必须自觉地坚持学习，加强学习，改善学习，做到学习、学习、再学习”[③]，其领导的“三讲”学习教育活动，把“讲学习”摆在第一位。新世纪新阶段，以胡锦涛同志为主要代表的中国共产党人明确提出了建设马克思主义学习型政党的目标和任务。胡锦涛在众多场合强调了中国共产党人学习理论知识，尤其是学习马克思主义及其中国化理论成果的重要性和紧迫性，明确指出：“思想理论建设是党的根本建设，党的理论创新引领各方面创新。要按照建设学习型政党的要求，紧密结合改革开放和现代化建设的生动实践，深入学习马克思列宁主义、毛泽东思想、邓小平理论和‘三个代表’重要思想，在全党开展深入学习实践科学发展观活动，坚持用发展着的马克思主义指导客观

---

① 《邓小平文选》第2卷，人民出版社1994年版，第42页。

② 《十五大以来重要文献选编》上，人民出版社2000年版，第15页。

③ 江泽民：《全国干部培训教材序言》，《人民日报》2002年4月22日。

世界和主观世界的改造，进一步把握共产党执政规律、社会主义建设规律、人类社会发展规律，提高运用科学理论分析和解决实际问题能力。”[①]可见，中国共产党是一个善于学习，并通过学习不断提高理论和实践水平进而推进革命、建设、改革和自身发展的政党，一部中国共产党历史就是一部学习史，是中国共产党依靠学习走到今天的历史。

习近平同志自青年时代就热爱学习，勤于学习，善于学习。当年到陕北插队，就带了很多书籍，劳动之余认真学习，得知其他知青有世界名著，不顾路途遥远，徒步前去借阅。后来在河北、福建和浙江等地工作，在繁忙之中都不忘学习，努力通过学习提高自身的理论水平和实践能力。久而久之，养成了热爱学习的习惯。

2008 年 2 月，习近平同志在党的全国组织工作会议上说：“勤于学习、善于学习，是领导干部提高素质、增强本领的重要途径。今天，世界在发生巨大变化，中国在发生深刻变化，我们党的情况也发生了许多变化，新情况、新问题、新知识、新事物层出不穷，我们不懂得、不熟悉的东西很多，只有与时俱进地加强学习，才能担当起领导重任。可以说，领导干部的学习水平，在很大程度上决定着工作水平和领导水平……作为领导干部，要自觉培养学习兴趣和学习习惯，把学习变成内在需求，根据工作需要和自身知识结构选择学习内容，加强学习，抓紧学习。学习，贵在坚持，也难在坚持。”[②]这一讲话不仅阐明了党员领导干部加强学习的必要性和紧迫性，而且指明了学习的根本路径和基本要求。

---

① 《十七大以来重要文献选编》上，中央文献出版社 2009 年版，第 38—39 页。

② 《十七大以来重要文献选编》上，中央文献出版社 2009 年版，第 214 页。

拧紧思想信念“总开关”

党的十八大以来，面对日益变化的国际国内形势、艰巨繁重的改革建设任务、党的自身建设层出不穷的新情况和新问题，习近平总书记在众多场合反复强调党员干部要坚持学习，养成学习的兴趣和习惯，通过学习提高治国理政的能力和水平。2013 年 3 月，习近平总书记在中共中央党校建校 80 周年庆祝大会暨 2013 年春季学期开学典礼上指出，“我们党历来重视抓全党特别是领导干部的学习，这是推动党和人民事业发展的一条成功经验。在每一个重大转折时期，面对新形势新任务，我们党总是号召全党同志加强学习；而每次这样的学习热潮，都能推动党和人民事业实现大发展大进步”，“中国共产党人依靠学习走到今天，也必然要依靠学习走向未来。我们的干部要上进，我们的党要上进，我们的国家要上进，我们的民族要上进，就必须大兴学习之风，坚持学习、学习、再学习”。[①]这一重要讲话深刻总结了党通过加强学习对推进党和人民事业发展发挥的重大作用，认为通过加强学习提升能力和水平实现重大历史转折是一条成功的历史经验。他在讲话中还强调，“学习应该是全面的、系统的、富有探索精神的”，要向书本学习、向实践学习、向人民群众学习、向专家学者学习、向国外有益经验学习。“首先要认真学习马克思主义理论，这是我们做好一切工作的看家本领，也是领导干部必须普遍掌握的工作制胜的看家本领。”[②]习近平总书记这一重要论述指明了党员干部学习的主要内容和基本路径，还突出强调了加强理论学习尤其是学习马克思主义理论的首要和基础地位。同年 6 月，习近平总书记在全国组织工作会议上说：“学习是进步的阶梯。干部要勤于学、敏

① 《习近平谈治国理政》第 1 卷，外文出版社 2018 年版，第 401、第 407 页。
② 《习近平谈治国理政》第 1 卷，外文出版社 2018 年版，第 401 页。

于思，认真学习马克思主义理论特别是中国特色社会主义理论体系，掌握贯穿其中的立场、观点、方法，提高战略思维、创新思维、辩证思维、底线思维能力，正确判断形势，始终保持政治上的清醒和坚定。”[①]这一重要讲话，不仅强调了党员领导干部学习的重要意义和学习的首要任务是学习马克思主义理论特别是中国特色社会主义理论体系，而且指明学习马克思主义理论重在掌握其中的立场、观点和方法，旨在提高自身的战略思维、创新思维、辩证思维、底线思维能力，进而能够正确判断国际国内形势，始终保持政治上的清醒和坚定，团结带领广大人民坚持和发展中国特色社会主义。此外，习近平总书记还多次总结历史经验和实践要求说，“重视学习是我们党推动事业发展的成功经验”，“学习本领是领导干部必须具备的第一位本领”[②]；“好学才能上进。中国共产党人依靠学习走到今天”[③]；“善于学习，就是善于进步。党的历史经验和现实发展都告诉我们，没有全党大学习，没有干部大培训，就没有事业大发展”，“我们党依靠学习创造了历史”[④]。这些重要论述指明，勤于学习、善于学习是中国共产党思想建党的重要路径和优良传统，也是共产党人尤其是党员干部的基本能力和素养，甚至是党员领导干部必须具备的第一位本领，更是中国共产党领导人民取得革命、建设和改革伟大成就的宝贵经验。2022 年 10 月，习近平总书记在党的二十大报告中对未来党

① 《习近平谈治国理政》第 1 卷，外文出版社 2018 年版，第 342 页。

② 《中共中央举行纪念刘少奇同志诞辰 120 周年座谈会　习近平发表重要讲话》,《人民日报》2018 年 11 月 24 日。

③ 《习近平谈治国理政》第 1 卷，外文出版社 2018 年版，第 407 页。

④ 《全面践行总体国家安全观》，人民出版社、党建读物出版社 2019 年版，第 1—2 页。

的思想建设作出战略部署时指出，要“组织实施党的创新理论学习教育计划，建设马克思主义学习型政党”[①]。

2. 学习才能运用和创新

中国共产党的初心和使命是为中国人民谋幸福、为中华民族谋复兴、为人类谋进步、为世界谋大同，党的一切工作的出发点和落脚点是中国最广大人民群众的根本利益。中国共产党学习的目的在于运用，在于指导中国革命、建设和改革的伟大实践，团结带领全国各族人民实现社会主义现代化，实现中华民族伟大复兴，构建人类命运共同体。习近平总书记多次指出：“学习的目的全在于运用。领导干部加强学习，根本目的是增强工作本领、提高解决实际问题的水平……领导干部要发扬理论联系实际的马克思主义学风，带着问题学，拜人民为师，做到干中学、学中干，学以致用、用以促学、学用相长，千万不能夸夸其谈、陷于‘客里空’。”[②]这一重要讲话不仅阐明了学习的根本目的在于实际运用，在于指导实践，在于通过增强党员干部工作本领和能力推动党和人民的事业发展，而且指出了学习的具体路径和基本要求，即坚持理论联系实际，带着问题学，杜绝夸夸其谈和纸上谈兵。

中国共产党自诞生伊始就坚持以马克思列宁主义为指导思想，但是，由于近代中国是半殖民地半封建社会，产生于欧洲的马克思列宁主义并没有为中国革命提供现成的答案。因此，中国共产党人需要把马克思主义中国化，用中国化的马克思主义指导中国革命。以毛泽东同志为主要

① 习近平：《高举中国特色社会主义伟大旗帜　为全面建设社会主义现代化国家而团结奋斗》，人民出版社 2022 年版，第 65 页。

② 《习近平谈治国理政》第 1 卷，外文出版社 2018 年版，第 406 页。

代表的中国共产党人坚持把马克思主义同中国革命具体实际相结合，成功探索和实践了农村包围城市、武装夺取政权的道路，实现了马克思主义中国化的第一次历史性飞跃，并形成了马克思主义中国化的第一大理论成果——毛泽东思想。新中国成立以来，尤其是改革开放以来，世情、国情和党情都发生了广泛而深刻的变化，继续推进马克思主义中国化、用发展着的马克思主义指导实践显得更加必要和迫切。20世纪中叶，社会主义基本制度在我国初步确立后，毛泽东等就开始在马克思主义指导下探索中国自己的社会主义建设道路，特别强调“以苏为鉴”和独立自主，并在党的八大前后取得了关于社会主义社会主要矛盾、主要任务、党和国家政治生活的主题等一系列理论成果。1959年2月，毛泽东同智利《最后一点钟》报社社长阿图罗·马特·阿历山德里谈话时说：“马克思活着的时候，不能将后来出现的所有的问题都看到，也就不能在那时把所有的这些问题都加以解决。俄国的问题只能由列宁解决，中国的问题只能由中国人解决。”[①]后来，尽管以毛泽东同志为核心的党的第一代中央领导集体在继续探索中国社会主义建设道路的过程中发生了“大跃进”、人民公社化运动和“文化大革命”等严重曲折，但始终坚持以马克思主义为指导、独立自主地探索适合中国国情的社会主义建设道路等立场和目标一直没有变。改革开放以来，以邓小平、江泽民、胡锦涛同志为主要代表的中国共产党人，坚持在学习和继承马克思列宁主义、毛泽东思想的基础上，不断推进马克思主义中国化，实现了马克思主义中国化新的飞跃，形成了包括邓小平理论、“三个代表”重要思想和科学发展观在内的中国特色社会主义理论体系，并坚持用马克思

① 《毛泽东文集》第8卷，人民出版社1999年版，第5页。

主义中国化最新成果指导中国特色社会主义现代化建设的实践，从而取得了开创、捍卫、坚持和发展中国特色社会主义的伟大成就，引领中华民族实现了从站起来到富起来的伟大飞跃。1989年5月，邓小平会见苏联最高苏维埃主席团主席、苏共中央总书记戈尔巴乔夫时曾说：“绝不能要求马克思为解决他去世之后上百年、几百年所产生的问题提供现成答案。列宁同样也不能承担为他去世以后五十年、一百年所产生的问题提供现成答案的任务。真正的马克思列宁主义者必须根据现在的情况，认识、继承和发展马克思列宁主义。”[①]2001年7月，江泽民在庆祝中国共产党成立80周年大会上的讲话中指出：“马克思主义是我们立党立国的根本指导思想，是全国各族人民团结奋斗的共同理论基础。马克思主义的基本原理任何时候都要坚持，否则我们的事业就会因为没有正确的理论基础和思想灵魂而迷失方向，就会归于失败……马克思主义具有与时俱进的理论品质。如果不顾历史条件和现实情况的变化，拘泥于马克思主义经典作家在特定历史条件下、针对具体情况作出的某些个别论断和具体行动纲领，我们就会因为思想脱离实际而不能顺利前进，甚至发生失误。”[②]2003年7月，胡锦涛在“三个代表”重要思想理论研讨会上的讲话指出：“坚持理论学习和指导实践相结合。我们党历来高度重视理论工作，目的就是要通过强有力的理论指导，使党和人民的事业不断从胜利走向新的胜利。学习的目的全在于运用。只有同指导实践相结合才能把理论学深学透。要深刻认识学习好、运用好科学理论对推进事业发展的重大意义，大力弘扬理论联系实际的马克思主义学风，努力做到学以

① 《邓小平年谱（1975—1997）》下，中央文献出版社2004年版，第1276页。

② 《江泽民文选》第3卷，人民出版社2006年版，第282—283页。

致用、用以促学、学用相长。”[①]这些讲话集中阐明了坚持以马克思主义为指导思想、共产党人尤其是党员领导干部加强理论学习的必要性，以及马克思主义理论的生命力在于运用和发展，党员干部学习马克思主义理论的目的在于武装头脑和指导实践。

党的十八大以来，习近平总书记要求广大党员干部要善于在学习马克思主义理论的基础上，不断推动理论创新和实践创新。2012 年 11 月，习近平总书记在主持十八届中共中央政治局第一次集体学习时就强调：“马克思列宁主义、毛泽东思想一定不能丢，丢了就丧失根本。同时，我们一定要以我国改革开放和现代化建设的实际问题、以我们正在做的事情为中心，着眼于马克思主义理论的运用，着眼于对实际问题的理论思考，着眼于新的实践和新的发展。”[②]也就是说，广大党员干部既要不断学习马克思主义理论，坚持以马克思列宁主义和毛泽东思想等为指导思想，更要注重马克思主义理论的实际运用，着眼于分析和解决实际问题，并在不断总结实践经验中创新和发展马克思主义理论。2013 年 12 月，习近平总书记在纪念毛泽东同志诞辰 120 周年座谈会上指出：“马克思主义基本原理是普遍真理，具有永恒的思想价值，但马克思主义经典作家并没有穷尽真理，而是不断为寻求真理和发展真理开辟道路。今天，坚持和发展中国特色社会主义，全面深化改革，有效应对前进道路上可以预见和难以预见的各种困难与风险，都会提出新的课题，迫切需要我们从理论上作出新的科学回答。我们要及时总结党领导人民创造的新鲜经验，不断开辟马克思主义中国化新境界，让当代中国马克思主

---

① 《十六大以来重要文献选编》上，中央文献出版社 2005 年版，第 374 页。

② 《习近平谈治国理政》第 1 卷，外文出版社 2018 年版，第 9 页。

义放射出更加灿烂的真理光芒。”[①]2018 年 5 月，习近平总书记在纪念马克思诞辰 200 周年大会上的讲话中指出，“马克思主义思想理论博大精深、常学常新。新时代，中国共产党人仍然要学习马克思，学习和实践马克思主义，不断从中汲取科学智慧和理论力量”，同时“对待科学的理论必须有科学的态度”，“理论的生命力在于不断创新，推动马克思主义不断发展是中国共产党人的神圣职责。我们要坚持用马克思主义观察时代、解读时代、引领时代，用鲜活丰富的当代中国实践来推动马克思主义发展，用宽广视野吸收人类创造的一切优秀文明成果，坚持在改革中守正创新、不断超越自己……不断开辟当代中国马克思主义、21 世纪马克思主义新境界”。[②]这些重要讲话突出强调了必须科学对待马克思主义的立场和方法，强调了马克思主义理论的科学性和真理性，强调了党员干部努力学习马克思主义、坚持以马克思主义为指导的必要性，同时要求广大党员特别是领导干部必须学以致用，善于运用马克思主义分析和解决现实问题，并不断丰富和发展马克思主义。为了贯彻落实党的十九大精神、深入推进全面从严治党，2019 年夏至 2020 年春，中国共产党在全党尤其是县处级以上干部中开展了“不忘初心、牢记使命”主题教育。2020 年 1 月，习近平总书记在“不忘初心、牢记使命”主题教育总结大会上的讲话中高度肯定了学习教育活动取得的成效，其中第一条成效就是“各级党组织和广大党员、干部深入学习实践新时代中国特色社会主义思想，提高了知信行合一能力……推动学习往深里走、

① 《习近平谈治国理政》第 1 卷，外文出版社 2018 年版，第 26—27 页。

② 《十九大以来重要文献选编》上，中央文献出版社 2019 年版，第 428、第 434—435 页。

往实里走，强化理想信念和使命担当”，并把党的科学理论形象地比喻为“金钥匙”，认为“科学理论是我们推动工作、解决问题的‘金钥匙’，越学越觉得有信心，越学越觉得有力量”[①]。这些重要论述都阐明，中国共产党人学习马克思主义的目的在于运用和创新马克思主义，并用以指导实践，推进中华民族实现伟大复兴中国梦。

3. 依靠学习走向未来

坚持和发展中国特色社会主义是前无古人的开创性事业，共产主义社会是人类社会的远大理想，需要一代代共产党人持续努力，不懈奋斗。党的十八大以来，国际国内形势正发生着广泛而深刻的变化。当今世界正经历百年未有之大变局，新一轮科技革命和产业变革深入发展，国际力量对比深刻调整，和平与发展仍是当今世界的时代主题。同时，国际环境日趋复杂，不稳定性不确定性明显增加，经济全球化遭遇逆流，世界进入动荡变革期，单边主义、保护主义、霸权主义对世界和平与发展构成威胁。新中国成立以来，尤其是改革开放以来，经过全党全国各族人民的长期努力，中华民族实现了从积贫积弱到站起来、从站起来到富起来的伟大飞跃，中国特色社会主义进入新时代，中华民族迎来了从富起来到强起来的伟大飞跃，我国社会大局稳定，制度优势显著，物质基础雄厚，坚持和发展中国特色社会主义具有多方面优势和条件。同时，我国发展不平衡不充分问题仍然突出，重点领域关键环节改革任务仍然艰巨，创新能力不适应高质量发展要求，农业基础还不稳固，城乡区域发展和收入分配差距较大，生态环保任重道远，民生保障存在短板，社

① 习近平:《在“不忘初心、牢记使命”主题教育总结大会上的讲话》,《求是》2020 年第 13 期。

会治理还有弱项。这些都要求中国共产党人持之以恒地学习、坚持以马克思主义为指导，破解中国乃至人类社会前进发展中的问题和挑战。

国际共产主义运动史上，俄国十月革命后，列宁领导俄共（布）在捍卫和建设苏维埃政权的过程中，多次提出了学习的任务和要求，强调通过学习解决前进中遇到的新问题。1920 年 10 月，他在俄国共产主义青年团第三次代表大会上说，"全体青年的任务，尤其是共产主义青年团及其他一切组织的任务，可以用一句话来表达：就是要学习"，其"主要的和最本质的问题——学习什么和怎样学习"[①]。1923 年 3 月，列宁仍不忘教导俄共（布）党人，"为了革新我们的国家机关，我们一定要给自己提出这样的任务：第一是学习，第二是学习，第三还是学习"[②]。

党的十八大以来，回顾总结党领导人民进行革命、建设和改革的历史经验，统筹中华民族伟大复兴战略全局和世界百年未有之大变局，在全面建成小康社会和开启全面建设社会主义现代化国家新征程的过程中，习近平总书记在一系列重要场合明确指出，"我们党依靠学习创造了历史，更要依靠学习走向未来"[③]；"中国共产党人依靠学习走到今天，也必然要依靠学习走向未来。我们的干部要上进，我们的党要上进，我们的国家要上进，我们的民族要上进，就必须大兴学习之风，坚持学习、学习、再学习"[④]。这些重要论述深刻总结了中国共产党通过学习提高本领、引领事业取得胜利的成功经验，指明了党员领导干部坚持学习、改进和

① 《列宁全集》第 4 卷，人民出版社 2013 年版，第 281 页。

② 《列宁全集》第 4 卷，人民出版社 2013 年版，第 786 页。

③ 《全面践行总体国家安全观》，人民出版社、党建读物出版社 2019 年版，第 2 页。

④ 《习近平谈治国理政》第 1 卷，外文出版社 2018 年版，第 407 页。

提高学习对于中国共产党走向未来、再创辉煌的伟大意义。

（四）理论创新引领工作创新

1. 理论武装可转化为物质力量

马克思主义认为，社会存在决定社会意识，但社会意识对社会存在具有反作用，尤其是科学的理论可以指导人们的实践活动，避免或减少实践活动的失误。“物质生活的生产方式制约着整个社会生活、政治生活和精神生活的过程。不是人们的意识决定人们的存在，相反，是人们的社会存在决定人们的意识。”①无产阶级革命必须坚持以马克思主义为指导，尽管“批判的武器当然不能代替武器的批判，物质力量只能用物质力量来摧毁；但是理论一经掌握群众，也会变成物质力量。理论只要说服人，就能掌握群众；而理论只要彻底，就能说服人”②。党的十八大以来，习近平总书记多次提出要以马克思主义，尤其是马克思主义中国化的最新理论成果武装全党、教育人民、推动工作。2017 年 10 月，习近平总书记在党的十九届一中全会上指出，在新时代的征程中，全党必须“全面贯彻新时代中国特色社会主义思想和基本方略，不断提高全党马克思主义理论水平”，“自觉运用理论指导实践，使各方面工作更符合客观规律、科学规律的要求，不断提高新时代坚持和发展中国特色社会主义的能力，把党的科学理论转化为万众一心推动实现‘两个一百年’奋斗目标、实现中华民族伟大复兴的强大力量”。③2018 年 5 月，

---

① 《马克思恩格斯文集》第 2 卷，人民出版社 2009 年版，第 591 页。

② 《马克思恩格斯选集》第 1 卷，人民出版社 2012 年版，第 9—10 页。

③ 习近平：《在党的十九届一中全会上的讲话》，《求是》2018 年第 1 期。

习近平总书记在纪念马克思诞辰200周年大会上的讲话中提出：“全党同志特别是各级领导干部要更加自觉、更加刻苦地学习马克思列宁主义，学习毛泽东思想、邓小平理论、‘三个代表’重要思想、科学发展观，学习新时代中国特色社会主义思想。要深入学、持久学、刻苦学，带着问题学、联系实际学，更好把科学思想理论转化为认识世界、改造世界的强大物质力量。”[①]这些重要讲话不仅强调了学习马克思主义理论的重要性，而且强调了科学理论对党员干部提高素养和能力、推动党和人民事业发展的巨大作用。

2. 理论创新是工作创新的先导

理论是行动的先导，理论创新是制度创新、科技创新、文化创新以及其他各方面创新的基础。马克思主义政党的先进性，首先体现在思想理论的先进性。列宁曾指出，“没有革命的理论，就不会有革命的运动”[②]，“只有以先进理论为指南的党，才能实现先进战士的作用”[③]，“在我们看来，没有理论，革命派别就会失去生存的权利，而且不可避免地迟早注定要在政治上遭到破产”[④]。2013年11月，习近平总书记在党的十八届三中全会上的讲话中指出：“理论创新对实践创新具有重大先导作用，全面深化改革必须以理论创新为先导。”[⑤]党的工作包括思想宣传、组织建设、统一战线、人才工作等方方面面，推动工作创新首先要实现思想理论创新，因为没有科学理论指导的实践往往是盲目的实践，更谈

① 《十九大以来重要文献选编》上，中央文献出版社2019年版，第434页。
② 《列宁专题文集·论无产阶级政党》，人民出版社2009年版，第70页。
③ 《列宁专题文集·论无产阶级政党》，人民出版社2009年版，第71页。
④ 《列宁全集》第6卷，人民出版社1986年版，第367页。
⑤ 《习近平谈治国理政》第1卷，外文出版社2014年版，第75—76页。

不上开拓创新，党的宣传教育、组织建设、统一战线、人才工作等都需要以科学理论、创新理论为指导。党的十八大以来，习近平总书记在指导党的各项工作时，都十分强调通过理论创新指导、推动工作创新。2013 年 8 月，习近平总书记在全国宣传思想工作会议上指出，“宣传思想工作创新，重点要抓好理念创新、手段创新、基层工作创新，努力以思想认识新飞跃打开工作新局面”[①]。不仅把理论创新放在宣传思想工作几项重点创新的首位，而且特别强调通过思想认识的新飞跃、创新理论的新成果指引实践，打开工作新局面。在讲到对外宣传工作时，习近平总书记又特别强调：“要精心做好对外宣传工作，创新对外宣传方式，着力打造融通中外的新概念新范畴新表述，讲好中国故事，传播好中国声音。”[②]2019 年 5 月，习近平总书记在“不忘初心、牢记使命”主题教育工作会议上指出，开展这次主题教育，“具体目标是理论学习有收获、思想政治受洗礼、干事创业敢担当、为民服务解难题、清正廉洁作表率”，“理论学习有收获，重点是教育引导广大党员干部在原有学习的基础上取得新进步，加深对新时代中国特色社会主义思想和党中央大政方针的理解，学深悟透、融会贯通，增强贯彻的自觉性和坚定性，提高运用党的创新理论指导实践、推动工作的能力”[③]。

总之，思想建设在中国共产党自身建设总体布局中具有基础性地位。新时代，中国共产党自身建设的环境、条件、任务、目标等都发生了深刻变化，但坚持把思想建设摆在基础地位是总结历史经验的基本结

① 习近平：《论党的宣传思想工作》，中央文献出版社 2020 年版，第 6 页。
② 习近平：《论党的宣传思想工作》，中央文献出版社 2020 年版，第 7 页。
③ 《习近平谈治国理政》第 3 卷，外文出版社 2020 年版，第 525 页。

论，必须毫不动摇地坚持和贯彻。2018 年 1 月，习近平总书记在十九届中央纪委二次全会上总结了党的十八大以来全面从严治党的一系列重要经验，其中第一条经验就是“坚持思想建党和制度治党相统一”，并强调要“把思想建设作为党的基础性建设牢牢抓在手里，把坚定理想信念作为根本任务”①。2021年11月，党的十九届六中全会总结党百年奋斗的重大成就和历史经验，把“坚持理论创新”确立为“十个坚持”的历史经验之一，把坚持继续推进马克思主义中国化、坚持用马克思主义中国化最新成果武装全党确立为新时代中国共产党团结带领人民夺取新时代中国特色社会主义新胜利的基本要求，充分体现和全面贯彻了习近平总书记关于思想建党、思想建设是党的基础性建设等重要论述精神。

① 《十九大以来重要文献选编》上，中央文献出版社 2019 年版，第 188—189 页。

第二章 用习近平新时代中国特色社会主义思想武装全党

理论创新每前进一步，理论武装就要跟进一步。着重思想建党，坚持用马克思主义中国化的最新成果武装全党和指导工作，是中国共产党加强自身建设的成功经验和优良传统。2017年10月，习近平总书记在党的十九大报告中指出，“思想建设是党的基础性建设”，新时代全面从严治党，必须“用新时代中国特色社会主义思想武装全党”①。党的十九大以来，习近平总书记在一系列重要场合都强调要坚持“用新时代中国特色社会主义思想武装全党”②，“用马克思主义中国化最新成果统一思想、统一意志、统一行动”③。2022年10月，习近平总书记在党的二十大报告中强调“坚持不懈用新时代中国特色

① 《十九大以来重要文献选编》上，中央文献出版社2019年版，第44页。

② 《习近平谈治国理政》第3卷，外文出版社2020年版，第49页。

③ 《习近平谈治国理政》第3卷，外文出版社2020年版，第539页。

社会主义思想凝心铸魂”[①]。用习近平新时代中国特色社会主义思想武装全党成为新时代中国共产党加强思想建设的重要内容之一。

① 习近平：《高举中国特色社会主义伟大旗帜 为全面建设社会主义现代化国家而团结奋斗》，人民出版社 2022 年版，第 65 页。

一、以马克思主义为立党之本

（一）坚持以马克思主义为指导思想

马克思主义认为，政党是阶级斗争的产物，是代表一定阶级阶层的利益和意志、拥有独立的纲领路线政策的政治组织，都“以夺取政权和领导全国事务为宗旨”[①]。组建代表自己阶级利益的政党是工人阶级凝聚自身力量、团结其他革命阶级推翻资产阶级统治、实现无产阶级专政、建设社会主义和最终实现共产主义的首要条件。因此，“每个真正的无产阶级政党，从英国宪章派起，总是把阶级政治，把无产阶级组织成独立政党当做首要条件，把无产阶级专政当做斗争的最近目的”[②]。

马克思主义政党是指以马克思主义为指导思想、由工人阶级先进分子组成的代表工人阶级和其他劳动人民根本利益、以消灭私有制和剥削现象及剥削阶级、实现共产主义社会为目标的政党。1847 年 11 月成立的共产主义者同盟是世界上第一个马克思主义政党。马克思、恩格斯、列宁领导共产主义者同盟、国际工人协会（又称第一国际）、社会主义国际（又称第二国际）、共产国际（又称第三国际）和欧美等国工人阶级政党开展革命斗争的过程中都强调马克思主义政党必须坚持以马克思

---

① 《马克思恩格斯文集》第 4 卷，人民出版社 2009 年版，第 504 页。

② 《马克思恩格斯文集》第 3 卷，人民出版社 2009 年版，第 312 页。

主义为指导，并同杜林、拉萨尔、伯恩斯坦等民主社会主义、修正主义者等展开了持续而激烈的斗争。

1917年11月俄国十月革命和1949年10月中国新民主主义革命胜利后，俄共（布）和中国共产党成为执掌全国政权的马克思主义政党，列宁、毛泽东等领导两党两国人民在继续完成民主革命遗留任务、开展社会主义革命和建设过程中，提出了保持党的工人阶级先锋队性质、保持党同人民群众密切联系、巩固党的团结统一和维护党的中央权威、开展反腐败斗争等加强马克思主义执政党建设的理论，其中特别强调，随着党和国家工作重心由革命转向建设，全党不仅要学习管理知识、科学技术，而且要坚持学习马克思主义理论，不断提高党的理论水平、领导能力和执政本领，防止脱离人民群众的官僚主义和贪污腐化等，对执政的共产党坚持以马克思主义为指导、继续推进马克思主义本土化和民族化等作出了巨大贡献。

改革开放以来，以邓小平、江泽民、胡锦涛同志为主要代表的中国共产党人在领导我国改革开放，开创、捍卫、坚持和发展中国特色社会主义的过程中，继续推进党的建设新的伟大工程，不断丰富和发展马克思主义执政党建设理论，在继续强调要坚持以马克思列宁主义、毛泽东思想为指导思想的基础上，实现了马克思主义中国化新的飞跃，形成和发展了中国特色社会主义理论体系，分别于党的十五大、十六大、十八大上将邓小平理论、“三个代表”重要思想、科学发展观确立为党的指导思想并写入党章。

党的十八大以来，中国特色社会主义进入新时代。以习近平同志为核心的党中央，坚持以马克思列宁主义、毛泽东思想、邓小平理论、“三个代表”重要思想、科学发展观为指导，紧紧围绕新时代坚持和发展什么样的中国特色社会主义、怎样坚持和发展中国特色社会主义，建设什么样的社会主义现代化强国、怎样建设社会主义现代化强国，建设什么样的长期执政的马克思主义政党、怎样建设长期执政的马克思主义政党等重大时代课题，对新时代党和国家事业发展的一系列重大理论和实践问题进行了深邃思考、科学判断和战略部署，实现了马克思主义中国化新的飞跃，形成了习近平新时代中国特色社会主义思想。2017 年 10 月，党的十九大将习近平新时代中国特色社会主义思想确立为指导思想并写入党章。

党的十八大以来，习近平总书记在一系列重要讲话中都强调中国共产党必须坚持以马克思列宁主义和中国化的马克思主义——毛泽东思想、邓小平理论、“三个代表”重要思想、科学发展观为指导思想，党的十九大以来又特别强调要以习近平新时代中国特色社会主义思想武装全党。

2012 年 11 月，习近平总书记在主持十八届中共中央政治局第一次集体学习时指出，“马克思列宁主义、毛泽东思想一定不能丢，丢了就丧失根本”，同时，“中国特色社会主义理论体系是行动指南”，“是马克思主义中国化的最新成果”，“同马克思列宁主义、毛泽东思想是坚持、发展和继承、创新的关系……在当代中国，坚持中国特色社会主义理论体系，就是真正坚持马克思主义”①。2016 年 7 月，习近平总书记在庆祝中国共产党成立 95 周年大会上的讲话中，从 8 个方面阐明了中国共产党人“面向未来，面对挑战，全党同志一定要不忘初心、继续前进”的基本要求，其中第一条“就要坚持马克思主义的指导地位”，强调“指导思想是一个政党的精神旗帜。95 年来，中国共产党之所以能够完成近代以来各种政治力量不可能完成的艰巨任务，就在于始终把马克思主义这一科

① 《习近平谈治国理政》第 1 卷，外文出版社 2018 年版，第 8—9 页。

学理论作为自己的行动指南”，因此，“马克思主义是我们立党立国的根本指导思想。背离或放弃马克思主义，我们党就会失去灵魂、迷失方向。在坚持马克思主义指导地位这一根本问题上，我们必须坚定不移，任何时候任何情况下都不能有丝毫动摇”[①]。

与时俱进是马克思主义的理论品质，马克思主义政党必须始终坚持以马克思主义尤其是时代化、民族化的理论为指导思想。2017 年 10 月，习近平总书记在党的十九大报告中首次提出“新时代中国特色社会主义思想”的概念，并在部署新时代“坚定不移全面从严治党，不断提高党的执政能力和领导水平”时，明确提出了“用新时代中国特色社会主义思想武装全党”[②]的任务。党的十九大修改党章将习近平新时代中国特色社会主义思想同马克思列宁主义、毛泽东思想、邓小平理论、“三个代表”重要思想、科学发展观一起确立为党的指导思想后，习近平总书记在一系列重要讲话中都强调要“用新时代中国特色社会主义思想武装全党”。2018 年 5 月，习近平总书记在纪念马克思诞辰 200 周年大会上指出：“马克思主义始终是我们党和国家的指导思想，是我们认识世界、把握世界、追求真理、改造世界的强大思想武器”，“马克思主义思想理论博大精深、常学常新。新时代，中国共产党人仍然要学习马克思，学习和实践马克思主义，不断从中汲取科学智慧和理论力量”，“中国共产党是用马克思主义武装起来的政党，马克思主义是中国共产党人理想信念的灵魂”，“全党同志特别是各级领导干部要更加自觉、更加刻苦地

① 习近平：《在庆祝中国共产党成立 95 周年大会上的讲话》，《求是》2021 年第 8 期。

② 《习近平谈治国理政》第 3 卷，外文出版社 2020 年版，第 47、第 49 页。

学习马克思列宁主义，学习毛泽东思想、邓小平理论、‘三个代表’重要思想、科学发展观，学习新时代中国特色社会主义思想”。[①]同年7月和8月，在全国组织工作会议、全国宣传思想工作会议上，习近平总书记先后指出，“思想理论是灵魂”，全党加强思想建设，拧紧“总开关”，“要求全党树立革命理想高于天的理念，不断补钙壮骨、固本培元，重点用新时代中国特色社会主义思想武装头脑，自觉做共产主义远大理想和中国特色社会主义共同理想的坚定信仰者、忠实实践者”[②]；“做好新形势下宣传思想工作，必须自觉承担起举旗帜、聚民心、育新人、兴文化、展形象的使命任务。举旗帜，就是要高举马克思主义、中国特色社会主义的旗帜，坚持不懈用新时代中国特色社会主义思想武装全党、教育人民、推动工作，在学懂弄通做实上下功夫，推动当代中国马克思主义、二十一世纪马克思主义深入人心、落地生根”[③]。2018年12月，在庆祝改革开放40周年大会上的讲话中，习近平总书记总结概括了“九个坚持”的宝贵经验，其中之一是“必须坚持马克思主义指导地位”，强调“前进道路上，我们必须坚持以马克思列宁主义、毛泽东思想、邓小平理论、‘三个代表’重要思想、科学发展观、新时代中国特色社会主义为指导”[④]。2020年6月，习近平总书记在主持十九届中共中央政治局第二十一次集体学习时强调：“我们党作为世界上最大的政党，大就要有大的样子，大也有大的难处，如何确保全党在共同思想

---

① 《十九大以来重要文献选编》上，中央文献出版社2019年版，第428、第433页。

② 《十九大以来重要文献选编》上，中央文献出版社2019年版，第556页。

③ 习近平：《论党的宣传思想工作》，中央文献出版社2020年版，第339页。

④ 《习近平谈治国理政》第3卷，外文出版社2020年版，第183页。

理论基础上的高度集中统一尤其不易。要加强马克思主义特别是新时代中国特色社会主义思想的理论武装，使各级党组织和广大党员、干部特别是领导干部掌握马克思主义理论武器，提高马克思主义理论水平和运用能力，共同把党的创新理论转化为推进新时代中国特色社会主义伟大事业的实践力量。”[①]2021 年 7 月，在庆祝中国共产党成立 100 周年大会上的讲话中，习近平总书记总结党领导人民百年奋斗的历史经验，提出了“九个必须”的“以史为鉴、开创未来”的基本要求和根本遵循，其中强调“以史为鉴、开创未来，必须继续推进马克思主义中国化”，“新的征程上，我们必须坚持马克思列宁主义、毛泽东思想、邓小平理论、‘三个代表’重要思想、科学发展观，全面贯彻新时代中国特色社会主义思想，坚持把马克思主义基本原理同中国具体实际相结合、同中华优秀传统文化相结合，用马克思主义观察时代、把握时代、引领时代，继续发展当代中国马克思主义、21 世纪马克思主义”。[②]2022 年 10 月，习近平总书记在党的二十大报告中进一步指出，“马克思主义是我们立党立国、兴党兴国的根本指导思想。实践告诉我们，中国共产党为什么能，中国特色社会主义为什么好，归根到底是马克思主义行，是中国化时代化的马克思主义行。拥有马克思主义科学理论指导是我们党坚定信仰信念、把握历史主动的根本所在”，新时代新征程必须不断“开辟马克思主义中国化时代化新境界”，“坚持解放思想、实事求是、与时俱进、求真务实，一切从实际出发，着眼解决新时代改革开放和社会主义

① 《十九大以来重要文献选编》中，中央文献出版社 2021 年版，第 598 页。

② 习近平：《在庆祝中国共产党成立 100 周年大会上的讲话》，人民出版社 2021 年版，第 12—13 页。

现代化建设的实际问题，不断回答中国之问、世界之问、人民之问、时代之问，作出符合中国实际和时代要求的正确回答，得出符合客观规律的科学认识，形成与时俱进的理论成果，更好指导中国实践”，“坚持不懈用新时代中国特色社会主义思想凝心铸魂”。[①]这些重要讲话都强调党既要坚持以马克思主义为指导思想，又着重强调了在新时代必须与时俱进，全面贯彻习近平新时代中国特色社会主义思想、坚持以习近平新时代中国特色社会主义思想武装全党的必要性和紧迫性。

习近平新时代中国特色社会主义思想全面系统地丰富发展了马克思主义哲学、政治经济学和科学社会主义，涵盖经济、政治、文化、社会、生态、军事、祖国统一、外交等各个领域。党的十八大以来，习近平总书记不仅总体上强调要坚持以马克思列宁主义、毛泽东思想、邓小平理论、“三个代表”重要思想、科学发展观、习近平新时代中国特色社会主义思想为指导，而且在具体指导中国特色社会主义经济、生态文明、外交、军队和法治等重要领域的建设工作时，还特别强调了坚持、发展和贯彻落实新时代习近平经济思想、生态文明思想、总体国家安全观、强军思想、外交思想和法治思想等。2017 年 5 月，习近平总书记同中国政法大学师生座谈时，既肯定了我国法学教育和法治人才培养、法学学科建设和教材建设等方面取得的显著成效，也指出了其中存在的问题和不足，如“学科结构不尽合理，法学学科体系、课程体系不够完善”，“有的学科理论建设滞后于实践，不能回答和解释现实问题；有的教材编写和教学实施偏重于西方法学理论、缺乏鉴别批判，对中国特色社会主义

① 习近平：《高举中国特色社会主义伟大旗帜　为全面建设社会主义现代化国家而团结奋斗》，人民出版社 2022 年版，第 16—18、第 65 页。

法治理论研究不够深入”等，强调“全面推进依法治国，法治理论是重要引领。没有正确的法治理论引领，就不可能有正确的法治实践”，全面依法治国“必须坚持中国特色社会主义法治道路，坚持以马克思主义法学思想和中国特色社会主义法治理论为指导”。[①]2017 年 12 月，习近平总书记在中央经济工作会议上指出：“党的十八大以来，我们成功驾驭了我国经济发展大局，形成了以新发展理念为主要内容的新时代中国特色社会主义经济思想。这一思想，是五年来我们推动我国经济发展实践的理论结晶，是运用马克思主义基本原理对中国特色社会主义政治经济学的理性概括，是党和国家十分宝贵的精神财富，必须长期坚持、不断丰富发展，推动我国经济发展产生更深刻、更广泛的历史性变革。”[②]2020 年 10 月，在纪念中国人民志愿军抗美援朝出国作战 70 周年大会上的讲话中，习近平总书记高度称赞了抗美援朝战争伟大胜利在中华民族复兴史、人类和平发展进步史上的重大而深远的意义，强调在中国特色社会主义进入新时代、中华民族迎来了从富起来到强起来伟大飞跃的时刻，站在实现“两个一百年”奋斗目标的历史交汇点上，全面建设社会主义现代化国家前景光明，但“前进道路不会一帆风顺。我们要铭记抗美援朝战争的艰辛历程和伟大胜利，敢于斗争、善于斗争，知难而进、坚韧向前”，因此，“铭记伟大胜利，推进伟大事业，必须加快推进国防和军队现代化，把人民军队全面建成世界一流军队……要贯彻新时代党的强军思想，贯彻新时代军事战略方针，毫不动摇坚持党对人民

---

① 习近平：《论坚持全面依法治国》，中央文献出版社 2020 年版，第 174—175 页。

② 《十九大以来重要文献选编》上，中央文献出版社 2019 年版，第 137 页。

军队的绝对领导，坚持政治建军、改革强军、科技强军、人才强军、依法治军，全面提高捍卫国家主权、安全、发展利益的战略能力”。[①]2020年11月，习近平总书记在中央全面依法治国工作会议上的讲话中指出：“推进全面依法治国是国家治理的一场深刻变革，必须以科学理论为指导，加强理论思维，不断从理论和实践的结合上取得新成果，总结好、运用好党关于新时代加强法治建设的思想理论成果，更好指导全面依法治国各项工作。”[②]

（二）马克思主义的发展进程

马克思主义有狭义和广义之分。马克思生前并没有称自己的学说为马克思主义，甚至反对使用这一概念。然而，他的学生、战友以及一些反对马克思学说的人，都在不同场合使用了“马克思主义”这一概念。实际上，马克思主义是由以马克思、恩格斯为主要代表的早期共产主义运动的领导人共同创立的。马克思去世后，有人提议用“马克思恩格斯主义”代替“马克思主义”。但是，恩格斯没有同意。1886年年初，恩格斯在写作《路德维希·费尔巴哈和德国古典哲学的终结》时郑重对他和马克思的理论贡献及命名问题作了说明，指出：“近来人们不止一次地提到我参加了制定这一理论的工作，因此，我在这里不得不说几句话，把这个问题澄清。我不能否认，我和马克思共同工作40年，在这以前和这个期间，我在一定程度上独立地参加了这一理论的创立，特别是对这

① 《十九大以来重要文献选编》中，中央文献出版社2021年版，第774—775页。

② 习近平：《论坚持全面依法治国》，中央文献出版社2020年版，第6页。

一理论的阐发。但是，绝大部分基本指导思想（特别是在经济和历史领域内），尤其是对这些指导思想的最后的明确的表述，都是属于马克思的。我所提供的，马克思没有我也能够做到，至多有几个专门的领域除外。至于马克思所做到的，我却做不到。马克思比我们大家都站得高些，看得远些，观察得多些和快些。马克思是天才，我们至多是能手。没有马克思，我们的理论远不会是现在这个样子。所以，这个理论用他的名字命名是理所当然的。”①1914 年 7 月，列宁曾说：“马克思主义是马克思的观点和学说的体系。”②因此，狭义的马克思主义是指由马克思和恩格斯等所创立的观点和学说构成的理论体系。

广义的马克思主义是指由马克思恩格斯创立，并为其后各个时代、各个民族和国家的马克思主义者、先进知识分子等继承、丰富和发展的所有科学观点和学说构成的理论体系。当今中国，一般论著所说的广义的马克思主义包括：狭义的马克思主义、列宁主义、毛泽东思想、邓小平理论、“三个代表”重要思想、科学发展观和习近平新时代中国特色社会主义思想等。从世界范围来看，广义的马克思主义还包括越南、古巴和苏联、东欧等社会主义国家的马克思主义者把马克思主义基本原理同本国、本民族具体实际相结合，制定方针政策并指导本国革命和建设，又把本国革命和建设的实践经验上升为理论，从而丰富和发展了马克思主义的理论成果，如斯大林主义、胡志明思想、卡斯特罗思想等；还应包括当今欧美等国家的“西方马克思主义”中某些流派结合当今时代特征和本国具体实际所提出的反映本国、本民族经济社会发展规律的

---

① 《马克思恩格斯选集》第 4 卷，人民出版社 2012 年版，第 248 页。

② 《列宁选集》第 2 卷，人民出版社 2012 年版，第 418 页。

一些合理思想和理念。此外，众多论著把马克思主义和列宁主义合并为马克思列宁主义，简称“马列主义”。

党的十八大以来，习近平总书记在众多重要场合对马克思主义的发展进程尤其是马克思主义中国化的发展进程作了阐述。2013 年 1 月，习近平总书记在新进中央委员会的委员、候补委员学习贯彻党的十八大精神研讨班上的讲话中，对世界社会主义运动 500 年的历史作了 6 个阶段的划分，即空想社会主义产生和发展，马克思、恩格斯创立科学社会主义理论体系，列宁领导十月革命胜利并实践社会主义，苏联模式逐步形成，新中国成立后我们党对社会主义的探索和实践、我们党作出进行改革开放的历史性决策、开创和发展中国特色社会主义[①]。这虽然是对世界社会主义运动历史阶段的划分，也是对马克思主义发展进程的划分，尤其是后 5 个历史阶段，实际上分别指以马克思恩格斯、列宁、斯大林、毛泽东以及邓小平、江泽民、胡锦涛等同志为主要代表的马克思主义者对推进社会主义运动和发展马克思主义的贡献。此外，在这次重要讲话中，习近平总书记还指出：“马克思主义必定随着时代、实践和科学的发展而不断发展，不可能一成不变，社会主义从来都是在开拓中前进的。坚持和发展中国特色社会主义是一篇大文章，邓小平同志为它确定了基本思路和基本原则，以江泽民同志为核心的党的第三代中央领导集体、以胡锦涛同志为总书记的党中央在这篇大文章上都写下了精彩的篇章。现在，我们这一代共产党人的任务，就是继续把这篇大文章写下

① 《习近平在新进中央委员会的委员、候补委员学习贯彻党的十八大精神研讨班开班式上发表重要讲话强调　毫不动摇坚持和发展中国特色社会主义　在实践中不断有所发展有所创新有所前进》，《人民日报》2013 年 1 月 6 日。

去。”[①]这分3个历史阶段阐明了中国特色社会主义的发展历程，即分别以邓小平、江泽民和胡锦涛、习近平同志为主要代表的中国共产党人创立、坚持和发展中国特色社会主义的历史进程。2018年5月，习近平总书记在纪念马克思诞辰200周年大会上的讲话中，不仅全面回顾和高度评价了马克思的非凡人生和伟大功绩，而且指明了马克思主义对人类社会发展的巨大作用，认为“马克思给我们留下的最有价值、最具影响力的精神财富，就是以他名字命名的科学理论——马克思主义”，《共产党宣言》发表170多年来，马克思主义在世界上得到广泛传播和持续发展，“在人类思想史上，没有一种思想理论像马克思主义那样对人类产生了如此广泛而深刻的影响”[②]。习近平总书记在讲话中也概括了马克思、恩格斯、列宁和中国共产党人创立、丰富和发展马克思主义的历史进程，认为“一部马克思主义发展史就是马克思、恩格斯以及他们的后继者们不断根据时代、实践、认识发展而发展的历史，是不断吸收人类历史上一切优秀思想文化成果丰富自己的历史”[③]。

2018年12月，在庆祝改革开放40周年大会上的讲话中，习近平总书记比较详细地分4个阶段阐述了马克思主义在中国发展的历史进程及理论成果，指出，“以毛泽东同志为主要代表的中国共产党人，把马克思列宁主义基本原理同中国革命具体实践结合起来，创立了毛泽东思想”，“党的十一届三中全会以后，以邓小平同志为主要代表的中国共产党人，团结带领全党全国各族人民，深刻总结我国社会主义建设正反两方面经

---

① 《习近平谈治国理政》第1卷，外文出版社2018年版，第23页。

② 《十九大以来重要文献选编》上，中央文献出版社2019年版，第428、第433页。

③ 《十九大以来重要文献选编》上，中央文献出版社2019年版，第425页。

验，借鉴世界社会主义历史经验，创立了邓小平理论”，“党的十三届四中全会以后，以江泽民同志为主要代表的中国共产党人，团结带领全党全国各族人民，坚持党的基本理论、基本路线，加深了对什么是社会主义、怎样建设社会主义和建设什么样的党、怎样建设党的认识，积累了治党治国新的宝贵经验，形成了‘三个代表’重要思想”，“党的十六大以后，以胡锦涛同志为主要代表的中国共产党人，团结带领全党全国各族人民，坚持以邓小平理论和‘三个代表’重要思想为指导，根据新的发展要求，深刻认识和回答了新形势下实现什么样的发展、怎样发展等重大问题，形成了科学发展观”，“党的十八大以来，党中央团结带领全党全国各族人民，全面审视国际国内新的形势，通过总结实践、展望未来，深刻回答了新时代坚持和发展什么样的中国特色社会主义、怎样坚持和发展中国特色社会主义这个重大时代课题，形成了新时代中国特色社会主义思想”①。2021 年 7 月，在庆祝中国共产党成立 100 周年大会上的讲话中，习近平总书记分 4 个历史阶段总结了党团结带领人民为了实现中华民族伟大复兴作出的伟大斗争和取得的伟大成就，即浴血奋战、百折不挠，创造了新民主主义革命的伟大成就；自力更生、发愤图强，创造了社会主义革命和建设的伟大成就；解放思想、锐意进取，创造了改革开放和社会主义现代化建设的伟大成就；自信自强、守正创新，统揽伟大斗争、伟大工程、伟大事业、伟大梦想，创造了新时代中国特色社会主义的伟大成就②。根据这一重要讲话精神，同年 11 月，党的十九

---

① 《十九大以来重要文献选编》上，中央文献出版社 2019 年版，第 721—723 页。

② 习近平：《在庆祝中国共产党成立一百周年大会的讲话》，《求是》2021 年第 14 期。

届六中全会通过的《中共中央关于党的百年奋斗重大成就和历史经验的决议》明确把党的百年奋斗历史划分为新民主主义革命时期、社会主义革命和建设时期、改革开放和社会主义现代化建设新时期、中国特色社会主义新时代等4个历史时期，认为百年来党领导人民坚持把马克思主义基本原理同中国具体实际相结合、同中华优秀传统文化相结合，持续推进马克思主义中国化实现了第一次历史性飞跃和两次新的飞跃，形成了毛泽东思想、中国特色社会主义理论体系和习近平新时代中国特色社会主义思想三大理论成果，其中中国特色社会主义理论体系包括邓小平理论、“三个代表”重要思想和科学发展观。习近平总书记在党的十九届六中全会上对全会主题的确立、决议稿的起草过程及基本框架和主要内容等作了说明，其中蕴含着对马克思主义中国化历史进程和理论成果的阶段划分。

（三）国际共产主义运动的经验教训

马克思主义诞生180多年来，在世界各国、各民族马克思主义者和马克思主义政党坚持不懈的努力和斗争下，国际共产主义运动蓬勃发展，社会主义实现了从欧洲到世界、从理论到实践、从梦想到现实的飞跃，尤其是第一次世界大战和第二次世界大战后，以苏联、东欧、中国等社会主义国家的建立和发展，使得社会主义制度实现了从一个国家到多个国家的发展，彻底打破了世界资本主义殖民体系。然而，由于西方国家的“和平演变”和社会主义国家建设的失误等，20世纪90年代，东欧剧变、苏联解体，一些长期执政的共产党相继垮台，政党思想上、组织上分崩离析，国际共产主义运动陷入了第二次世界大战后的低潮，留下了惨痛教训。其中首要的、最深刻的教训就是这些国家的共产党长期忽视思想建设，放弃了以马克思主义为指导思想，在评价党和国家历史、应对前进道路上的挑战和问题等时出现了思想混乱，最终导致党组织的瓦解和政权的丢失。

以史为鉴，可以知兴替；以史为鉴，方能开创未来。中华民族是一个善于汲取历史智慧的民族。中国共产党是一个历来高度注重总结历史经验推进事业发展开创新局面的政党。抗日战争时期，毛泽东曾指出，“善于总结经验，就是领导者的任务”，“如果不把党的历史搞清楚，不把党在历史上所走的路搞清楚，便不能把事情办得更好”。[①]1965年7月，毛泽东在中南海接见刚从海外归来的原国民党政府代总统李宗仁先生和夫人时说：“我是靠总结经验吃饭的。以前人民解放军打仗，在每个战役后，总来一次总结经验，发扬优点，克服缺点，然后轻装上阵，乘胜前进，从胜利走向胜利，终于建立了中华人民共和国。”[②]改革开放新时期，邓小平也多次指出，改革开放，胆子要大，步子要稳，态度要坚决，“重要的是走一段就要总结经验”，“我们不靠上帝，而靠自己努力，靠不断总结经验，坚定地前进”,“每走一步都要总结经验”[③]。除了前述1945年和1981年中共中央先后召开党的六届七中全会、十一届六中全会研究讨论制定的两个历史决议，对全面抗战爆发之前、新中国成立后党的若干重大历史问题作出总结，实际上中国共产党几乎每次重要大会都对自身历史作出总结，建党20周年以来，每逢建党10周年甚至5周年的庆祝活动，都对党的历史进行总结，并形成一系列经验启示。江泽民在庆祝

---

① 《毛泽东文集》第2卷，人民出版社1993年版，第369、第399页。

② 张太原：《跟毛泽东学工作方法》，人民出版社2021年版，第189—190页。

③ 《邓小平文选》第3卷，人民出版社1993年版，第113、第118、第219页。

中国共产党成立80周年大会讲话中提出了“三个必须始终”的“八十年的实践启示”[1]。胡锦涛在庆祝中国共产党成立90周年大会讲话中提出了“五个必须坚持”的“在新的历史条件下提高党的建设科学化水平”的基本要求和“四个坚定不移”的“在新的历史起点上把中国特色社会主义伟大事业全面推向前进”[2]的根本遵循。此外，中国共产党领导人在改革开放20周年、30周年、40周年和党的十六大、十七大等重要会议上对改革开放及捍卫、坚持和发展中国特色社会主义作出过“十个坚持”“十个结合起来”“十个始终坚持”等成功经验的概括。

党的十八大以前，习近平同志就十分强调全党同志尤其是党员干部要学习历史，善于从以往的历史中汲取经验和智慧，提高历史文化素养，增强想问题、作决策的历史眼光、历史意识和文化自觉，提高领导工作水平和执政能力，自觉按照历史规律和历史发展的辩证法办事。他认为，“我们党在领导革命、建设、改革的进程中，一贯重视历史经验的借鉴和运用，一贯倡导领导干部要读点历史，要善于运用历史知识”，“重视对历史的学习和对历史经验的总结与运用，善于从不断认识和把握历史规律中找到前进的正确方向和正确道路，这是我们党90多年来之所以能够领导中国革命、建设、改革不断取得胜利的一个重要原因”[3]。

党的十八大以来，习近平总书记特别重视历史学习尤其是中国共产党史、中华人民共和国史、改革开放史和社会主义发展史的学习，强调“历史是最好的老师”，历史是“把党和国家各项事业继续推向前进的必

① 《江泽民文选》第3卷，人民出版社2006年版，第270—271页。

② 《胡锦涛文选》第3卷，人民出版社2016年版，第528—540页。

③ 习近平：《领导干部要读点历史——在中央党校2011年秋季学期开学典礼上的讲话》，《学习时报》2011年9月5日。

修课”，“历史是最好的营养剂”[①]，“历史是最好的教科书”[②]，要求各级领导干部善于运用历史思维分析现状、认清趋势、把握未来。为什么要坚定不移地坚持用马克思主义武装全党，习近平总书记多次从总结国际共产主义运动深刻教训的视角进行了阐释。

2013年1月，在新进中央委员、候补委员学习贯彻党的十八大精神研讨班上的讲话中，习近平总书记指出，“中国特色社会主义是社会主义而不是其他什么主义，科学社会主义基本原则不能丢，丢了就不是社会主义”，近代中国积贫积弱、任人宰割，为了救国救民，中国人民进行了不懈的斗争，改良主义、无政府主义、实用主义、民粹主义和工团主义等“你方唱罢我登场”，都进行过尝试，但都没有能够解决中国的前途和命运问题，“是马克思列宁主义、毛泽东思想引导中国人走出了漫漫长夜、建立了新中国，是中国特色社会主义使中国快速发展起来了”[③]。在这次讲话中，习近平总书记还提出了著名的科学评价我国社会主义建设“两个不能根本对立”的观点，即“我们党领导人民进行社会主义建设，有改革开放前和改革开放后两个历史时期，这是两个相互联系又有重大区别的时期，但本质上都是我们党领导人民进行社会主义建设的实践探索”，“虽然这两个历史时期在进行社会主义建设的思想指导、方针政策、实际工作上有很大差别，但两者决不是彼此割裂的，更不是根本对立的”，“不能用改革开放后的历史时期否定改革开放前的历史时期，也不能用改革开放前的历史时期否定改革开放后的历史时期”。他进一

① 习近平：《在党史学习教育动员大会上的讲话》，人民出版社2021年版，第3—4页。

② 习近平：《论中国共产党历史》，中央文献出版社2021年版，第15页。

③ 《十八大以来重要文献选编》上，中央文献出版社2014年版，第109页。

步指出：“我之所以强调这个问题，是因为这个重大政治问题处理不好，就会产生严重政治后果。古人说：‘灭人之国，必先去其史。’国内外敌对势力往往就是拿中国革命史、新中国历史来做文章，竭尽攻击、丑化、污蔑之能事，根本目的就是要搞乱人心，煽动推翻中国共产党的领导和我国社会主义制度。苏联为什么解体？苏共为什么垮台？一个重要原因就是意识形态领域的斗争十分激烈，全面否定苏联历史、苏共历史，否定列宁，否定斯大林，搞历史虚无主义，思想搞乱了，各级党组织几乎没任何作用了，军队都不在党的领导之下了。最后，苏联共产党偌大一个党就作鸟兽散了，苏联偌大一个社会主义国家就分崩离析了。这是前车之鉴啊！”[①]同年同月，紧接着在十八届中央纪委二次全会上的讲话中，习近平总书记再次总结苏共失败、苏联解体教训说：“一些苏共党员甚至领导层成员成了否定苏共历史、否定社会主义的急先锋，成了传播西方意识形态的大喇叭，苏共党内从思想混乱演变到组织混乱。最后，这样一个有着九十多年历史、连续执政七十多年的大党老党就哗啦啦轰然倒塌了。”[②]因此，东欧剧变、苏联解体的原因很多，但其思想混乱是首要原因，思想混乱最终导致共产党组织瓦解，丧失政权。2017 年 10 月，在党的十九届一中全会的讲话中，习近平总书记指出：“要善于从外国和外国政党的兴衰成败中，从我们国家和我们党的历史中，从这些年党内正反两方面的典型中，汲取经验教训，自觉挺起共产党人的精神脊梁，用实际行动让人民群众感受到理想信念和高尚人格的强大力量。”[③]

---

① 《十八大以来重要文献选编》上，中央文献出版社 2014 年版，第 111—113 页。

② 《十八大以来重要文献选编》上，中央文献出版社 2014 年版，第 134 页。

③ 习近平：《在党的十九届一中全会上的讲话》，《求是》2018 年第 1 期。

2018 年 1 月，在新进中央委员会的委员、候补委员和省部级主要领导干部学习贯彻习近平新时代中国特色社会主义思想和党的十九大精神研讨班开班式上的讲话中，习近平总书记再次指出：“建设坚强的马克思主义执政党，首先要从理想信念做起。对马克思主义的信仰，对社会主义和共产主义的信念，是共产党人的政治灵魂，是共产党人经受住任何考验的精神支柱。我们常说，基础不牢，地动山摇。信念不牢也是要地动山摇的。苏联解体、苏共垮台、东欧剧变不就是这个逻辑吗？苏共拥有二十万党员时夺取了政权，拥有二百万党员时打败了希特勒，而拥有近二千万党员时却失去了政权。我说过，在那场动荡中，竟无一人是男儿，没什么人出来抗争。什么原因？就是理想信念已经荡然无存了。”[①]同年 4 月，十九届中共中央政治局围绕“《共产党宣言》及其时代意义”举行第五次集体学习，习近平总书记主持学习时还特地回顾了年初此次研讨班上总结国际共产主义运动经验教训的讲话，他说：“我今年年初在新进两委和省部级主要领导干部专题研讨班上讲过：‘如果社会主义在中国没有取得今天的成功，如果中国共产党领导和我国社会主义制度也在苏联解体、苏共垮台、东欧剧变那场多米诺骨牌式的变化中倒塌了，或者因为其他原因失败了，那社会主义实践就可能又要长期在黑暗中徘徊了，又要像马克思所说的那样作为一个幽灵在世界上徘徊了。’由于中国特色社会主义不断成功，冷战结束后世界社会主义万马齐喑的局面得到很大程度的扭转，社会主义在同资本主义竞争中的被动局面得到很大程度的扭转，社会主义优越性得到很大程度的彰显。我们要把共产主义远大

---

① 《习近平关于“不忘初心、牢记使命”论述摘编》，党建读物出版社、中央文献出版社 2019 年版，第 87 页。

理想同中国特色社会主义共同理想统一起来、同我们正在做的事情统一起来，坚定道路自信、理论自信、制度自信、文化自信，不为任何风险所惧，不为任何干扰所惑，始终坚守共产党人的理想信念，不负共产党人的光荣称号。”[①]这些重要论述都着重从国内外政党发展历史经验、国际共产主义运动的历史经验尤其是东欧剧变的深刻教训中阐明了坚持以马克思主义为指导思想、坚定理想信念的极端重要性。

二、习近平新时代中国特色社会主义思想的历史地位

2017 年 10 月，党的十九大把习近平新时代中国特色社会主义思想确立为党必须长期坚持的指导思想并庄严地写入党章，实现了党的指导思想的与时俱进。这是一个历史性决策和历史性贡献，体现了党在政治上理论上的高度成熟、高度自信。2018 年 3 月，十三届全国人大一次会议通过的宪法修正案，郑重地把习近平新时代中国特色社会主义思想载入宪法，实现了国家指导思想的与时俱进，反映了全国各族人民共同意志和全社会共同意愿。习近平新时代中国特色社会主义思想，是新时代中国共产党的思想旗帜，是国家政治生活和社会生活的根本指针，是当代中国马克思主义、21 世纪马克思主义。[②]2021 年 11 月，党的十九届六中全会审议通过的《中共中央关于党的百年奋斗重大成就和历史经验的决议》再次对习近平新时代中国特色社会主义思想的科学内涵、理论

---

① 习近平：《学习马克思主义基本理论是共产党人的必修课》，《求是》2019 年第 22 期。

② 中共中央宣传部编：《习近平新时代中国特色社会主义思想学习纲要》，学习出版社、人民出版社 2019 年版，第 1 页。

体系和历史地位等作出了新的概括，突出强调习近平新时代中国特色社会主义思想是“中华文化和中国精神的时代精华，实现了马克思主义中国化新的飞跃”[①]。党的十八大以来，习近平总书记对新时代中国特色社会主义思想的历史地位也作了多方面的论述和阐释。

（一）马克思主义中国化的最新成果

党的十九大报告首次提出了“习近平新时代中国特色社会主义思想”的概念，并对其科学内涵、核心要义和历史地位等作了全面界定。党的十九大修改通过的《中国共产党章程》指出：“习近平新时代中国特色社会主义思想是对马克思列宁主义、毛泽东思想、邓小平理论、‘三个代表’重要思想、科学发展观的继承和发展，是马克思主义中国化最新成果，是党和人民实践经验和集体智慧的结晶，是中国特色社会主义理论体系的重要组成部分，是全党全国人民为实现中华民族伟大复兴而奋斗的行动指南，必须长期坚持并不断发展。”[②]这“五个是”是对习近平新时代中国特色社会主义思想科学内涵和历史地位的概括。其中，“是对马克思列宁主义、毛泽东思想、邓小平理论、‘三个代表’重要思想、科学发展观的继承和发展，是马克思主义中国化最新成果”和“是中国特色社会主义理论体系的重要组成部分”阐明了习近平新时代中国特色社会主义思想在马克思主义中国化历史进程，尤其是马克思主义中国化理论成果中的时间方位和外延范围。如上述及，2021 年 11 月，党的十九届六中全

① 《中共中央关于党的百年奋斗重大成就和历史经验的决议》，人民出版社 2021 年版，第 26 页。

② 《中国共产党章程》，人民出版社 2017 年版，第 5—6 页。

会审议通过的《中共中央关于党的百年奋斗重大成就和历史经验的决议》再次对习近平新时代中国特色社会主义思想的科学内涵、理论体系和历史地位等作出了新的概括，突出强调习近平新时代中国特色社会主义思想“实现了马克思主义中国化新的飞跃”，其中“实现了马克思主义中国化新的飞跃”又对习近平新时代中国特色社会主义思想在马克思主义中国化理论成果中的序列划分作了新的概括。

中国共产党自成立始就把马克思主义作为指导思想写在了自己的旗帜上。然而，找到了马克思主义的思想武器，并不意味着找到了解决中国问题的现成答案，并不能自然而然地解答中国革命、建设和改革所面临的实际问题，还必须把马克思主义中国化，即坚持把马克思主义基本原理同中国具体实际相结合、同中华优秀传统文化相结合，运用马克思主义的立场观点方法研究解决中国革命、建设和改革的实际问题，更必须把中国革命、建设、改革的实践经验总结和提炼为理论，丰富和发展马克思主义，把马克思主义植根于中国传统文化，并用中国人民喜闻乐见的民族形式阐述马克思主义，使之成为具有中国特色、中国风格、中国气派的马克思主义。

理论的生命力在于创新。马克思主义深刻改变了中国，中国也极大丰富了马克思主义。从一定意义上说，一部中国共产党的历史，“就是一部不断推进马克思主义中国化的历史，就是一部不断推进理论创新、进行理论创造的历史”①。自党诞生以来，以毛泽东、邓小平、江泽民、胡锦涛和习近平同志为主要代表的中国共产党人坚持把马克思主义基本

---

① 习近平：《在党史学习教育动员大会上的讲话》，人民出版社2021年版，第12页。

原理同中国革命、建设、改革的具体实际和中华优秀传统文化相结合，不断推进马克思主义中国化，实现了一次历史性飞跃和两次新的飞跃，产生了三大理论成果，即毛泽东思想、中国特色社会主义理论体系和习近平新时代中国特色社会主义思想，其中中国特色社会主义理论体系包括邓小平理论、“三个代表”重要思想和科学发展观。

2017 年 10 月，党的十九大报告指出，党的十八大以来，以习近平同志为核心的党中央领导全党全国各族人民紧紧围绕“新时代坚持和发展什么样的中国特色社会主义、怎样坚持和发展中国特色社会主义”这个重大时代课题，坚持以马克思列宁主义、毛泽东思想、邓小平理论、“三个代表”重要思想、科学发展观为指导，坚持解放思想、实事求是、与时俱进、求真务实，坚持辩证唯物主义和历史唯物主义，紧密结合新的时代条件和实践要求，以全新的视野深化对共产党执政规律、社会主义建设规律、人类社会发展规律的认识，进行艰辛理论探索，取得重大理论创新成果，形成了习近平新时代中国特色社会主义思想。[①]这鲜明地指出了习近平新时代中国特色社会主义思想形成和发展的时代主题、理论基础、思想精髓和理论贡献。2021 年 11 月，党的十九届六中全会审议通过的《中共中央关于党的百年奋斗重大成就和历史经验的决议》指出，“党的十八大以来，中国特色社会主义进入新时代”，“以习近平同志为主要代表的中国共产党人，坚持把马克思主义基本原理同中国具体实际相结合、同中华优秀传统文化相结合，坚持毛泽东思想、邓小平理论、‘三个代表’重要思想、科学发展观，深刻总结并充分运用党成立以来的历史经验，从新的实际出发，创立了习近平新时代中国特色社会

① 《十九大以来重要文献选编》上，中央文献出版社 2019 年版，第 13 页。

主义思想"。[①]此外，党的十九届六中全会通过的决议和2022年10月党的二十大报告认为，党的十八大以来，以习近平同志为核心的党中央坚持把马克思主义基本原理同中国具体实际、同中华优秀传统文化相结合，"实现了马克思主义中国化新的飞跃"[②]。这些是继党的十九大以来，党中央再次对习近平新时代中国特色社会主义思想形成的时代背景和理论基础、在马克思主义中国化历史进程中的历史时期和理论成果中的历史序次等作了明确阐述。因此，从形成时间和马克思主义中国化理论成果的阶段划分来说，习近平新时代中国特色社会主义思想都是马克思主义中国化的最新理论成果。

党的十八大以来，习近平总书记不仅多次从马克思主义中国化的视角阐明了新时代中国特色社会主义思想是马克思主义中国化的最新成果，而且从时空的视角指明其是当代中国的马克思主义、21世纪马克思主义。2015年1月，习近平总书记在主持十八届中共中央政治局第二十次集体学习时首次指出："要根据时代变化和实践发展，不断深化认识，不断总结经验……发展21世纪中国的马克思主义。"[③]在2016年7月庆祝中国共产党成立95周年大会、2017年党的十九大、2018年5月纪念马克思诞辰200周年大会、2021年庆祝中国共产党成立100周年大会等一系列重大场合的重要讲话中多次明确提出了发展21世纪马克思主义、当代中国

① 《中共中央关于党的百年奋斗重大成就和历史经验的决议》，人民出版社2021年版，第23—24页。

② 习近平：《高举中国特色社会主义伟大旗帜　为全面建设社会主义现代化国家而团结奋斗》，人民出版社2022年版，第6页。

③ 《习近平在中共中央政治局第二十次集体学习时强调　坚持运用辩证唯物主义世界观方法论　提高解决我国改革发展基本问题本领》，《人民日报》2015年1月25日。

马克思主义的历史使命，强调“理论上不彻底，就难以服人。我们要以更加宽阔的眼界审视马克思主义在当代发展的现实基础和实践需要，坚持问题导向，坚持以我们正在做的事情为中心，聆听时代声音，更加深入地推动马克思主义同当代中国发展的具体实际相结合，不断开辟21世纪马克思主义发展新境界”①；“理论的生命力在于不断创新，推动马克思主义不断发展是中国共产党人的神圣职责。我们要坚持用马克思主义观察时代、解读时代、引领时代，用鲜活丰富的当代中国实践来推动马克思主义发展，用宽广视野吸收人类创造的一切优秀文明成果，坚持在改革中守正出新、不断超越自己，在开放中博采众长、不断完善自己，不断深化对共产党执政规律、社会主义建设规律、人类社会发展规律的认识，不断开辟当代中国马克思主义、21世纪马克思主义新境界”②；“新的征程上，我们必须坚持马克思列宁主义、毛泽东思想、邓小平理论、‘三个代表’重要思想、科学发展观，全面贯彻新时代中国特色社会主义思想，坚持把马克思主义基本原理同中国具体实际相结合、同中华优秀传统文化相结合，用马克思主义观察时代、把握时代、引领时代，继续发展当代中国马克思主义、21世纪马克思主义！”③值得关注的是，关于马克思主义中国化最新成果时空的界定，“当代中国的马克思主义”的表述没有变化，但“21世纪中国的马克思主义”的表述发展为“21世纪

---

① 习近平：《在庆祝中国共产党成立95周年大会上的讲话》，人民出版社2016年版，第9—10页。

② 习近平：《在纪念马克思诞辰200周年大会上的讲话》，人民出版社2018年版，第27页。

③ 习近平：《在庆祝中国共产党成立100周年大会上的讲话》，人民出版社2021年版，第12—13页。

马克思主义”，这一变化展现了以习近平同志为主要代表的中国共产党人勇于以宽广世界眼光，担当起坚持、捍卫和发展21世纪马克思主义的艰巨使命。

（二）中国共产党的指导思想

2017年10月，党的十九大报告和十九大修订的《中国共产党章程》指出，习近平新时代中国特色社会主义思想是“全党全国人民为实现中华民族伟大复兴而奋斗的行动指南，必须长期坚持并不断发展”。同时，党章还明确规定：“中国共产党以马克思列宁主义、毛泽东思想、邓小平理论、‘三个代表’重要思想、习近平新时代中国特色社会主义思想作为自己的行动指南。”[①]这深刻阐明了习近平新时代中国特色社会主义思想的指导地位。

马克思主义认为，现代一切政党都是在一定的思想理论指导下建立并开展活动的政治组织。无产阶级政党必须以马克思主义作为自己的思想理论基础和行动指南，这是马克思主义政党区别于其他政党的一个根本标志。国际共产主义运动的历史充分说明，各国共产党只有始终坚持以马克思主义为行动指南，不断对广大党员和干部加强马克思主义理论、理想和信念教育，才能不断发展壮大，担当起历史使命，推动本国革命和建设事业胜利前进。

中国共产党自诞生以来始终高举马克思主义的理论旗帜，十分重视加强思想建设，这成为党保持坚强团结、战斗有力、无往不胜的重要根源。早在新民主主义革命时期，毛泽东就曾指出，“主义譬如一面旗

---

① 《中国共产党章程》，人民出版社2017年版，第2—3、第6页。

子，旗子立起了，大家才有所指望，才知所趋赴”[1]。因此，以毛泽东同志为主要代表的中国共产党人特别强调党的思想建设，着重从思想上建党成为毛泽东党建思想的显著特色。改革开放以来，邓小平、江泽民、胡锦涛等都继续强调中国共产党和中国人民必须坚持以马克思主义为指导思想。邓小平将“必须坚持马列主义、毛泽东思想”列为我国改革开放和实现社会主义现代化“立国之本”的四项基本原则[2]。江泽民多次提出，党的建设“最根本、最重要的，就是一定要坚持把我们党建设成为马列主义、毛泽东思想武装的更加坚强的中国工人阶级的先锋队”“坚持马克思主义的指导地位，不断用马列主义、毛泽东思想、邓小平理论武装全党和教育全国人民，这是保证党紧密团结和带领人民共同奋斗的根本思想基础，也是保持我国社会主义政治稳定的根本思想基础”[3]。胡锦涛强调：“马克思主义基本原理没有过时，在改革开放和社会主义现代化建设的过程中仍然要坚持马克思主义基本原理，并把它同当代中国实际和时代特征紧密结合起来。”[4]党的十八大以来，习近平总书记更加强调共产党人要补足精神上的“钙”，“对马克思主义的信仰，对社会主义和共产主义的信念，是共产党人的政治灵魂，是共产党人经受住任何考验的精神支柱”，共产党人“要炼就‘金刚不坏之身’，必须用科学理论武装头脑……把系统掌握马克思主义基本理论作为看家本领”[5]。

---

① 《毛泽东早期文稿》，湖南人民出版社 2013 年版，第 498 页。

② 《邓小平文选》第 2 卷，人民出版社 1994 年版，第 165 页。

③ 《江泽民论有中国特色社会主义（专题摘编）》，中央文献出版社 2002 年版，第 584、第 587—588 页。

④ 《胡锦涛文选》第 1 卷，人民出版社 2016 年版，第 158 页。

⑤ 中共中央宣传部编：《习近平总书记系列重要讲话读本（2016 年版）》，学习出版社、人民出版社 2016 年版，第 107、第 108 页。

中国共产党自诞生以来既始终高举马克思主义的理论旗帜，又不断推进马克思主义的理论创新。中国共产党是马克思列宁主义同中国工人运动相结合的产物，自成立始就始终坚持以马克思列宁主义作为自己的行动指南。1945 年 6 月，党的七大修改党章将中国自己的马克思主义——毛泽东思想确立为指导思想，实现了指导思想的第一次丰富和发展。改革开放以来，随着马克思主义中国化阶段性理论成果的持续形成，党的十五大、党的十六大和党的十八大先后修改党章，将邓小平理论、"三个代表"重要思想、科学发展观确立为党的指导思想，实现了指导思想的不断丰富和发展。

党的十八大以来，习近平总书记一方面强调坚持以马克思主义为指导思想，另一方面强调要丰富和发展马克思主义。2013 年 1 月，习近平总书记在新进中央委员、候补委员学习贯彻党的十八大精神研讨班上的讲话中指出，"马克思主义必定随着时代、实践和科学的发展而发展，不可能一成不变"，"坚持马克思主义，坚持社会主义，一定要有发展的观点，一定要以我国改革开放和现代化建设的实际问题、以我们正在做的事情为中心，着眼于马克思主义理论的运用，着眼于对实际问题的理论思考，着眼于新的实践和新的发展"①。正是在这一思想的指导下，党的十八大以来，以习近平同志为核心的党中央团结带领全党全国各族人民坚持以马克思列宁主义、毛泽东思想、邓小平理论、"三个代表"重要思想和科学发展观为指导，围绕新时代坚持和发展什么样的中国特色社会主义、怎样坚持和发展中国特色社会主义，建设什么样的社会主义现代化强国、怎样建设社会主义现代化强国，建设什么样的长期执政的

---

① 《十八大以来重要文献选编》上，中央文献出版社 2014 年版，第 114 页。

马克思主义政党、怎样建设长期执政的马克思主义政党等重大时代课题，提出一系列原创性的治国理政新理念新思想新战略，在全面建成小康社会并开启实现第二个百年奋斗目标新征程、实现中华民族伟大复兴中国梦的实践中，继续推进马克思主义中国化，形成了习近平新时代中国特色社会主义思想，党的十九大修改党章将之确立为指导思想，实现了指导思想的再一次丰富和发展。

（三）中国人民实现中国梦的行动指南

新民主主义革命时期，中国共产党是革命的政党，同时在革命根据地和解放区开始实现局部执政，党的信仰、信念和政治主张等通过制定法规、政治动员、党员干部的先锋模范作用等路径成为革命根据地和解放区军民的行动指南。新中国成立以来，中国共产党成为执政党，党的指导思想通过中国人民政治协商会议制定《中国人民政治协商会议共同纲领》、全国人民代表大会制定《中华人民共和国宪法》等转变为全国各族人民的行动指南。

2017 年 10 月，党的十九大通过修改《中国共产党章程》将习近平新时代中国特色社会主义思想确立为全党的指导思想。党章同时强调，习近平新时代中国特色社会主义思想是“全国人民为实现中华民族伟大复兴而奋斗的行动指南，必须长期坚持并不断发展”[①]。2018 年 3 月，根据十三届全国人大一次会议通过的宪法修正案修订的《中华人民共和国宪法》明确规定：“中国各族人民将继续在中国共产党领导下，在马克思列宁主义、毛泽东思想、邓小平理论、‘三个代表’重要思想、科学发展

① 《中国共产党章程》，人民出版社 2017 年版，第 6 页。

观、习近平新时代中国特色社会主义思想指引下，坚持人民民主专政，坚持社会主义道路，坚持改革开放，不断完善社会主义的各项制度，发展社会主义市场经济，发展社会主义民主，健全社会主义法治，贯彻新发展理念，自力更生，艰苦奋斗，逐步实现工业、农业、国防和科学技术的现代化，推动物质文明、政治文明、精神文明、社会文明、生态文明协调发展，把我国建设成为富强民主文明和谐美丽的社会主义现代化强国，实现中华民族伟大复兴。”[①]党的政治主张通过法定程序，即全国人民代表大会通过制定和修改宪法法律转变为国家意志，实现了习近平新时代中国特色社会主义思想由党的指导思想和行动指南向全国各族人民实现中华民族伟大复兴中国梦指导思想和行动指南的扩展。

（四）科学社会主义的崭新篇章

在过去很长一段时期内，中国、苏联等国家的思想界和理论界都按照列宁 1913 年撰写的《马克思主义的三个来源和三个组成部分》将科学社会主义视作马克思主义的 3 个组成部分之一，同哲学、政治经济学并列。同时，从世界社会主义思潮和运动发展来看，中国、苏联等国家的思想界和理论界又将科学社会主义视作相对于空想社会主义、小资产阶级社会主义、封建社会主义、宗教社会主义、民主社会主义等非科学社会主义思潮而言的社会主义，等同于马克思主义。

党的十八大以来，以习近平同志为核心的党中央团结带领全党全国各族人民，高举科学社会主义的伟大旗帜，坚持和发展新时代中国特色社会主义，同时又不断丰富和发展科学社会主义，书写了科学社会主义

① 《中华人民共和国宪法》，人民出版社 2018 年版，第 4—5 页。

的新篇章。“中国特色社会主义是改革开放以来党的全部理论和实践的主题。”[①]2013 年 1 月，习近平总书记在新进中央委员、候补委员学习贯彻党的十八大精神研讨班上的讲话中指出，“中国特色社会主义，是科学社会主义理论逻辑和中国社会发展历史逻辑的辩证统一，是植根于中国大地、反映中国人民意愿、适应中国和时代发展进步要求的科学社会主义”，“坚持和发展中国特色社会主义是一篇大文章……我们这一代共产党人的任务，就是继续把这篇大文章写下去”。[②]正是在这一强烈历史使命和责任担当的推动下，党的十八大以来，以习近平同志为核心的党中央团结带领全党全国各族人民迎难而上，砥砺奋进，传承“逢山开路、遇河架桥的精神，锐意进取，大胆探索……不断推进理论创新、实践创新、制度创新”，“毫不动摇坚持和发展中国特色社会主义”[③]，相继提出了实现中华民族伟大复兴中国梦、协调推进“四个全面”战略布局的治国理政新方略、树立创新协调绿色开放共享的新发展理念、适应把握引领经济发展新常态、树立绿水青山就是金山银山的生态理念、推动构建以合作共赢为核心的新型国际关系、构建人类命运共同体等治国理政的新理念新思想新战略，进而形成了习近平新时代中国特色社会主义思想，以一系列独创性的范畴、理论系统回答了一个发展中大国如何决胜全面建成小康社会、为把自己建设成为富强民主文明和谐美丽的社会主义现代化强国的基本问题，从而丰富和发展了中国特色社会主义理论体系，丰富和发展了马克思列宁主义，尤其是科学社会主义关于社会主义社会

① 《习近平谈治国理政》第 2 卷，外文出版社 2017 年版，第 59 页。

② 《习近平谈治国理政》第 1 卷，外文出版社 2018 年版，第 21—23 页。

③ 《习近平谈治国理政》第 1 卷，外文出版社 2018 年版，第 21 页。

建设和发展、关于人类未来发展前景的学说，续写了科学社会主义的崭新篇章。

2017 年 10 月，在党的十九大报告中，习近平总书记自豪又自信地指出，中国特色社会主义进入新时代“意味着科学社会主义在二十一世纪的中国焕发出强大生机活力，在世界上高高举起了中国特色社会主义伟大旗帜”，“只要我们善于聆听时代声音，勇于坚持真理、修正错误，二十一世纪中国的马克思主义一定能够展现出更强大、更有说服力的真理力量”。[①]这充分说明了习近平新时代中国特色社会主义思想的形成及其指导中国特色社会主义事业取得的历史性成就，对马克思主义尤其是科学社会主义在世界繁荣发展所具有的重大理论价值和实践意义，助推科学社会主义在经历了 20 世纪末的严重曲折和低潮后重新焕发出强大生机活力。2018 年 5 月，习近平总书记在纪念马克思诞辰 200 周年大会上指出：“科学社会主义基本原则不能丢，丢了就不是社会主义。同时，科学社会主义也绝不是一成不变的教条。我说过，当代中国的伟大社会变革，不是简单延续我国历史文化的母版，不是简单套用马克思主义经典作家设想的模板，不是其他国家社会主义实践的再版，也不是国外现代化发展的翻版。社会主义并没有定于一尊、一成不变的套路，只有把科学社会主义基本原则同本国具体实际、历史文化传统、时代要求紧密结合起来，在实践中不断探索总结，才能把蓝图变为美好现实。”[②]同年 12 月，在庆祝改革开放 40 周年大会上，习近平总书记总结了我国 40 年改

---

① 《十九大以来重要文献选编》上，中央文献出版社 2019 年版，第 7—8、第 19 页。

② 《十九大以来重要文献选编》上，中央文献出版社 2019 年版，第 434 页。

革开放取得的伟大成就，其中第一条就是始终“坚持马克思主义指导地位不动摇，坚持科学社会主义基本原理不动摇，勇敢推进理论创新、实践创新、制度创新、文化创新以及各方面创新，不断赋予中国特色社会主义以鲜明的实践特色、理论特色、民族特色、时代特色，形成了中国特色社会主义道路、理论、制度、文化，以不可辩驳的事实彰显了科学社会主义的鲜活生命力，社会主义的伟大旗帜始终在中国大地上高高飘扬”①。因此，以习近平同志为主要代表的中国共产党人，正是在坚持和高举科学社会主义旗帜下，通过不断总结中国社会主义现代化建设的实践经验，提出和形成了习近平新时代中国特色社会主义思想，谱写了科学社会主义的崭新篇章。

（五）中华文化和中国精神的时代精华

2021 年 11 月，党的十九届六中全会审议通过的《中共中央关于党的百年奋斗重大成就和历史经验的决议》在党的十九大报告对习近平新时代中国特色社会主义思想科学内涵所作界定的基础上，再次对其科学内涵、理论体系和历史地位等作出了新的概括，突出强调习近平新时代中国特色社会主义思想是“中华文化和中国精神的时代精华，实现了马克思主义中国化新的飞跃”②。这深刻揭示了习近平新时代中国特色社会主义思想与中华优秀传统文化、中国精神的深刻关联，及其在中国文化发展史上的重要地位和时代价值。2022 年 10 月，党的二十大修改党

① 《十九大以来重要文献选编》上，中央文献出版社 2019 年版，第 724 页。

② 《中共中央关于党的百年奋斗重大成就和历史经验的决议》，人民出版社 2021 年版，第 26 页。

章，将这一重大论断写入了党章。

中华文化源远流长、灿烂辉煌、博大精深，是中华民族生生不息、发展壮大的强大精神支撑。“文化是一个国家、一个民族的灵魂。文化兴国运兴，文化强民族强。”“中国共产党从成立之日起，既是中国先进文化的积极引领者和践行者，又是中华优秀传统文化的忠实传承者和弘扬者。”[①]在新民主主义革命时期，中国共产党人就提出要把马克思主义同中华优秀传统文化相结合，强调要“学习我们的历史遗产，用马克思主义的方法给以批判的总结”，“从孔夫子到孙中山，我们应当给以总结，承继这一份珍贵的遗产”[②]。毛泽东据此提出了“古为今用”“推陈出新”等发展新民主主义文化的方针。新中国成立后，毛泽东又系统地提出了“百花齐放、百家争鸣”“古为今用、洋为中用”等社会主义文化建设方针。这些方针在改革开放后得到继续发展，有了为人民服务、为社会主义服务等时代内容。

习近平同志在地方工作时期就十分重视中华优秀传统文化的传承和名胜文物等保护工作。党的十八大以来，习近平总书记高度评价和重视中华优秀传统文化的地位和作用，并将其作为治国理政的重要思想文化资源。他在众多场合强调，中华优秀传统文化是中华民族的根和魂，是中国特色社会主义植根的文化沃土，是中华民族的突出优势，是我们在世界文化激荡中站稳脚跟的根基。不忘本来才能开辟未来，善于继承才能更好创新，实现中华民族伟大复兴必须结合新的时代条件传承和弘扬中华优秀传统文化。传承和弘扬中华优秀传统文化，要重点做好创造性

---

① 《十九大以来重要文献选编》上，中央文献出版社2019年版，第29、第31页。

② 《毛泽东选集》第2卷，人民出版社1991年版，第533、第534页。

转化和创新性发展，使之与现实文化相融相通。[1]

一个民族要实现复兴，既要有强大的物质力量，也要有强大的精神力量。中国特色社会主义是精神文明和物质文明全面发展的社会主义。只有物质文明建设和精神文明建设都搞好，国家物质力量和精神力量都增强，全国各族人民物质生活和精神生活都改善，中国特色社会主义事业才能顺利向前进。党的十八大以来，习近平总书记高度重视中国特色社会主义精神文明建设，特别强调坚持走中国特色社会主义文化发展道路，坚持以马克思主义为指导，坚守中华文化立场，立足当代中国实际，结合时代条件，发展面向现代化、面向世界、面向未来的民族的科学的大众的社会主义文化，推动社会主义精神文明和物质文明协调发展。这期间，习近平总书记在指引全党全国各族人民奋力实现中华民族伟大复兴中国梦、推动社会主义文化繁荣兴盛等过程中，特别强调“实现中国梦必须走中国道路、弘扬中国精神、凝聚中国力量”[2]。中国精神就是以爱国主义为核心的民族精神和以改革创新为核心的时代精神。爱国主义精神维系着中华大地上各个民族的团结统一，激励着一代代中华儿女为祖国繁荣发展不懈奋斗；改革创新精神体现着中华民族最深沉的民族禀赋，反映了当代中国发展进步的基本要求，鞭策着全国各族人民为实现中华民族伟大复兴砥砺前行。

习近平总书记关于传承中华优秀传统文化、弘扬中国精神等重要论述，不仅丰富发展了马克思列宁主义、毛泽东思想和中国特色社会主义

---

① 中共中央宣传部编：《习近平新时代中国特色社会主义思想学习纲要》，学习出版社、人民出版社2019年版，第146—147页。

② 习近平：《在文艺工作座谈会上的讲话》，人民出版社2015年版，第22页。

理论体系关于怎样对待传统文化、如何发展新民主主义和社会主义文化等思想，成为习近平新时代中国特色社会主义思想的重要内容，而且反映了习近平新时代中国特色社会主义思想的形成条件和历史作用，清晰表明习近平新时代中国特色社会主义思想，深深植根于中华文化的沃土之中，深刻汲取了中华优秀传统文化所蕴含的丰富哲学思想、人文精神、道德理念，是对中华优秀传统文化进行创造性转化、创新性发展的典范和结晶。这一思想深刻反映了中华民族自古以来的梦想和追求，特别是实现中华民族伟大复兴这一近代以来最伟大的梦想，凝结着中国人民的伟大创造精神、伟大奋斗精神、伟大团结精神、伟大梦想精神，具有强大的历史穿透力、文化感染力和精神感召力，有效激活了中华优秀传统文化的生命力，使马克思主义在中国大地焕发出新的勃勃生机。因此，习近平新时代中国特色社会主义思想是以习近平同志为主要代表的中国共产党人坚持把马克思主义基本原理同中国具体实际相结合、同中华优秀传统文化相结合的重大理论成果，是党的十八大以来历史性成就和历史性变革的重要理论结晶，实现了马克思主义中国化的历史性飞跃和创造性升华。①

（六）发展中国家全新选择现代化的思想资源

现代化是人类社会的系统变迁过程，追求现代化是近代以来世界各个国家、地区和民族的发展目标。第二次世界大战以来，亚洲、非洲、

---

① 王晓晖：《三方面理解习近平新时代中国特色社会主义思想实现了马克思主义中国化新的飞跃》，http://cpc.people.com.cn/n1/2021/1112/c64387-32280718.html，2021 年 11 月 12 日。

拉丁美洲等诸多国家和民族纷纷通过民族解放运动，摆脱了西方殖民主义的统治和压迫，实现了民族解放和主权独立。之后，包括中国、印度等国在内的广大发展中国家开启和加速了追求现代化基本上的进程。经过艰辛探索和努力建设，到20世纪六七十年代，以亚洲“四小龙”、拉丁美洲阿根廷和巴西等为代表的国家和地区经济社会发展取得重大成果，在现代化的道路上迈出了重大步伐，由低收入国家跨入中等收入国家行列。但是，20世纪70年代以来，由于贫富分化加剧、产业升级艰难、城市化进程受阻、社会矛盾凸显、民主乱象丛生等原因，只有韩国、新加坡等极少数国家实现现代化，完成了由中等收入国家向高收入国家的跨越，而阿根廷、墨西哥、巴西和马来西亚等众多发展中国家陷入了经济增长回落或停滞、贫富分化、腐败多发、社会公共服务短缺、就业困难、社会动荡等局面，没有能够实现由中等收入国家向高收入国家的跨越，即陷入所谓“中等收入陷阱”。与此同时，非洲和中东一些发展中国家、民族和地区，虽然经过斗争在政治上基本实现了主权独立，成立了民族国家，但产业结构、资源开发、贸易往来等经济方面，以及教育、卫生、宗教等文化方面仍过多地依附于西方国家尤其是原宗主国，实际上并没有实现真正意义上的完全独立，当然不可能实现现代化。更为遗憾的是，苏联解体、东欧剧变以来，一些亚非拉国家和民族为了实现经济社会发展和现代化，深受西方社会思潮的影响，盲目崇拜和照搬西方国家的民主政治、经济政策、价值观念等，不仅没有实现经济社会现代化，反而陷入政局动荡、经济衰退、民生凋敝，甚至战乱不止、国家主权和领土完整不保的境地。概言之，第二次世界大战以来，广大亚非拉发展中国家和民族的现代化进程虽然取得了巨大成就，但历程曲折，步履艰辛。

新中国成立以来，党领导全国人民选择并开启了社会主义现代化的征程，到20世纪60年代同样取得了巨大成就。但是，由于受国际环境、历史经验和理论水平等局限，我国社会主义现代化基本上采用了苏联开创的传统社会主义模式，加上“左”倾思想的影响，现代化建设也经历了严重曲折。1978年12月党的十一届三中全会以来，党领导人民通过总结中外现代化的历史经验，尤其是中外社会主义现代化建设正反两方面的经验教训后认识到：“我们的现代化建设，必须从中国的实际出发。无论是革命还是建设，都要注意学习和借鉴外国经验。但是，照抄照搬别国经验、别国模式，从来不能得到成功。这方面我们有过不少教训。把马克思主义的普遍真理同我国的具体实际结合起来，走自己的道路，建设有中国特色的社会主义，这就是我们总结长期历史经验得出的基本结论。”[①]正是在这一基本结论的指导下，改革开放以来，党领导人民“坚定不移高举中国特色社会主义伟大旗帜，既不走封闭僵化的老路，也不走改旗易帜的邪路”[②]，“推动我国经济实力、科技实力、国防实力、综合国力进入世界前列，推动我国国际地位实现前所未有的提升，党的面貌、国家的面貌、人民的面貌、军队的面貌、中华民族的面貌发生了前所未有的变化”[③]，成功地走出了一条具有中国特色的社会主义现代化道路。党的十八大以来，这条道路继续指引我国社会主义现代化事业阔步前进，并在国际社会产生越来越大的影响，被国内外各界誉为“中国方案”“中国模式”，是发展中国家追求现代化的成功典范，其显著特点

---

① 《邓小平文选》第3卷，人民出版社1993年版，第2—3页。

② 《十八大以来重要文献选编》上，中央文献出版社2014年版，第11页。

③ 《十九大以来重要文献选编》上，中央文献出版社2019年版，第7页。

是背景上注重世情、国情、党情的变化，价值上注重以国家和人民利益为重，方式上注重渐进改革推动社会发展，内涵上注重道路、理论、制度、文化等各方面的创新引领发展，最终发挥社会主义制度的比较优势，形成推进现代化的合力。“中国方案”或“中国模式”推动经济文化比较落后的中国初步实现了社会主义现代化，并向社会主义现代化强国稳步迈进，开创了发展中国家实现现代化的新方案和新模式，对世界其他发展中国家和民族追求现代化具有较强的参照意义。2021 年 7 月，习近平总书记在庆祝中国共产党成立 100 周年大会上指出：“中国特色社会主义是党和人民历经千辛万苦、付出巨大代价取得的根本成就，是实现中华民族伟大复兴的正确道路。我们坚持和发展中国特色社会主义，推动物质文明、政治文明、精神文明、社会文明、生态文明协调发展，创造了中国式现代化新道路，创造了人类文明新形态。”[①]2021 年 11 月，习近平总书记在党的十九届六中全会上指出：“我们党领导人民不仅创造了世所罕见的经济快速发展和社会长期稳定两大奇迹，而且成功走出了中国式现代化道路，创造了人类文明新形态。这些前无古人的创举，破解了人类社会发展的诸多难题，摒弃了西方以资本为中心的现代化、两极分化的现代化、物质主义膨胀的现代化、对外扩张掠夺的现代化老路，拓展了发展中国家走向现代化的途径，为人类对更好社会制度的探索提供了中国方案。”[②]这些重要论述虽然是对党百年来领导人民所取得的伟大成就的肯定和评价，但内含着包括习近平新时代中国特色社会主义思想在

---

① 习近平：《在庆祝中国共产党成立 100 周年大会上的讲话》，人民出版社 2021 年版，第 13—14 页。

② 习近平：《以史为鉴、开创未来　埋头苦干、勇毅前行》，《求是》2022 年第 1 期。

内的马克思主义中国化理论成果对人类文明进步、人类追求现代化的创造性贡献。

习近平新时代中国特色社会主义思想既是新时代中国特色社会主义现代化建设的指导思想，又是新时代中国特色社会主义现代化实践的经验总结，是“中国方案”“中国模式”的理论形态。2017 年 10 月，习近平总书记在党的十九大报告中指出，中国特色社会主义进入新时代，“意味着中国特色社会主义道路、理论、制度、文化不断发展，拓展了发展中国家走向现代化的途径，给世界上那些既希望加快发展又希望保持自身独立性的国家和民族提供了全新选择”①。2021 年 11 月，党的十九届六中全会审议通过的《中共中央关于党的百年奋斗重大成就和历史经验的决议》指出：“一百年来，党既为中国人民谋幸福、为中华民族谋复兴，也为人类谋进步、为世界谋大同，以自强不息的奋斗深刻改变了世界发展的趋势和格局。党领导人民成功走出中国式现代化道路，创造了人类文明新形态，拓展了发展中国家走向现代化的途径，给世界上那些既希望加快发展又希望保持自身独立性的国家和民族提供了全新选择。”②这些重要论断虽然分别阐释的是中国特色社会主义进入新时代的国际意义、党百年奋斗的世界历史意义，但都内在地阐明了习近平新时代中国特色社会主义思想对当今世界发展中国家和民族追求现代化的借鉴价值。因此，习近平新时代中国特色社会主义思想是发展中国家追求现代化的重要思想资源。

---

① 《十九大以来重要文献选编》上，中央文献出版社 2019 年版，第 8 页。

② 《中共中央关于党的百年奋斗重大成就和历史经验的决议》，人民出版社 2021 年版，第 64 页。

（七）解答“时代之问”的中国智慧

当今世界正处在一个大发展大变革大调整时期，和平与发展仍是时代主题，和平、发展、合作、共赢的时代潮流更加强劲。随着世界多极化、经济全球化、文化多样化和社会信息化深入发展，各个国家和民族之间的相互联系和依存日益加深。与此同时，人类面临的不稳定性不确定性问题日益突出，“世界经济增长动能不足，贫富分化日益严重，地区热点问题此起彼伏，恐怖主义、网络安全、重大传染性疾病、气候变化等非传统安全威胁持续蔓延，人类面临许多共同挑战”[①]。没有哪个国家和民族能够独自应对人类面临的这些挑战和问题，也没有哪个国家和民族能够躲避这些挑战和问题而退回到自我封闭的孤岛。人类生活在同一个地球村，日益相互依存、命运与共，越来越成为你中有我、我中有你的命运共同体。在这一重要时刻和错综复杂的国际环境下，“我们必须坚持正确的历史观、大局观、发展观，看清当前国际国内形势纷繁复杂现象下的本质，做到临危不乱、危中寻机、开拓进取、开辟新局，更好统筹中华民族伟大复兴战略全局和世界百年未有之大变局”，“牢牢把握战略主动”[②]，为人类文明进步作出更大贡献。

长期以来，在国际格局和全球治理中西方发达国家占据主导地位，国际关系和发展理念以西方价值观为主要取向。随着新兴市场国家和广大发展中国家的快速崛起，加上一些西方大国自身治理失灵、问题成堆，西方主要经济体因受 2008 年国际金融危机的影响而复苏乏力，这

① 《十九大以来重要文献选编》上，中央文献出版社 2019 年版，第 41 页。
② 《十九大以来重要文献选编》中，中央文献出版社 2021 年版，第 819 页。

种“西方中心论”的全球治理理念、体系和模式越来越暴露出明显弊端，越来越不能适应已经并将继续嬗变的国际形势。国际社会殷切期盼新的全球治理理念，迫切要求构建新的更加公正合理的国际关系和秩序，开辟人类更加美好的发展前景。正是在这一时代背景下，习近平总书记以卓越的政治家和战略家的宏大视野和战略思维，深入思考“建设一个什么样的世界、怎样建设这个世界”等关乎人类前途命运的重大课题，高瞻远瞩地提出了坚守人类共同价值、构建人类命运共同体等重要思想。他多次强调，“我们要坚持从我国实际出发，坚定不移走自己的路，同时我们要树立世界眼光……以更加积极的姿态参与国际事务，共同应对全球性挑战，努力为全球发展作出贡献”①，要“积极参与全球经济治理。推动国际经济治理体系改革完善，积极引导全球经济议程，促进国际经济秩序朝着平等公正、合作共赢的方向发展”②。构建人类命运共同体理念的核心要义是坚持对话协商、共建共享、合作共赢、交流互鉴、绿色低碳的基本准则，建设一个持久和平、普遍安全、共同繁荣、开放包容、清洁美丽的世界。③党的十九大报告不仅再次阐明了构建人类命运共同体的时代背景、必然要求、基本遵循和奋斗目标，而且从政治、安全、经济、文化、生态等方面就中国为人类命运共同体的构建如何贡献自己的智慧和理论作出了战略部署。2020 年 9 月，习近平主席在第 75 届联合国大会一般性辩论上的讲话中呼吁世界各国人民：“团结起来，坚守和平、发展、公平、正义、民主、自由的全人类共同价值，推

① 《习近平谈治国理政》第 1 卷，外文出版社 2018 年版，第 248、第 123 页。

② 《中共中央关于制定国民经济和社会发展第十三个五年规划的建议》，人民出版社 2015 年版，第 11 页。

③ 《习近平谈治国理政》第 2 卷，外文出版社 2017 年版，第 541—544 页。

动构建新型国际关系，推动构建人类命运共同体，共同创造世界更加美好的未来！”[①]

构建人类命运共同体理念是习近平新时代中国特色社会主义思想的重要组成部分，继承发展了新中国成立以来奉行的和平共处五项原则、走和平发展道路、构建和谐世界等重大外交思想和主张，汲取了中华优秀传统文化“以和邦国”“和而不同”“以和为贵”等思想精华，以及和平、发展、公平、正义、民主、自由等全人类共同的价值追求，适应了新时代世界更需要中国、中国愿意且能够为世界作出更大贡献的中国与世界关系的历史性变化，指明了世界发展和人类未来的前进方向。[②]2017 年 10 月，习近平总书记在党的十九大报告中指出，中国特色社会主义进入新时代，中国特色社会主义道路、理论、制度、文化不断发展，“为解决人类问题贡献了中国智慧和中国方案”[③]。这同样蕴含着习近平新时代中国特色社会主义思想为解决人类问题贡献了中国智慧和中国方案。正如媒体评论习近平总书记关于构建人类命运共同体理念的“国际意义”时所说：在“世界怎么了、我们怎么办”的普遍困惑面前，中国理念之光，照亮了人类发展前程。[④]2022 年 10 月，习近平总书记在党的二十大报告中再次指出，新时代十年来，党团结带领全国人民取得的伟大成就和实现的伟大变革，使“科学社会主义在二十一世纪的中国焕发出新的蓬勃生机，中国式现代化为人类实现现代化提供了新的选择，中国共产党和

① 《十九大以来重要文献选编》中，中央文献出版社 2021 年版，第 714 页。

② 《党的十九大报告辅导读本》，人民出版社 2017 年版，第 90—91、第 96 页。

③ 《十九大以来重要文献选编》上，中央文献出版社 2019 年版，第 8 页。

④ 吴绮敏等：《让思想之光引领世界前行之路——习近平主席二〇一七年达沃斯、日内瓦主旨演讲的世界意义》，《人民日报》2018 年 1 月 25 日。

中国人民为解决人类面临的共同问题提供更多更好的中国智慧、中国方案、中国力量，为人类和平与发展崇高事业作出新的更大的贡献”①。这主要也是从理论创新的视角强调了新时代十年来的伟大成就和伟大变革。

综上所述，习近平新时代中国特色社会主义思想具有谱写了科学社会主义新篇章、形成了马克思主义中国化最新理论成果、汇聚了中华文化和中国精神的时代精华等理论价值，是当代中国马克思主义、21 世纪马克思主义，具有指导全党全国各族人民实现中华民族伟大复兴中国梦、为发展中国家追求现代化提供全新选择、为构建人类命运共同体贡献中国智慧等实践指导意义。

三、用马克思主义中国化最新成果武装全党的基本要求

党的十八大以来，习近平总书记不仅对于坚持以马克思主义为指导、不断丰富和发展马克思主义的必要性和重要性等作出了论述，而且对于如何用马克思主义中国化最新成果武装全党，如何推进当代中国马克思主义、21 世纪马克思主义的宣传普及等多次进行专门的论述，提出了基本要求，指出了明确方向。

（一）读原著、学原文、悟原理

原著、原文是原理的载体和集中体现。马克思主义的精髓蕴藏于经

① 习近平：《高举中国特色社会主义伟大旗帜　为全面建设社会主义现代化国家而团结奋斗》，人民出版社 2022 年版，第 16 页。

典著作、党的文献和党的领导人的重要讲话中，全面系统学习马克思主义理论，既要通读马克思主义发展史，掌握马克思主义基本原理，更要精读马克思主义原著，只有读原著、学原文，才能领悟原理，全面、准确理解和把握思想真谛，克服片面甚至错误理解经典作家和党的路线方针政策。马克思主义经典作家十分强调对原著的学习和研读。恩格斯在致友人布洛赫的信中曾指出，“我请您根据原著来研究这个理论，而不要根据第二手的材料来进行研究——这的确要容易得多”[①]。他还强调“一个人如想研究科学问题，首先要在利用著作的时候学会按照作者写的原样去阅读这些著作，首先要在阅读时，不把著作中原来没有的东西塞进去”[②]，只有研究原著本身，才“不会让一些简述读物和别的第二手资料引入迷途”[③]。

长期以来，习近平同志十分重视和强调对马克思主义经典著作的学习研究。2011 年 5 月，他在中共中央党校一次讲话中强调，领导干部要重视学习马克思主义经典著作，并列举了当前应重点学习的马克思、恩格斯、列宁和毛泽东的一些重要著作。党的十八大以来，习近平总书记多次在讲话中都提出，广大党员干部必须深入系统学习掌握马克思主义，尤其是要通过读原著、学原文来深刻领悟马克思主义基本原理。2013 年 8 月，习近平总书记在全国宣传思想工作会议上说：“领导干部特别是高级干部要把系统掌握马克思主义基本理论作为看家本领，老老实实、原原本本学习马克思列宁主义、毛泽东思想特别是邓小平理论、‘三个代

① 《马克思恩格斯文集》第 10 卷，人民出版社 2009 年版，第 593 页。

② 《马克思恩格斯全集》第 25 卷，人民出版社 1974 年版，第 26 页。

③ 《马克思恩格斯全集》第 36 卷，人民出版社 1975 年版，第 200 页。

表’重要思想、科学发展观。党校、干部学院、社会科学院、高校、理论学习中心组等都要把马克思主义作为必修课，成为马克思主义学习、研究、宣传的重要阵地。新干部、年轻干部、高级干部尤其要抓好理论学习，通过坚持不懈学习，学会运用马克思主义立场、观点、方法观察和解决问题，坚定理想信念。”[①]2015年12月，习近平总书记在全国党校工作会议上的讲话中指出：“党的各级领导干部特别是高级干部，要原原本本学习和研读经典著作，努力把马克思主义立场、观点、方法学到手，作为自己的看家本领。……党校要加强学员对马克思主义经典著作的学习研究，开出基本书目，引导学员读原著、学原文、悟原理，特别是要理解其中包含的马克思主义立场、观点、方法，不要浅尝辄止。”[②]根据习近平总书记的重要讲话精神，全国党校、干部学院、社会科学院、高校、各级党委理论学习中心组等干部培训、专门人才培养、党员及干部经常性和集中性学习等都增加了研读经典著作的学习任务。

马克思主义政党的理论水平决定了党的政治、组织、作风建设水平和制度执行情况，因此，以毛泽东、邓小平、江泽民和胡锦涛同志为主要代表的中国共产党人都强调对全党进行马克思主义理论教育，尤其重视对广大党员干部进行中国化的马克思主义、党的路线方针政策教育，要求党员干部通过学习党的文献来领悟马克思主义和党的历史、路线方针政策。抗日战争时期，为了配合干部整风学习，中共中央办公厅把党的六大以前和党的六大以来的文献汇编成册，即《六大以前——党的历

---

① 《习近平谈治国理政》第1卷，外文出版社2018年版，第153—154页。

② 习近平：《在全国党校工作会议上的讲话》，人民出版社2016年版，第15—16页。

史材料》《六大以来——党内秘密文件》供党员干部学习研读。新中国成立后，中共中央成立毛泽东著作编辑委员会编辑出版《毛泽东选集》，改革开放后由中共中央文献研究室等编辑出版《周恩来选集》《刘少奇选集》《邓小平文选》《江泽民文选》《胡锦涛文选》《（十一届）三中全会以来重要文献选编》以及党的十二大至党的十八大以来党和国家重要文献选编等，都为广大党员干部和群众学习党的理论、历史、路线方针政策等提供了文本依据。

党的十八大以来，习近平总书记十分重视和强调全党加强对马克思主义理论和党的路线方针政策的学习，尤其要精心阅读马克思主义经典著作和党的重要文献。随着中国特色社会主义进入新时代，以习近平同志为核心的党中央治国理政新理念新思想新战略不断丰富和创新，习近平新时代中国特色社会主义思想逐步形成和发展，习近平总书记特别强调要通过研读马克思主义经典著作和党的文献来领悟党的十八大以来党的路线方针政策、新时代中国特色社会主义思想。2015 年 12 月，他在中共中央政治局“三严三实”专题民主生活会上的讲话中指出：“我们要保持浓厚的理论兴趣，自觉加强马克思主义基础理论学习，静下心来学习马克思、恩格斯、列宁、毛主席的原著，学习中国特色社会主义理论体系，学习党的十八大以来党的理论和路线方针政策创新成果，不断有所收获、有所提高。”[①]2018 年 1 月，在党的十九届一中全会上的讲话中，习近平总书记指出，全党同志特别是领导干部“要结合学习领会新时代中国特色社会主义思想，多读、精读一些马克思主义经典作家的

① 《习近平关于“不忘初心、牢记使命”论述摘编》，党建读物出版社、中央文献出版社 2019 年版，第 45 页。

著作，多读、精读一些马克思主义中国化的经典篇章，掌握贯穿其中的马克思主义立场观点方法，将其内化于心，真正做到对马克思主义虔诚而执着、至信而深厚，真正让理想信念成为自己心中的灯塔，凝聚精气神的灵魂”[①]。同年5月，在纪念马克思诞辰200周年大会上的讲话中，习近平总书记指出，“全党同志特别是各级领导干部要更加自觉、更加刻苦地学习马克思列宁主义，学习毛泽东思想、邓小平理论、‘三个代表’重要思想、科学发展观，学习新时代中国特色社会主义思想”，“要把读马克思主义经典、悟马克思主义原理当作一种生活习惯、当作一种精神追求，用经典涵养正气、淬炼思想、升华境界、指导实践”[②]。2019年3月，习近平总书记对广大干部尤其是年轻干部学习新时代中国特色社会主义思想提出了明确要求，不仅强调理论学习和武装的重要性，而且强调学习方法的重要性，指出“学习新时代中国特色社会主义思想，要深刻认识和领会其时代意义、理论意义、实践意义、世界意义，深刻理解其核心要义、精神实质、丰富内涵、实践要求。……学习理论最有效的办法是读原著、学原文、悟原理，强读强记，常学常新，往深里走、往实里走、往心里走”[③]。2019年5月，在全党开展“不忘初心、牢记使命”主题教育的工作会议上，习近平总书记对主题教育活动提出明确目标和要求，强调开展此次主题教育活动“根本任务是深入学习贯彻新时代中国特色社会主义思想”，从根源上解决思想上的问题，因此“要强化理

---

① 《习近平关于“不忘初心、牢记使命”论述摘编》，党建读物出版社、中央文献出版社2019年版，第88页。

② 《十九大以来重要文献选编》上，中央文献出版社2019年版，第434页。

③ 《习近平关于“不忘初心、牢记使命”论述摘编》，党建读物出版社、中央文献出版社2019年版，第68页。

论武装，聚焦解决思想根子问题，组织党员干部读原著、学原文、悟原理，自觉对表对标，及时校准偏差”[①]。根据习近平总书记的重要讲话精神，中共中央颁布的《关于在全党开展“不忘初心、牢记使命”主题教育的意见》，明确要求“原原本本学”，即“党员领导干部要以自学为主，学习党的十九大报告和党章，学习《习近平关于‘不忘初心、牢记使命’论述选编》《习近平新时代中国特色社会主义思想学习纲要》，跟进学习习近平总书记最新重要讲话文章，学习习近平总书记关于本地区本领域工作的重要讲话和指示精神，理解其核心要义和实践要求，自觉对表对标、及时校准偏差”[②]。可见，不论是学习领悟马克思主义基本原理还是学习贯彻习近平新时代中国特色社会主义思想，习近平总书记和中共中央都十分强调要研读经典著作，把握思想真谛。

（二）在学懂弄通做实上下功夫

马克思主义是中国共产党领导中国人民进行革命、建设、改革的思想武器和行动指南，学习马克思主义，最重要的是掌握马克思主义立场、观点、方法，掌握马克思主义基本原理。学习的目的在于运用，在于研究革命、建设和改革过程中面临的重大理论和实践问题，最终把党和人民的事业推向前进。在国际共产主义运动史上，中国、苏联等国家共产党发生了一系列因照搬照抄马克思主义而导致事业发展遭受挫折甚至失败的教训。新民主主义革命时期，中国共产党因王明“左”倾教条主义的影响，导致土地革命战争由蓬勃发展转向失败。新中国成立后，中国

① 《习近平谈治国理政》第 3 卷，外文出版社 2020 年版，第 524、第 526 页。
② 《十九大以来重要文献选编》中，中央文献出版社 2021 年版，第 88 页。

共产党在领导人民探索中国自己的社会主义建设道路过程中，虽然取得了巨大成就，但总体上没有摆脱苏联社会主义模式的束缚，社会主义建设经历了严重挫折。因此，共产党人对马克思主义的学习、把握和运用，必须做到学懂、弄通、做实。1942 年 2 月，在中共中央党校开学典礼上的讲话中，毛泽东就号召党员干部学会应用马克思列宁主义的立场、观点、方法，认真研究中国的历史，研究中国的经济、政治、军事和文化，根据详细的材料对每一问题加以具体的分析，强调“不应当把马克思主义的理论当成死的教条。对于马克思主义的理论，要能够精通它、应用它，精通的目的全在于应用”[①]。改革开放和社会主义现代化建设新时期，邓小平也明确指出：“学马列要精，要管用。”[②]

2011 年 1 月，时任中共中央政治局常委、中央书记处书记、国家副主席习近平同志在吉林省调研期间，专程来到吉林大学看望寒假留校学生，并参加了大学生马列主义、毛泽东思想学习研究会的学习讨论活动，在讲话中希望同学们掌握马克思主义的立场、观点、方法，坚定马克思主义的理想信念，做到“真学、真懂、真信、真用”，并内化为真正的核心思想，通过长时间的社会实践来检验，真正成长为中国特色社会主义事业的建设者和接班人。[③]党的十八大以来，习近平总书记一再强调各级领导干部对马克思主义的学习和运用，一定要做到真学、真懂、真信、真用。党的十九大以来，习近平总书记多次强调，学习和运用马克思主义尤其是新时代中国特色社会主义思想，要在学懂弄通做实

① 《毛泽东选集》第 3 卷，人民出版社 1991 年版，第 815 页。

② 《邓小平文选》第 3 卷，人民出版社 1993 年版，第 382 页。

③ 《习主席希望我们“真学、真懂、真信、真用”马克思主义》，《中国青年报》2020 年 6 月 22 日。

上下功夫。2017 年 10 月，习近平总书记在主持十九届中共中央政治局第一次集体学习时指出，“学习贯彻党的十九大精神，要在学懂上下功夫。学懂是前提。党的十九大提出了许多新理念、新论断，确定了许多新任务、新举措，需要通过学习来准确领会”，“学习贯彻党的十九大精神，要在弄通上下功夫。要联系地而不是孤立地、系统地而不是零散地、全部地而不是局部地理解党的十九大精神，不能就事论事，不能搞形式主义、实用主义。要把学习贯彻党的十九大精神同学习马克思主义基本原理贯通起来，把学习贯彻党的十九大精神同把握党的十八大以来我们进行伟大斗争、建设伟大工程、推进伟大事业、实现伟大梦想的实践贯通起来，把学习贯彻党的十九大精神同把握党的十九大作出的各项战略部署贯通起来”，“学习贯彻党的十九大精神，要在做实上下功夫。清谈误国、实干兴邦，一分部署、九分落实。要拿出实实在在的举措，一个时间节点一个时间节点往前推进，以钉钉子精神全面抓好落实”。[①]2018 年 8 月，在党的宣传思想工作会议上的讲话中，习近平总书记指出，新形势下，党的宣传思想工作的使命任务是举旗帜、聚民心、育新人、兴文化、展形象，“举旗帜，就是要高举马克思主义、中国特色社会主义的旗帜，坚持不懈用新时代中国特色社会主义思想武装全党、教育人民、推动工作，在学懂弄通做实上下功夫”，“建设具有强大凝聚力和引领力的社会主义意识形态，是全党特别是宣传思想战线必须担负起的一个战略任务。要做好做强马克思主义宣传教育工作，特别是要在学懂弄

① 《习近平关于“不忘初心、牢记使命”论述摘编》，党建读物出版社、中央文献出版社 2019 年版，第 60—61 页。

通做实新时代中国特色社会主义思想上下功夫”。[①]这些重要讲话表明，习近平总书记特别强调对马克思主义理论、党的十九大精神尤其是新时代中国特色社会主义思想的学习一定要在学懂弄通做实上下功夫，要注重提高学习的实效。

2019 年 5 月至 2020 年 1 月，根据党的十九大关于全面从严治党的战略部署，中共中央决定以县处级领导干部为重点分两批开展“不忘初心、牢记使命”主题教育。这期间，习近平总书记多次就“不忘初心、牢记使命”主题教育的步骤、任务、要求和目的等作出重要论述，强调“开展这次主题教育，根本任务是深入学习贯彻新时代中国特色社会主义思想，锤炼忠诚干净担当的政治品格，团结带领全国各族人民为实现伟大梦想共同奋斗。具体目标是理论学习有收获、思想政治受洗礼、干事创业敢担当、为民服务解难题、清正廉洁作表率”，其中“理论学习有收获，重点是教育引导广大党员干部在原有学习的基础上取得新进步，加深对新时代中国特色社会主义思想和党中央大政方针的理解，学深悟透、融会贯通，增强贯彻落实的自觉性和坚定性，提高运用党的创新理论指导实践、推动工作的能力”[②]。之后，为了全面加强党的领导和党的建设，习近平总书记继续强调全党要加强理论学习，学懂弄通做实党的创新理论，坚定理想信念，为开启新征程、夺取新胜利而努力奋斗。2021 年 1 月，在十九届中央纪委五次全会上的讲话中，习近平总书记指出：“要坚持学懂弄通做实党的创新理论，以庆祝建党 100 周年为契机，引导

① 习近平：《论党的宣传思想工作》，中央文献出版社 2020 年版，第 339、第 340 页。

② 《习近平谈治国理政》第 3 卷，外文出版社 2020 年版，第 524—525 页。

党员、干部加强党性锻炼、党性修养，坚定理想信念，百折不挠把自己的事办好。……党员、干部要筑牢思想防线，时刻自重自省自警自励，慎独慎微慎始慎终，做政治信念坚定、遵规守纪的明白人。”①习近平总书记向来重视对青年干部的教育和培养，对其夯实理论功底和水平自然也提出特别的要求。2021 年 3 月，习近平总书记在中共中央党校（国家行政学院）中青年干部培训班开班式上再次指出：“理论联系实际，前提是学懂弄通理论、掌握思想真谛。年轻干部要刻苦钻研马克思主义基本原理特别是新时代党的创新理论成果，努力掌握蕴含其中的立场观点方法、道理学理哲理，做到知其言更知其义、知其然更知其所以然。要深入学习党的理论创新成果，前后贯通学、及时跟进学，运用党的科学理论优化思想方法，解决思想困惑，检视自身思想作风和精神状态，牢固树立正确的世界观、人生观、价值观和权力观、政绩观、事业观，使自己的思维方式和精神世界更好适应事业发展需要。”②2022 年 10 月，习近平总书记在主持二十届中共中央政治局第一次集体学习时指出，完整、准确、全面领会党的二十大精神，要“在全面学习上下功夫”“在全面把握上下功夫”“在全面落实上下功夫”，“首先要读原文、悟原理……要原原本本学习党的二十大报告，同时要把学习报告同学习大会系列讲话和相关文件结合起来，同学习党的十八大报告、十九大报告精神结合起来，联系

---

① 《习近平在十九届中央纪委五次全会上发表重要讲话 强调充分发挥全面从严治党引领保障作用 确保“十四五”时期目标任务落到实处》，《人民日报》2021 年 1 月 23 日。

② 《习近平在中央党校（国家行政学院）中青年干部培训班开班式上发表重要讲话强调 立志做党光荣传统和优良作风的忠实传人 在新时代新征程中奋勇争先建功立业》，《人民日报》2021 年 3 月 2 日。

着学”[①]。这些重要讲话都指明了通过学懂弄通做实习近平新时代中国特色社会主义思想以提升全党思想理论水平的基本要求。

（三）坚持学以致用

理论学习的目的在于提高认识世界、改造世界的能力，指导实践。对一个人来说，书本上的知识是间接经验，书本上的理论是否正确、个人对其理解是否准确等，都只有在实践中才能得到检验，理论的发展也只有在实践中才能实现。因此，马克思主义坚持理论与实际相结合的原则，强调学以致用、知行合一。毛泽东同志说过，“读书是学习，使用也是学习，而且是更重要的学习”[②]。理论联系实际是中国共产党的优良传统，也是党的实事求是思想路线的基本内容。广大党员干部学习习近平新时代中国特色社会主义思想，必须坚持全面系统学、深入思考学、联系实际学。

党的十八大以来，习近平总书记在中共中央政治局集体学习、中共中央党校（国家行政学院）省部级主要领导干部专题研讨班开班式等重要场合的讲话中，都强调学习马克思主义、学习新时代中国特色社会主义思想必须坚持学用结合、学以致用，坚持学思用贯通、知信行统一。党的十九大提出习近平新时代中国特色社会主义思想的科学概念、核心要义和精神实质，并将其作为党的指导思想写入党章后，学习贯彻落实党的十九大精神尤其是习近平新时代中国特色社会主义思想成为全党全

---

① 习近平：《在二十届中央政治局第一次集体学习时的讲话》，《求是》2023年第2期。

② 《毛泽东选集》第1卷，人民出版社1991年版，第181页。

国各族人民的首要政治任务。2017 年 10 月，在党的十九届一中全会的讲话中，习近平总书记指出：“新时代中国特色社会主义思想和基本方略，不是从天上掉下来的，不是主观臆想出来的，而是党的十八大以来，在新中国成立特别是改革开放以来我们党推进理论创新和实践创新的基础上，全党全国各族人民进行艰辛理论探索的成果，是全党全国各族人民创新创造的智慧结晶。在新时代的征程上，全党同志一定要弘扬理论联系实际的学风，紧密联系党和国家事业发生的历史性变革，紧密联系中国特色社会主义进入新时代的新实际，紧密联系我国社会主要矛盾的重大变化，紧密联系‘两个一百年’奋斗目标和各项任务，自觉运用理论指导实践，使各方面工作更符合客观规律、科学规律的要求，不断提高新时代坚持和发展中国特色社会主义的能力，把党的科学理论转化为万众一心推动实现‘两个一百年’奋斗目标、实现中华民族伟大复兴中国梦的强大力量。”①2019 年 5 月，在“不忘初心、牢记使命”主题教育工作会议上的讲话中，习近平总书记指出，“党内存在的一些突出问题，从根源上说都是思想上的问题。从延安整风运动以来，我们党开展历次集中性教育活动，都是以思想教育打头。开展这次主题教育，要强化理论武装，聚焦解决思想根子问题”，守初心、担使命，是为了找差距、抓落实，“各地区各部门各单位要结合实际，创造性开展工作”②。2021 年 2 月，在党史学习教育动员大会上，习近平总书记强调，全党开展党史学习教育，旨在“深刻学习领会新时代党的创新理论，坚持不懈用党的创新理论最新成果武装头脑、指导实践、推动工作”，此次党史学习教

① 《习近平谈治国理政》第 3 卷，外文出版社 2020 年版，第 63—64 页。

② 《十九大以来重要文献选编》中，中央文献出版社 2021 年版，第 114 页。

育“总的来说就是要做到学史明理、学史增信、学史崇德、学史力行，教育引导全党同志学党史、悟思想、办实事、开新局”[①]。这些重要论述指明，党的马克思主义理论和自身历史等学习，都是为了提高党员干部的理论水平和判断能力，进而提高分析问题、解决问题的能力，推动党和人民的事业取得更大胜利。

办好中国的事情，关键在党，而党的各级领导干部又是关键中的关键。党的十八大以来，习近平总书记特别强调要用党的最新创新理论成果武装全党、用党的优良传统和光辉历史等教育党员干部，尤其是解决党员干部思想上、作风上存在的种种问题，提高全党干事创业的能力和水平，开创工作新局面。2019 年 3 月，习近平总书记指出，广大党员干部特别是年轻干部要做到信念坚、政治强、本领高、作风硬，必须要在理论学习上舍得花精力，要全面系统、及时深入学习新时代中国特色社会主义思想，“把自己摆进去、把职责摆进去、把工作摆进去，做到学、思、用贯通，知、信、行统一”[②]。同年5月，在“不忘初心、牢记使命”主题教育工作会议上的讲话中，习近平总书记又指出，“开展这次主题教育，是用新时代中国特色社会主义思想武装全党的迫切需要”，“在新时代，我们党顺应时代发展新要求，创立了新时代中国特色社会主义思想。理论创新每前进一步，理论武装就要跟进一步”，但“目前，一些党员干部在理论学习上同党中央要求相比还存在不小差距，没有做到往深里走、往心里走、往实里走。开展这次主题教育，就是要坚持思想建

① 习近平：《在党史学习教育动员大会上的讲话》，人民出版社 2021 年版，第 18 页。

② 《习近平关于“不忘初心、牢记使命”论述摘编》，党建读物出版社、中央文献出版社 2019 年版，第 60—61 页。

党、理论强党，坚持学思用贯通、知信行统一，推动广大党员干部全面系统学、深入思考学、联系实际学，不断增强‘四个意识’、坚定‘四个自信’、做到‘两个维护’，筑牢信仰之基、补足精神之钙、把稳思想之舵”[①]。2021年2月，在党史学习教育动员大会上，习近平总书记指出，开展此次党史学习教育，就是“牢记初心使命、推进中华民族伟大复兴历史伟业”，“坚定信仰信念、在新时代坚持和发展中国特色社会主义”，“推进党的自我革命、永葆党的生机活力”[②]。2022年10月，习近平总书记在二十届中共中央政治局集体学习时指出：“空谈误国、实干兴邦，一分部署、九分落实。不注重抓落实，不认真抓好落实，再好的规划和部署都会沦为空中楼阁。贯彻落实党的二十大精神要有计划、有部署，在把握总目标、总方向、总要求的前提下，对各项目标和任务进行细化，有针对性地拿出落实的具体方案，制定明确的时间表、施工图，扎扎实实向前推进。”[③]这些重要论述都强调学以致用，学习理论、历史等都是为了指导实践活动，推进党和人民事业的发展。

（四）领导干部带头学

领导干部是党的宝贵财富，在学习、工作、生活等各方面都应该发挥带头示范作用。马克思、恩格斯、列宁等马克思主义经典作家和

---

① 《习近平关于“不忘初心、牢记使命”论述摘编》，党建读物出版社、中央文献出版社2019年版，第69—70页。

② 习近平：《在党史学习教育动员大会上的讲话》，人民出版社2021年版，第1、第8、第9页。

③ 习近平：《在二十届中央政治局第一次集体学习时的讲话》，《求是》2023年第2期。

毛泽东、邓小平、江泽民、胡锦涛、习近平等历任中国共产党领导人都十分强调学习的重要性，并成为广大党员干部的榜样，也要求各级领导干部成为学习先进理论和科学知识的模范。中国共产党自创立以来探索和建立理论学习机制重点也是探索建立各级党员领导干部的学习机制。新民主主义革命时期，包括延安整风运动在内的党内理论学习教育主要是加强各级党员干部的理论学习教育。新中国成立后，全国开办了一大批工农干部学校和各级党校干校，开列书目要求党员自学或开展集中性学习教育活动等，仍然是要求各级党员领导干部加强学习。1951年2月，中共中央颁布的《关于加强理论教育的决定（草案）》明确指出：“提高党的理论水平的主要责任是在党的高级干部身上，发展全党理论学习的主要责任也是在党的高级干部身上。”[①]20世纪八九十年代，在我国建立和发展社会主义市场经济、开始实施依法治国方略的过程中，中央举办了一系列法制讲座，聘请一些党政部门负责人、专家学者等走进中南海为党和国家领导人讲授相关理论知识，进而形成了中央领导人集体学习制度，为全党各级干部加强理论学习发挥了示范作用。在此基础上，1993年11月，中共中央《关于学习〈邓小平文选〉第三卷的决定》首次提出“党委中心组的学习”，强调“各省、自治区、直辖市，中央党、政、军各部门，都要作出安排，特别是要认真抓好各级党委中心组的学习”[②]。2000年9月，全党建立起县处级以上党政领导干部理论学习考核制度。2000年和2008年，党中央先后颁布和修订了《关于加强和改进

---

① 中央档案馆、中共中央文献研究室编：《中共中央文件选集（1949年10月—1966年5月）》第5册，人民出版社2013年版，第313页。

② 《思想建党的法规保障》，人民日报出版社2017年版，第4页。

党委（党组）中心组学习的意见》。2017年1月，党中央颁布《中国共产党党委（党组）理论学习中心组学习规则》，对各级党委（党组）理论学习的内容、形式、要求、管理、考核、问责等都作出了明确而具体的规定。领导干部带头学习制度逐步完善并取得显著成效。党的十八大以来，全党开展的群众路线教育实践活动、“三严三实”专题教育、“两学一做”学习教育等集中性主题教育活动都是以党员干部学习教育为重点，以党员干部带动全党、以全党带动全社会进行学习和整顿活动，树立纯正的党风和建设良好社会风气。

习近平同志在陕北插队当知青、在地方工作期间就养成了热爱学习的习惯和生活方式，为当地党员干部加强学习发挥了模范带头作用，也对干部加强学习提出过明确要求。党的十九大报告旗帜鲜明地提出了习近平新时代中国特色社会主义思想，将习近平新时代中国特色社会主义思想载入党章并确立为党的指导思想后，习近平总书记在一系列重大场合的讲话中都强调各级领导干部要带头学习领悟党的基本理论，尤其是马克思主义中国化的最新理论创新成果。2017年10月，习近平总书记在党的十九大报告中指出，要坚持用新时代中国特色社会主义思想武装全党，弘扬马克思主义学风，推进“两学一做”学习教育常态化制度化，以县处级以上领导干部为重点，在全党开展“不忘初心、牢记使命”主题教育，用党的创新理论武装头脑，推动全党更加自觉地为完成新时代党的历史使命、实现中华民族伟大复兴而不懈奋斗。①

党的十九大以后，党的十九届一中全会对全党学习贯彻党的十九大精神和习近平新时代中国特色社会主义思想作出了部署，十九届中共

① 《十九大以来重要文献选编》上，中央文献出版社2019年版，第45页。

中央政治局第一次会议强调学习贯彻党的十九大精神和习近平新时代中国特色社会主义思想是当前和今后一段时期全党全国人民首要的政治任务，全党全国各族人民迅速兴起学习贯彻党的十九大精神尤其是习近平新时代中国特色社会主义思想的高潮。2019 年 5 月开始，中共中央决定分两批在全党县处级以上干部中开展“不忘初心、牢记使命”主题教育。这期间，在一系列重大场合的讲话中，习近平总书记都特别强调各级党员干部在学习贯彻新时代中国特色社会主义思想中的带头作用。2017 年 10 月，在十九届中共中央政治局产生后举行的第一次集体学习时，习近平总书记就指出，“学习宣传贯彻党的十九大精神是全党全国当前和今后一个时期的首要政治任务。中央政治局要先学一步，为全党作出示范……大家要把学习贯彻党的十九大精神作为第一堂党课、第一堂政治必修课，努力提高自己的政治素养和思想理论水平，以更好担负起党和人民赋予的重要职责”，“各级党委要突出抓好县处级以上领导干部的学习，党委（党组）中心组要把学习党的十九大精神作为重中之重……领导干部要做实干家，也要做宣传家。各级领导干部要带头宣讲，面向群众宣传党的十九大精神”。[①]2018 年 5 月，全世界马克思主义者欢欣鼓舞地迎来了马克思诞辰 200 周年的日子，缅怀马克思的丰功伟绩，坚持用马克思主义作为思想武器，分析当今世界的局势和人类社会发展的命运，继承和发展马克思主义。中共中央在人民大会堂举行了盛大的纪念马克思诞辰 200 周年大会，习近平总书记在纪念大会上的讲话中指出：“全党同志特别是各级领导干部要更加自觉、更加刻苦地学习马克思列宁

---

① 《习近平关于“不忘初心、牢记使命”论述摘编》，党建读物出版社、中央文献出版社 2019 年版，第 59—60、第 62—63 页。

主义，学习毛泽东思想、邓小平理论、‘三个代表’重要思想、科学发展观，学习新时代中国特色社会主义思想。要深入学、持久学、刻苦学，带着问题学、联系实际学，更好把科学思想理论转化为认识世界、改造世界的强大物质力量。”[①]2021 年 2 月，在党史学习教育动员大会上的讲话中，习近平总书记指出，此次党史学习教育要注重方式方法创新，“要以县处级以上领导干部为重点，坚持集中学习和自主学习相结合，坚持规定动作和自选动作相结合，开展特色鲜明、形式多样的学习教育”[②]。2022 年 10 月，在二十届中共中央政治局研究部署学习宣传贯彻党的二十大精神会议上、第一次集体学习时，习近平总书记强调，在学习宣传贯彻落实党的二十大精神方面，“各级领导干部要亲力亲为，既要做实干家，又要做宣传家，带头宣讲”，尤其是“政治局的同志要带头真抓实干”，“政治局的同志尤其要带头维护党中央权威和集中统一领导，带头贯彻党中央决策部署，带头顾全大局，在履行自身职责、抓好分管工作的同时，注意兼顾上下左右，加强协同配合”[③]。可见，党的十九大以来，习近平总书记一如既往地要求广大党员干部要做学习马克思主义尤其是新时代中国特色社会主义思想的模范和先锋。

（五）结合党的历史学

历史是最好的教科书。党的十八大以来，习近平总书记特别强调广

---

① 《十九大以来重要文献选编》上，中央文献出版社 2019 年版，第 434 页。

② 习近平：《在党史学习教育动员大会上的讲话》，人民出版社 2021 年版，第 26 页。

③ 习近平：《在二十届中央政治局第一次集体学习时的讲话》，《求是》2023 年第 2 期。

大党员干部、青年学生等要认真学习党史、新中国史、改革开放史、社会主义发展史，把学习贯彻党的十八大、十九大精神和习近平新时代中国特色社会主义思想，同学习党史、新中国史、改革开放史、社会主义发展史结合起来，同新时代进行伟大斗争、建设伟大工程、推进伟大事业、实现伟大梦想结合起来，深刻领会其历史逻辑、理论逻辑、实践逻辑，掌握贯穿其中的马克思主义立场、观点、方法，"知史爱党，知史爱国"，"了解我们党和国家事业的来龙去脉，汲取我们党和国家的历史经验"①。

党的十八大以后，中共中央发出通知，要求全党认真学习宣传贯彻党的十八大精神。2012 年 11 月，习近平总书记在十八届中共中央政治局第一次集体学习时指出，中国特色社会主义是党和人民 90 多年奋斗、创造、积累的根本成就，紧紧围绕坚持和发展中国特色社会主义学习宣传党的十八大精神，必须"永远铭记党的三代中央领导集体和以胡锦涛同志为总书记的党中央为中国特色社会主义作出的历史性贡献"，"中国特色社会主义是改革开放新时期开创的，也是建立在我们党长期奋斗基础上的，是由我们党的几代中央领导集体团结带领全党全国人民历经千辛万苦、付出各种代价、接力探索取得的"②。2013 年 1 月，在全党全国各族人民兴起学习贯彻落实党的十八大精神高潮之际，新进中央委员、候补委员学习贯彻党的十八大精神研讨班在中共中央党校举行，习近平总书记在研讨班开幕式上的讲话中提出了"两个不能否定"的重大论断，指出，"我们党领导人民进行社会主义建设，有改革开放前和改革开放后两个历史时期，这是两个相互联系又有重大区别的时期，但本质上都是

① 习近平：《论中国共产党历史》，中央文献出版社 2021 年版，第 7 页。

② 《十八大以来重要文献选编》上，中央文献出版社 2014 年版，第 73 页。

我们党领导人民进行社会主义建设的实践探索。中国特色社会主义是在改革开放历史新时期开创的，但也是在新中国已经建立起社会主义基本制度并进行了二十多年建设的基础上开创的”，“不能用改革开放后的历史时期否定改革开放前的历史时期，也不能用改革开放前的历史时期否定改革开放后的历史时期”。[①]习近平总书记每到党领导人民革命、建设、改革的发祥地和红色基地，都强调要传承红色基因，把坚持和发展中国特色社会主义事业继续推向前进。

2017 年 10 月，党的十九大提出习近平新时代中国特色社会主义思想并将其确立为党的指导思想后，中共中央作出一系列重大部署和安排，深入推进全党全国各族人民学习宣传贯彻党的十九大精神和习近平新时代中国特色社会主义思想。习近平总书记在众多重大场合的讲话中不断强调要结合历史尤其是党史、新中国史、改革开放史和社会主义发展史，深化党的十九大精神和新时代中国特色社会主义思想的学习宣传和贯彻落实工作。2018 年 5 月，习近平总书记在北京大学考察时对广大师生说，“要了解中国，就要了解中国的历史、文化、人文思想和发展阶段，特别是要了解当代中国的马克思主义”，“我们对马克思和《共产党宣言》的最好纪念，就是把党的十九大精神和新时代中国特色社会主义思想研究好、宣传好、贯彻好”。[②]2021 年 2 月，习近平总书记赴贵州看望慰问各族干部群众时指出，要结合即将开展的党史学习教育，从长征精神和遵义会议精神中深刻感悟共产党人的初心和使命，落实新时代党的建设总要求，实事求是、坚持真理，科学应变、主动求变，咬定目

① 习近平：《论中国共产党历史》，中央文献出版社 2021 年版，第 3—4 页。
② 习近平：《论中国共产党历史》，中央文献出版社 2021 年版，第 10 页。

标、勇往直前，走好新时代的长征路。要深入学习党的创新理论，加强党史学习教育，同时学习新中国史、改革开放史、社会主义发展史，不断提高政治判断力、政治领悟力、政治执行力。同年同月，中共中央启动在全党开展党史学习教育，习近平总书记在学习教育动员大会上的讲话中回顾了毛泽东、邓小平、江泽民、胡锦涛同志对学习党史重要性的重要论述，从“历史是最好的老师”“学习党的历史，是坚持和发展中国特色社会主义、把党和国家各项事业继续推向前进的必修课”“中国革命历史是最好的营养剂”“学习党史、新中国史、改革开放史、社会主义发展史，广大党员要以学习党的历史为重点”“坚持用唯物史观来认识历史”等10个方面概括了党的十八大以来他对学习党史、运用党史重要性和必要性的深刻认识。接着，在指明此次“开展党史学习教育要突出重点”时，习近平总书记把“进一步感悟思想伟力，增强用党的创新理论武装全党的政治自觉”摆在第一位，强调“要教育引导全党从党的非凡历程中领会马克思主义是如何深刻改变中国、改变世界的，感悟马克思主义的真理力量和实践力量，深化对中国化马克思主义既一脉相承又与时俱进的理论品质的认识，特别是要结合党的十八大以来党和国家事业取得历史性成就、发生历史性变革的进程，深刻学习领会新时代党的创新理论，坚持不懈用党的创新理论最新成果武装头脑、指导实践、推动工作”。[①]2021年11月和12月，在党的十九届六中全会和中共中央政治局党史学习教育专题民主生活会上，习近平总书记一再强调，各级党委（党组）和党员干部要把学习宣传贯彻党的十九届六中全会精神作为

① 习近平：《在党史学习教育动员大会上的讲话》，人民出版社2021年版，第3—4、第12—13页。

当前和今后一个时期的重大政治任务，“要以学习全会精神为重点巩固党史学习教育成果，引导广大党员、干部群众准确把握党的历史发展的主题主线、主流本质，进一步做到学史明理、学史增信、学史崇德、学史力行，达到学党史、悟思想、办实事、开新局的目的”[①]，“党的历史是最生动、最有说服力的教科书。我们党历来重视党史学习教育。对历史进程的认识越全面，对历史规律的把握越深刻，党的历史智慧越丰富，对前途的掌握就越主动”，要“持之以恒推进党史总结、学习、教育、宣传，让正确党史观更深入、更广泛地树立起来，让正史成为全党全社会的共识，教育广大党员、干部和全体人民特别是广大青年坚定历史自信、筑牢历史记忆，满怀信心地向前进”[②]。2022年10月，习近平总书记在党的二十大报告中提出，将“坚持理论武装同常态化长效化开展党史学习教育相结合，引导党员、干部不断学史明理、学史增信、学史崇德、学史力行”[③]。总之，习近平总书记特别重视以党史为重点的“四史”学习教育，强调通过学习党史可以坚定理想信念，学深悟透新时代中国特色社会主义思想，增强投身建设社会主义现代化强国、实现中华民族伟大复兴中国梦的伟大实践。

---

① 习近平：《以史为鉴、开创未来，埋头苦干、勇毅前行》，《求是》2022年第1期。

② 《中共中央政治局召开专题民主生活会强调　弘扬伟大建党精神坚持党的百年奋斗历史经验　增加历史自信增进团结统一增强斗争精神　中共中央总书记习近平主持会议并发表重要讲话》，《人民日报》2021年12月29日。

③ 习近平：《高举中国特色社会主义伟大旗帜　为全面建设社会主义现代化国家而团结奋斗》，人民出版社2022年版，第65页。

第二章 补足共产党人精神之『钙』

2012年11月，习近平总书记主持十八届中共中央政治局第一次集体学习时就指出："坚定理想信念，坚守共产党人精神追求，始终是共产党人安身立命的根本。对马克思主义的信仰，对社会主义和共产主义的信念，是共产党人的政治灵魂，是共产党人经受住任何考验的精神支柱。形象地说，理想信念就是共产党人精神上的'钙'，没有理想信念，理想信念不坚定，精神上就会'缺钙'，就会得'软骨病'。"[①]此后，习近平总书记在一系列重大场合的讲话中，都强调全体党员尤其是党员领导干部要坚持不懈地通过学习党的理论、加强实践锤炼、继承党的优良传统等坚定理想信念，补足共产党人精神之"钙"。

---

① 《习近平谈治国理政》第1卷，外文出版社2018年版，第15页。

一、理想信念是共产党人精神之“钙”

（一）理想信念的重要作用

理想作为一种精神现象，是人们在实践活动中形成的、有实现可能性的、对未来社会和自身发展目标的向往和追求，是人们的世界观、人生观和价值观在奋斗目标上的集中体现。在阶级社会，理想不仅带有时代烙印，而且带有阶级特性，由于生产力发展水平不同，社会性质和人类认识、改造世界的水平能力不一，人们所处的经济政治文化社会地位、阶级阶层关系和地位迥异，社会各阶级阶层的理想信念也相差甚远。理想是多方面和多类型的，根据不同的标准，可以划分为长远理想和近期理想，个人理想和社会理想，政治理想、道德理想、职业理想和生活理想等。随着时代的发展、形势的变化、认知的提高、环境的改变、境界的提升等，人们的理想也会不断地调整、丰富和发展。理想源于现实又超越现实，不仅具有现实性，而且具有预见性，是人们正确认识和把握社会历史发展客观规律的产物，科学的理想是人的主观能动性与社会发展客观趋势一致性的反映，因而，科学的理想能够成为一种推动人们创造美好生活的巨大力量。

信念是人类一种特有的精神现象，是人们在一定的认知基础上确立的对某种思想或事物坚信不疑并为之奋斗的心理态度和精神状态，是认知、情感、意志的有机统一体。信念是人们坚贞不屈、百折不挠追求理想目标的强大动力。不同的人由于经济地位、社会环境、思想观念、人生经历、性格特征等差异，往往形成不同的甚至相反的信念。同一个人在不同的人生阶段随着环境、阅历、认知、信仰等变化，在经济、政治、文化及事业、学业、生活等方面，也可能形成不同类型的信念。因此，一个人、社会、组织、团体、政党等信念是一个由不同要素内在构成的信念体系。其中，高层次的信念决定低层次的信念，低层次的信念服从高层次的信念。高层次的信念具有较强的统摄力，代表了一个人、社会、组织、团体、政党等的基本信仰，成为信念最集中、最高层次的表现形式。信仰有盲目和科学之分，盲目的信仰是人们对虚幻的世界、不切实际的观念、荒谬的理论等迷信和盲从，科学的信仰是人们对自然界、人类社会和思维发展规律正确认识的坚守。

理想和信念内在统一、相辅相成。在很多情况下，理想是信念，信念也是理想。当然，二者通常又有所区别，相对来说，人们的理想尤其是经济、文化、社会、事业和生活等方面的理想容易随着时代、环境等变化而变化，而信念尤其是对客观世界、人类社会、人生价值、思想理论等信念一旦形成就比较稳固。同时，理想往往是信念的依据和前提，人们对理想的坚信不疑和执着追求，就形成自己的信念。因此，信念是理想的升华和保障。正是因为理想和信念如影随形、高度关联，人们常常将二者合称为“理想信念”。

理想信念是人们思想和行动的定向器和原动力，能够指引人们朝着明确的目标和方向奋斗，能够激励人们披荆斩棘、锲而不舍、攻坚克难，以惊人的毅力和不懈的努力完成任务和实现目标，能够鼓舞人们不断追求更高的人生目标，提升精神境界，塑造高尚人格。

党的十八大以来，习近平总书记在主持十八届和十九届中共中央政治局集体学习、学习贯彻党的十八大和十九大精神研讨班、全国组织工作会议、全国宣传思想工作会议等一系列重要场合的讲话中都特别强调了一个人、一个集体、一个政党、一个民族、一个国家尤其是中国共产党人树立坚定理想信念的重要性。

1. 中国共产党历经挫折而奋起的根源

中国共产党诞生以来，在领导中国人民进行革命、建设、改革和复兴伟大事业的过程中，历经了无数次的重大挫折。如 1927 年国民革命失败后遭到蒋介石、汪精卫反动势力的大肆屠杀；1934 年至 1935 年第五次反“围剿”失败和长征途中的磨难；1946 年夏国民党军队的全面进攻；1959 年至 1961 年自然灾害和“大跃进”造成的严重困难；1966 年至 1976 年的“文化大革命”；1989 年政治风波及之后东欧剧变、苏联解体导致的国际共产主义运动的低潮；等等。经历了这么多的挫折和磨难，中国共产党做到了在危机中育先机、于变局中开新局，日益成长壮大，并引领人民实现了民族独立、人民解放和国家富强、人民幸福，其中的密码之一就是因为中国共产党具有远大的共产主义理想，中国共产党作为马克思主义政党，“不是因利益而结成的政党，而是以共同理想信念而组织起来的政党”[①]。2016 年 7 月，习近平总书记在庆祝中国共产党成立 95 周年大会上的讲话中指出：“中国共产党之所以叫共产党，就是因为从成立之日起我们党就把共产主义确立为远大理想。我们党之所以能够经受一次次挫折而又一次次奋起，归根到底是因为我们党有远大理想和崇高追求。”[②]这就阐明了中国共产党历经挫折而又一次次奋起的根

① 《习近平关于“不忘初心、牢记使命”论述摘编》，党建读物出版社、中央文献出版社 2019 年版，第 86—87 页。

② 《十八大以来重要文献选编》下，中央文献出版社 2018 年版，第 347 页。

本原因。2019 年 3 月，在中共中央党校（国家行政学院）中青年干部培训班开班式上的讲话中，习近平总书记对党员干部尤其是青年干部提出了要求和希望，特别强调青年干部要树立科学、远大的理想信念，指出："历史和实践反复证明，一个政党有了远大理想和崇高追求，就会坚强有力，无坚不摧，无往不胜，就能经受一次次挫折而又一次次奋起；一名干部有了坚定的理想信念，站位就高了，心胸就开阔了，就能坚持正确政治方向，做到'风雨不动安如山'。信仰认定了就要信上一辈子，否则就会出大问题。"[①]这就从正反两个方面论述了共产党人尤其是领导干部坚定理想信念的重要性。党的十八大以来，习近平总书记每到一个地方视察工作，都要到革命纪念馆、烈士纪念碑等瞻仰革命烈士，几乎跑遍了井冈山、延安、西柏坡等党领导人民英勇斗争的所有革命圣地，并在讲话中强调了铭记烈士功绩、赓续红色血脉、继续砥砺前行的坚定意志。2021 年 4 月，习近平总书记到广西考察工作时，第一站就到湘江战役纪念馆瞻仰并缅怀革命烈士，并在讲话中指出："我到广西考察的第一站就来到这里，目的是在全党开展党史学习教育之际，缅怀革命先烈，赓续共产党人精神血脉，坚定理想信念，砥砺革命意志。革命理想高于天，理想信念之火一经点燃就会产生巨大的精神力量。红军将士视死如归、向死而生、一往无前、敢于压倒一切困难而不被任何困难所压倒的崇高精神，永远值得我们铭记和发扬。在实现第二个百年奋斗目标的新长征路上，我们要抱定必胜信念，勇于战胜来自国内外的各种重大

① 《习近平关于"不忘初心、牢记使命"论述摘编》，党建读物出版社、中央文献出版社 2019 年版，第 89—90 页。

风险挑战，朝着实现中华民族伟大复兴的目标奋勇前进。”[①]2021 年 7 月，在庆祝中国共产党成立 100 周年大会上的讲话中，习近平总书记首次概括了伟大建党精神，并把“坚持真理、坚守理想”摆在伟大建党精神之首，体现了科学理论指导、远大理想引领的基础性作用。他在讲话中指出：“一百年前，中国共产党的先驱们创建了中国共产党，形成了坚持真理、坚守理想，践行初心、担当使命，不怕牺牲、英勇斗争，对党忠诚、不负人民的伟大建党精神，这是中国共产党的精神之源。一百年来，中国共产党弘扬伟大建党精神，在长期奋斗中构建起中国共产党人的精神谱系，锤炼出鲜明的政治品格。”[②]这一重要论述，充分肯定了 100 年来伟大建党精神及以其为源头的中国共产党人精神谱系对党坚持斗争、锤炼品格的支撑和指引作用。

2. 共产党人永葆政治本色的基石

中国共产党人是中国无产阶级的先锋队，也是中华民族的先锋队，对中国革命、建设、改革和复兴的规律乃至人类社会发展的规律等能够做到科学的认识，具有比一般群众更高深的马克思主义理论水平、更远大的社会主义和共产主义理想。2013 年 1 月，在新进中央委员会委员、候补委员学习贯彻党的十八大精神研讨班上的讲话中，习近平总书记指出，“对马克思主义的信仰，对社会主义和共产主义的信念，是共产党人的政治灵魂，是共产党人经受住任何考验的精神支柱”，中国共产党人“有了坚定的理想信念，站位就高了，眼界就宽了，心胸就开阔了，

---

① 《习近平在广西考察时强调　解放思想深化改革凝心聚力担当实干　建设新时代中国特色社会主义壮美广西》，《人民日报》2021 年 4 月 28 日。

② 习近平：《在庆祝中国共产党成立 100 周年大会上的讲话》，人民出版社 2021 年版，第 8 页。

就能坚持正确政治方向，在胜利和顺境时不骄傲不急躁，在困难和逆境时不消沉不动摇，经受住各种风险和困难考验，自觉抵御各种腐朽思想的侵蚀，永葆共产党人政治本色”①。党的十八大以来，习近平总书记特别强调党员干部尤其是青年干部必须坚定理想信念，并把理想信念坚定确定为好干部的第一标准。2013 年 6 月，习近平总书记在党的全国组织工作会议上阐述了新时代好干部的标准，认为“理想信念坚定，是好干部第一位的标准，是不是好干部首先看这一条。如果理想信念不坚定，不相信马克思主义，不相信中国特色社会主义，政治上不合格，经不起风浪，这样的干部能耐再大也不是我们党需要的好干部”，干部要做到信念坚定，就必须“真诚信仰马克思主义，矢志不渝为中国特色社会主义而奋斗，坚持党的基本理论、基本路线、基本纲领、基本经验、基本要求不动摇”②。2015 年 9 月，习近平总书记在主持十八届中共中央政治局第二十六次集体学习时指出：“在我们党的历史上，涌现了无数英雄模范，也产生了不少蜕变分子、腐败分子。英雄模范之所以能够赴汤蹈火、舍生忘死，之所以能够任劳任怨、鞠躬尽瘁，之所以能够洁身自好、光明磊落，最根本的就是他们对理想信念有执着追求和坚守。”③2016 年 1 月，习近平总书记在第十八届中央纪委第六次全体会议上的讲话中指出：“‘本’在人心，内心净化、志向高远便力量无穷。对共产党人来讲，动摇了信仰，背离了党性，丢掉了宗旨，就可能在‘围猎’中被人

---

① 《十九大以来重要文献选编》上，中央文献出版社 2019 年版，第 115、第 117 页。

② 《习近平谈治国理政》第 1 卷，外文出版社 2018 年版，第 412—413 页。

③ 《十八大以来重要文献选编》中，中央文献出版社 2016 年版，第 676 页。

捕获。只有在立根固本上下功夫，才能防止歪风邪气近身附体。”[①]这些重要论述，深刻阐明了坚定理想信念是共产党人尤其是领导干部的基本素质和第一标准，是最终检验一个共产党人是英雄模范还是腐败分子的内在基因，也是共产党人防止歪风邪气近身附体的护身符。2019年3月，习近平总书记在中共中央党校（国家行政学院）中青年干部培训班开班式上的讲话中再次指出：“广大干部特别是年轻干部要在常学常新中加强理论修养，在真学真信中坚定理想信念，在学思践悟中牢记初心使命，在细照笃行中不断修炼自我，在知行合一中主动担当作为，保持对党的忠诚心、对人民的感恩心、对事业的进取心、对法纪的敬畏心，做到信念坚、政治强、本领高、作风硬。”[②]这一讲话，同样把理想信念坚定摆在青年干部综合素质的第一位。实际上，党的十八大以来，习近平总书记同大学生、教师、医务工作者等座谈和交流时，对社会各界、各行各业人士的成长成才和职业规范等提出的要求，都把道德品行、理想信念等摆在第一位，对党员干部更是这样要求，而且在众多讲话中都用正反两方面的情形强调党员干部坚定理想信念的必要性和紧迫性。2021年9月，在中共中央党校（国家行政学院）中青年干部培训班开班式上的讲话中，习近平总书记指出：“对党员干部来讲，是有坚定理想信念，还是满脑子功利私欲，决定着一个人的思想境界和行为举止。党员干部有了坚定理想信念，才能经得住各种考验，走得稳、走得远；没有理想信念，

---

① 《习近平关于全面从严治党论述摘编》，中央文献出版社2016年版，第68页。

② 《习近平在中央党校（国家行政学院）中青年干部培训班开班式上发表重要讲话强调　在常学常新中加强理论修养　在知行合一中主动担当作为》，《人民日报》2019年3月2日。

或者理想信念不坚定，就经不起风吹浪打，关键时刻就会私心杂念丛生，甚至临阵脱逃。现实生活中，一些党员、干部精神空虚、意志消沉、心为物役，信奉金钱至上、名利至上、享乐至上，少数人更是把党和人民赋予的权力作为谋取私利的手段，堕入腐败深渊，说到底都是理想信念动摇所致。”①

3. 中华民族伟大复兴的精神力量

近代以来，中华民族最大的梦想就是实现民族复兴，即国家富强、民族振兴和人民幸福。但是，鸦片战争后，由于缺乏科学的理论作指导，没有建立坚强有力的政党，农民阶级、地主阶级、资产阶级改良派和革命派等领导的反帝反封建革命都以失败而告终。中国共产党成立后，在马克思列宁主义和中国化马克思主义的指导下，领导全国各族人民推翻了帝国主义、封建主义和官僚资本主义的反动统治，完成了新民主主义革命，建立起人民当家作主的新中国，实现了民族独立和人民解放，实现了中华民族从积贫积弱到站起来的伟大飞跃。新中国成立后，党领导全国各族人民在完成消灭国民党残余势力解放全中国、土地改革、镇压反革命、抗美援朝等民主革命遗留任务的基础上，通过对农业、手工业、资本主义工商业的社会主义改造，在中国确立了社会主义基本制度，实现了中国历史上最广泛最深刻的社会革命，为当代中国社会发展进步奠定了政治前提和制度基础。社会主义制度建立后，以毛泽东同志为主要代表的中国共产党人领导全党全国各族人民积极探索中国自己的社会主义建设道路，尽管发生了“大跃进”、人民公社化运动、“文化大革命”等严重曲折，但仍然取得了正确处理社会主义建设过程中的若干

① 习近平：《努力成为可堪大用能担重任的栋梁之才》，《求是》2022 年第 3 期。

关系、正确处理社会主义社会矛盾、分“两步走”实现社会主义四个现代化等理论成果，科技文化领域取得了“两弹一星”、人工合成牛胰岛素等科技成果，建立了独立的比较完整的工业体系和国民经济体系。改革开放以来，在以邓小平、江泽民、胡锦涛同志为主要代表的中国共产党人的领导下，我国成功地开创、捍卫、坚持和发展了中国特色社会主义，推动我国经济社会以及党的面貌、国家的面貌、民族的面貌、人民的面貌、军队的面貌等发生了翻天覆地的变化，推动中华民族实现了从站起来到富起来的伟大飞跃。党的十八大以来，以习近平同志为核心的党中央团结带领全党全国各族人民，围绕新时代坚持和发展什么样的中国特色社会主义、怎样坚持和发展中国特色社会主义，建设什么样的社会主义现代化强国、怎样建设社会主义现代化强国，建设什么样的长期执政的马克思主义政党、怎样建设长期执政的马克思主义政党等重大时代课题，统筹推进“五位一体”总体布局，协调推进“四个全面”战略布局，全面加强党的自身建设和国家经济、政治、文化、社会、生态文明、国防和军队、国家统一、外交等各方面建设取得了全方位、开创性成就，推动我国经济社会发生了深层次、根本性变革，中华民族迎来了从富起来到强起来的伟大飞跃。中国共产党之所以“能”，能够办成过去很多政党、团体不能够办成的事，原因很多，习近平总书记认为其中重要原因之一是中国共产党人有了坚定的理想信念作行动指南和精神动力。2016 年 11 月，习近平总书记在纪念朱德同志诞辰 130 周年座谈会上指出：“不忘初心，方得始终。对马克思主义的信仰，对社会主义和共产主义的信念，是共产党人的政治灵魂，是共产党人经受住各种考验的精神支柱。只有理想信念坚定的人，才能始终不渝、百折不挠，不论风吹雨打，不怕千难万险，坚定不移为实现既定目标而奋斗。今天，每一个共产党员都要做共产主义远大理想和中国特色社会主义共同理想的坚定信仰者、忠实实践者，为实现‘两个一百年’奋斗目标、实现中华民族伟大复兴的中国梦而英勇奋斗。”①2018年12月，习近平总书记在庆祝改革开放40周年大会上的讲话中，从总结历史和展望未来的高度对小到个人、大到国家和民族的视角阐明了坚定理想信念的重要性，指出：“信仰、信念、信心，任何时候都至关重要。小到一个人、一个集体，大到一个政党、一个民族、一个国家，只要有信仰、信念、信心，就会愈挫愈奋、愈战愈勇，否则就会不战自败、不打自垮。无论过去、现在还是将来，对马克思主义的信仰，对中国特色社会主义的信念，对实现中华民族伟大复兴中国梦的信心，都是指引和支撑中国人民站起来、富起来、强起来的强大精神力量。”②

此外，习近平总书记在同各地各界群众座谈、给大学生回信时多次指出，理想信念是支撑人们立志高远、战胜困难、勇往直前的精神支柱和精神动力，希望广大群众尤其是青年树立崇高理想，立志为中华民族伟大复兴而不懈奋斗。2020年6月，习近平总书记在给复旦大学《共产党宣言》展示馆党员志愿服务队全体队员的回信中写道：“心有所信，方能行远。面向未来，走好新时代的长征路，我们更需要坚定理想信念、矢志拼搏奋斗。希望广大党员特别是青年党员认真学习马克思主义理论，结合学习党史、新中国史、改革开放史、社会主义发展史，在学思践悟中坚定理想信念，在奋发有为中践行初心使命，努力为实现

---

① 习近平：《在纪念朱德同志诞辰130周年座谈会上的讲话》，人民出版社2016年版，第6—7页。

② 《十九大以来重要文献选编》上，中央文献出版社2019年版，第739页。

‘两个一百年’奋斗目标、实现中华民族伟大复兴的中国梦贡献智慧和力量。”[1]

（二）中国共产党的理想信念

2018年1月，习近平总书记在第十九届中央纪委二次全会上的讲话中指出：“一个政党必须有自己的政治灵魂。中国共产党的理想信念，就是马克思主义真理信仰，共产主义远大理想，中国特色社会主义共同理想。”[2]这深刻指明了中国共产党理想信念的基本内容。2022年10月，习近平总书记在党的二十大报告中指出，要“坚持不懈用新时代中国特色社会主义思想凝心铸魂”，“加强理想信念教育，引导全党牢记党的宗旨，解决好世界观、人生观、价值观这个总开关问题，自觉做共产主义远大理想和中国特色社会主义共同理想的坚定信仰者和忠实实践者”[3]。这同样体现了党的理想信念的基本内容，大会还据此作出了新时代新征程加强党的理想信念建设的战略部署。

1. 马克思主义的真理信仰

马克思主义是由马克思恩格斯创立并由各个时代、各个民族的马克思主义者不断丰富和发展的观点和学说的体系，是无产阶级争取自身解放和整个人类解放的科学体系，是无产阶级的科学世界观和方法论，是关于无产阶级斗争的性质、目的和解放条件的学说，是关于自然、社会和思维发展普遍规律的学说，是关于资本主义发展和转变为社会主义及社

---

① 习近平：《论中国共产党历史》，中央文献出版社2021年版，第160页。

② 《习近平谈治国理政》第3卷，外文出版社2020年版，第505页。

③ 习近平：《高举中国特色社会主义伟大旗帜　为全面建设社会主义现代化国家而团结奋斗》，人民出版社2022年版，第65页。

会主义、共产主义发展普遍规律的学说。马克思主义是由一系列基本理论观点和方法构成的完整的科学体系，其中马克思主义哲学、马克思主义政治经济学和科学社会主义是马克思主义理论体系不可分割的3个主要组成部分。

党的十八大以来，习近平总书记在众多场合的讲话中都强调中国共产党和中国人民必须以马克思主义为指导思想、马克思主义是我们立党立国的根本等。同时，他在这些讲话中还从信仰、信念的高度阐明了中国共产党人坚定马克思主义真理信仰的必要性和重要性，认为马克思主义是共产党人确定理想信念的理论基础。2015年1月，在中共中央党校县委书记研修班学员座谈会上，习近平总书记号召大家学做焦裕禄式的县委书记，指出：“只有理想信念坚定，心中有党、对党忠诚才能有牢固思想基础。理想信念动摇了，那是不可能心中有党的。大家要把学习掌握马克思主义理论作为看家本领，深入学习马克思列宁主义、毛泽东思想，深入学习邓小平理论、‘三个代表’重要思想、科学发展观，深入学习十八大以来党的理论创新成果，不断领悟，不断参透，做到学有所得、思有所悟，注意解决好世界观、人生观、价值观这个‘总开关’问题，真正做到对马克思主义虔诚而执着、至信而深厚。”①2016年7月，在庆祝中国共产党成立95周年大会上的讲话中，习近平总书记指出：“坚定的理想信念，必须建立在对马克思主义的深刻理解之上，建立在对历史规律的深刻把握之上。全党要深入学习马克思列宁主义、毛泽东思想、邓小平理论、‘三个代表’重要思想、科学发展观，深入学习党的十八大以来党中央治国理政新理念新思想新战略，不断提高马克思主义

① 《十八大以来重要文献选编》中，中央文献出版社2016年版，第321页。

思想觉悟和理论水平，保持对远大理想和奋斗目标的清醒认知和执着追求。”[①]同年 10 月，习近平总书记在纪念红军长征胜利 80 周年大会上的讲话中指出：“理想信念的坚定，来自思想理论的坚定。认识真理，掌握真理，信仰真理，捍卫真理，是坚定理想信念的精神前提。中国共产党人的理想信念，建立在马克思主义科学真理的基础之上，建立在马克思主义揭示的人类社会发展规律的基础之上，建立在为最广大人民谋利益的崇高价值的基础之上。我们坚定，是因为我们追求的是真理。”[②]2017 年 10 月，在党的十九届一中全会的讲话中，习近平总书记要求全党尤其是党员干部，“要自觉学习马克思主义理论，深入观察世界发展大势，深刻体察中国特色社会主义伟大实践，不断增强中国特色社会主义道路自信、理论自信、制度自信、文化自信”[③]。2018 年 5 月，习近平总书记在纪念马克思诞辰 200 周年大会上的讲话中指出，“中国共产党是用马克思主义武装起来的政党，马克思主义是中国共产党人理想信念的灵魂”，“马克思主义思想理论博大精深、常学常新。新时代，中国共产党人仍然要学习马克思，学习和实践马克思主义，不断从中汲取科学智慧和理论力量”。[④]2019 年 3 月，习近平总书记在中共中央党校（国家行政学院）中青年干部培训班开班式上发表重要讲话中指出：“广大干部特别是年轻干部要在常学常新中加强理论修养，在真学真信中坚定理想信念，在学

① 《十八大以来重要文献选编》下，中央文献出版社 2018 年版，第 348 页。

② 《十八大以来重要文献选编》下，中央文献出版社 2018 年版，第 397—398 页。

③ 习近平：《在党的十九届一中全会上的讲话》，《求是》2018 年第 1 期。

④ 《十九大以来重要文献选编》上，中央文献出版社 2019 年版，第 433、第 428 页。

思践悟中牢记初心使命，在细照笃行中不断修炼自我，在知行合一中主动担当作为，保持对党的忠诚心、对人民的感恩心、对事业的进取心、对法纪的敬畏心，做到信念坚、政治强、本领高、作风硬。”[①]2019 年 5 月至 2020 年 1 月，为贯彻落实党的十九大作出的重大决策，深入推进全面从严治党，全党开展了“不忘初心、牢记使命”主题教育，习近平总书记在主题教育总结大会上肯定广大党员干部通过深入学习实践新时代中国特色社会主义思想，提高了知信行合一能力，强化了理想信念和使命担当，强调“科学理论是我们推动工作、解决问题的‘金钥匙’，越学越觉得有信心，越学越觉得有力量”[②]。2021 年 6 月，在迎接和庆祝中国共产党百年华诞之际，十九届中共中央政治局围绕“用好红色资源，赓续红色血脉”主题举行了第三十一次集体学习，习近平总书记在主持学习时深有感慨地说：“要教育引导全党始终坚持科学理论指导。中国共产党为什么能，中国特色社会主义为什么好，从根本上说，是因为马克思主义行。我们要从党的百年奋斗史中感悟真理的力量，不断深化对共产党执政规律、社会主义建设规律、人类社会发展规律的认识，用马克思主义的真理光芒照耀我们的前行之路。”[③]2022 年 10 月，习近平总书记在党的二十大报告中再次指出：“马克思主义是我们立党立国、兴党兴国的根本指导思想。实践告诉我们，中国共产党为什么能，中国特

---

① 《习近平在中央党校（国家行政学院）中青年干部培训班开班式上发表重要讲话强调　在常学常新中加强理论修养　在知行合一中主动担当作为》，《人民日报》2019 年 3 月 2 日。

② 《十九大以来重要文献选编》中，中央文献出版社 2021 年版，第 371 页。

③ 《习近平在中共中央政治局第三十一次集体学习时强调　用好红色资源赓续红色血脉　努力创造无愧于历史和人民的新业绩》，《人民日报》2021 年 6 月 27 日。

色社会主义为什么好，归根到底是马克思主义行，是中国化时代化的马克思主义行。拥有马克思主义科学理论指导是我们党坚定信仰信念、把握历史主动的根本所在。”①这些重要讲话，深刻阐明了马克思主义在中国共产党人理想信念体系中的基础地位和中国共产党人坚定马克思主义真理信仰的根本原因、重要意义和实践路径。

2. 共产主义的远大理想

马克思主义科学预见了人类社会最终必然实现共产主义，认为共产主义社会将是生产力高度发达、物质财富极大丰富、实现各尽所能按需分配、人民精神境界极大提高、劳动成为人的第一需要、消灭了私有制和剥削的社会，“代替那存在着阶级和阶级对立的资产阶级旧社会的，将是这样一个联合体，在那里，每个人的自由发展是一切人的自由发展的条件”②。共产主义是一种理想、一种学说、一种社会制度，更是一种实践，其实现需要世界各个国家和民族的人民一代又一代不懈努力，是一个漫长的历史过程。社会主义社会是共产主义社会的低级阶段、第一阶段，只有在社会主义社会充分发展和高度发达的基础上才能实现共产主义社会。尽管“中国特色社会主义进入新时代，我国社会主要矛盾已经转化为人民日益增长的美好生活需要和不平衡不充分的发展之间的矛盾”，但是，“必须认识到，我国社会主要矛盾的变化，没有改变我们对我国社会主义所处历史阶段的判断，我国仍处于并将长期处于社会主义初级阶段的基本国情没有变，我国是世界最大发展中国家的国际地位没

---

① 习近平：《高举中国特色社会主义伟大旗帜　为全面建设社会主义现代化国家而团结奋斗》，人民出版社 2022 年版，第 16 页。

② 《马克思恩格斯选集》第 4 卷，人民出版社 2012 年版，第 422 页。

有变”[①]。《中国共产党章程》明确规定：“党的最高理想和最终目标是实现共产主义。”[②]因此，中国共产党人既要坚持以经济建设为中心，坚持四项基本原则，坚持改革开放，自力更生，艰苦创业，为把我国建设成为富强民主文明和谐美丽的社会主义现代化强国而奋斗，又要树立远大理想，为最终实现共产主义而奋斗。

党的十八大以来，习近平总书记在众多场合的讲话中特别强调广大中国共产党人尤其是党员干部要始终坚定对共产主义的信念。2013 年 1 月，在新进中央委员、候补委员学习贯彻党的十八大精神研讨班上的讲话中，习近平总书记指出，“共产党员特别是党员领导干部要做共产主义远大理想和中国特色社会主义共同理想的坚定信仰者和忠实践行者”，“对马克思主义的信仰，对社会主义和共产主义的信念，是共产党人的政治灵魂，是共产党人经受住任何考验的精神支柱”[③]。他在讲话中要求全体党员干部认真学习和遵守《中国共产党章程》，强调党章明确规定，党的最高理想和最终目标是实现共产主义。2015 年 12 月，习近平总书记在全国党校工作会议上的讲话中指出：“我们干事业不能忘本忘祖、忘记初心。我们共产党人的本，就是对马克思主义的信仰，对中国特色社会主义和共产主义的信念，对党和人民的忠诚。我们要固的本，就是坚定这份信仰、坚定这份信念、坚定这份忠诚。”[④]后来，在 2016 年 7 月庆祝中国共产党成立 95 周年大会、2019 年 5 月全党“不忘初心、牢记使命”

---

① 《十九大以来重要文献选编》上，中央文献出版社 2019 年版，第 8—9 页。

② 《中国共产党章程》，人民出版社 2022 年版，第 1 页。

③ 《习近平谈治国理政》第 1 卷，外文出版社 2018 年版，第 15、第 23 页。

④ 习近平：《在全国党校工作会议上的讲话》，人民出版社 2016 年版，第 7 页。

主题教育工作会议、2021 年 2 月党史学习教育动员大会等重大场合的讲话中，习近平总书记多次强调中国共产党人不能忘记根本、初心、初衷和共产主义的远大理想，指出“不忘初心，方得始终。对马克思主义的信仰，对社会主义和共产主义的信念，是共产党人的政治灵魂，是共产党人经受住各种考验的精神支柱。只有理想信念坚定的人，才能始终不渝、百折不挠，不论风吹雨打，不怕千难万险，坚定不移为实现既定目标而奋斗”①。不论是总结历史，审视当下，还是面向未来，习近平总书记都常常运用先烈遗言、历史事例等勉励和要求广大党员干部，树立共产主义远大理想，牢记初心使命，勇于战胜前进道路上的一切艰难险阻。2021 年 6 月，习近平总书记在主持十九届中共中央政治局第三十一次集体学习时指出：“我们党取名为‘共产党’，就是认定了共产主义这个远大理想。回望百年党史，千千万万共产党人为了理想信念不惜抛头颅、洒鲜血。走向绞刑架的李大钊，发出了‘共产主义在中国必然得到光辉的胜利’的坚贞誓言。面对敌人屠刀的夏明翰，写下‘砍头不要紧，只要主义真。杀了夏明翰，还有后来人’的雄壮诗篇。面对敌人 6 天内 9 次劝降，瞿秋白作出了‘人爱自己的历史，比鸟爱自己的翅膀更厉害，请勿撕破我的历史’的铿锵回答。”②这些重要论述一再强调了共产党人坚定共产主义远大理想的精神支撑作用。同时，习近平总书记在对社会各界尤其是青少年成长提出的要求中，也特别强调了树立共产主义远大理想对个人、社会、国家和民族的重大意义。

---

① 《习近平关于“不忘初心、牢记使命”论述摘编》，党建读物出版社、中央文献出版社 2019 年版，第 80、第 83—84 页。

② 习近平：《用好红色资源　赓续红色血脉　努力创造无愧于历史和人民的新业绩》，《求是》2021 年第 19 期。

3. 中国特色社会主义共同理想

中国共产党人是最高纲领和最低纲领统一论者，既坚持为共产主义远大理想而奋斗，又坚定为做好当前工作、实现现阶段的目标任务而斗争。改革开放以来，随着社会主义市场经济的建立和发展，我国经济成分、组织形式、就业方式、利益关系、分配方式等日益多样化，人们的思想观念、生活方式等也日趋多样化。而实现社会主义现代化、实现中华民族伟大复兴中国梦又是一项前无古人的艰巨事业，需要全党全国各族人民勠力同心、艰苦奋斗才能完成。因此，必须树立一个能够代表最广大人民利益、为社会各个阶层广泛认可和接受、能够有效凝聚各个方面智慧和力量的共同理想，才能调动和协调全党全国各族人民的力量完成实现社会主义现代化、实现中华民族伟大复兴中国梦的历史使命。我国现在处在并将长期处在社会主义初级阶段，党在社会主义初级阶段的基本路线是“领导和团结全国各族人民，以经济建设为中心，坚持四项基本原则，坚持改革开放，自力更生，艰苦创业，为把我国建设成为富强民主文明和谐美丽的社会主义现代化强国而奋斗”①。2007年10月，党的十七大在深刻总结中国特色社会主义文化建设经验的基础上提出了建设社会主义核心价值体系、增强社会主义意识形态吸引力和凝聚力的任务，强调“社会主义核心价值体系是社会主义意识形态的本质体现。要巩固马克思主义指导地位，坚持不懈地用中国特色社会主义共同理想凝聚力量，用以爱国主义为核心的民族精神和以改革创新为核心的时代精神鼓舞斗志，用社会主义荣辱观引领风尚，巩固全党全国各族人民团结

---

① 《十九大以来重要文献选编》上，中央文献出版社2019年版，第9页。

奋斗的共同思想基础”[1]。2017年10月，党的十九大对我国全面建成小康社会后的30年奋斗目标和步骤作出了分“两步走”的战略安排，提出到21世纪中叶实现社会主义现代化、实现中华民族伟大复兴、把我国建设成为富强民主文明和谐美丽的社会主义现代化强国的奋斗目标。这一奋斗目标写入了党的十九大修改的党章和2018年3月十三届全国人大一次会议修改的宪法，成为全党全国各族人民现阶段的共同理想。这个共同理想，把党在社会主义初级阶段的奋斗目标、国家的繁荣富强、民族的伟大复兴、人民的幸福安康等紧密联系在一起，把我国各个民族、各个阶层、各个群体的共同愿望有机结合在一起，集中体现了我国工人、农民、知识分子和其他劳动者、爱国者的利益和愿望，是保证全体人民团结奋斗、攻坚克难、争取胜利的精神武器，有着广泛的社会共识和社会基础，具有显著的广泛性、包容性和必然性及强大的感召力、亲和力和凝聚力。

中国特色社会主义是“改革开放新时期开创的，也是建立在我们党长期奋斗基础上的，是由我们党的几代中央领导集体团结带领全党全国各族人民历经千辛万苦、付出各种代价、接力探索取得的”[2]根本成就，是改革开放以来党的全部理论和实践的主题，既坚持了科学社会主义基本原理，又根据时代特征和当代中国实际赋予了鲜明的中国特色、时代特色和实践特色，以全新的视野和理论深化了对共产党执政规律、社会主义建设规律、人类社会发展规律的认识，推动我国经济社会和人民生活发生了翻天覆地的变化，引领中华民族实现了从站起来到富起来并迎

① 《十七大以来重要文献选编》上，中央文献出版社2009年版，第26页。

② 《习近平谈治国理政》第1卷，外文出版社2018年版，第7页。

来了强起来的伟大飞跃。

党的十八大以来，习近平总书记在一系列重要场合的讲话中都强调要始终高举中国特色社会主义伟大旗帜，坚定不移地坚持和发展中国特色社会主义，坚持用中国特色社会主义共同理想凝聚全党全国各族人民的意志和力量，广大党员干部要“讲党性、重品行、作表率，矢志不渝为实现中国特色社会主义共同理想而奋斗”[①]，“在新的长征路上，我们一定要保持理想信念坚定，不论时代如何变化，不论条件如何变化，都风雨如磐不动摇，自觉做共产主义远大理想和中国特色社会主义共同理想的坚定信仰者、忠实实践者，永远为了真理而斗争，永远为了理想而斗争”[②]。2012 年 11 月，在主持十八届中共中央政治局第一次集体学习时，习近平总书记全面回顾和充分肯定了以毛泽东、邓小平、江泽民、胡锦涛同志为主要代表的中国共产党人奠基、开创、捍卫、坚持和发展中国特色社会主义的伟大贡献和成就，认为中国特色社会主义“承载着几代中国共产党人的理想和探索，寄托着无数仁人志士的夙愿和期盼，凝聚着亿万人民的奋斗和牺牲，是近代以来中国社会发展的必然选择，是发展中国、稳定中国的必由之路。实践充分证明，中国特色社会主义是中国共产党和中国人民团结的旗帜、奋进的旗帜、胜利的旗帜。我们要全面建成小康社会、加快推进社会主义现代化、实现中华民族伟大复兴，必须始终高举中国特色社会主义伟大旗帜，坚定不移坚持和发展中国特色社会主义”[③]。这就向全党全国各族人民乃至全世界亮明了新一届

---

① 《习近平谈治国理政》第 1 卷，外文出版社 2018 年版，第 15 页。

② 《十八大以来重要文献选编》下，中央文献出版社 2018 年版，第 397 页。

③ 《习近平谈治国理政》第 1 卷，外文出版社 2018 年版，第 8 页。

中央领导人高举中国特色社会主义伟大旗帜、坚持和发展中国特色社会主义的鲜明立场和坚定态度。2015 年 6 月，习近平总书记在纪念陈云同志诞辰 110 周年座谈会上的讲话中指出，我们缅怀老一辈无产阶级革命家为党、为国家、为人民建立的不朽功勋，追思他们为党和人民事业不懈奋斗的光辉一生，就是要“激励全党全国各族人民继承和发扬老一辈革命家的崇高风范，坚定不移把中国特色社会主义事业推向前进”，“全党同志一定要坚守共产党人精神家园，把改造客观世界和改造主观世界结合起来，切实解决好世界观、人生观、价值观问题，练就共产党人的钢筋铁骨，铸牢坚守信仰的铜墙铁壁，矢志不渝为中国特色社会主义共同理想而奋斗”[①]。

中国特色社会主义是由道路、理论、制度和文化构成的完整体系。改革开放以来，党领导人民取得一切成就和进步的根本原因，归结起来就是开辟了中国特色社会主义道路，形成了中国特色社会主义理论体系和习近平新时代中国特色社会主义思想，确立了中国特色社会主义制度，发展了中国特色社会主义文化。其中，中国特色社会主义道路是实现社会主义现代化、指引中国人民创造美好生活的必由之路；中国特色社会主义理论体系和习近平新时代中国特色社会主义思想是指引党和人民沿着中国特色社会主义道路实现中华民族伟大复兴的正确理论；中国特色社会主义制度是当代中国发展进步的根本制度保障，是具有鲜明中国特色、明显制度优势、强大自我完善能力的先进制度；中国特色社会主义文化是源自中华优秀传统文化、熔铸于党领导人民创建的革命文化

---

① 习近平：《在纪念陈云同志诞辰 110 周年座谈会上的讲话》，人民出版社 2015 年版，第 1、第 6 页。

和社会主义先进文化、植根于中国特色社会主义伟大实践的民族的科学的大众的文化，是引领中国人民胜利前进的强大精神动力。党的十八大以来，习近平总书记一再强调全党全国各族人民要增强对坚持和发展中国特色社会主义的信心和信念，并把邓小平、江泽民、胡锦涛等同志提出和发展的对中国特色社会主义道路、理论、制度的“三个自信”进一步发展为对中国特色社会主义道路、理论、制度和文化的“四个自信”，认为“文化自信是一个国家、一个民族发展中更基本、更深沉、更持久的力量。必须坚持马克思主义，牢固树立共产主义远大理想和中国特色社会主义共同理想，培育和践行社会主义核心价值观，不断增强意识形态领域主导权和话语权，推动中华优秀传统文化创造性转化、创新性发展，继承革命文化，发展社会主义先进文化，不忘本来、吸收外来、面向未来，更好构筑中国精神、中国价值、中国力量，为人民提供精神指引”①。在 2016 年 10 月纪念红军长征胜利 80 周年大会、2016 年 11 月中国文联十大和中国作协九大开幕式、2017 年 10 月中国共产党第十九次全国代表大会和党的十九届一中全会、2018 年 1 月新进中央委员及候补委员和省部级主要领导干部学习贯彻习近平新时代中国特色社会主义思想和党的十九大精神研讨班开班式、2018 年 3 月纪念周恩来同志诞辰 120 周年座谈会、2018 年 5 月纪念马克思诞辰 200 周年大会、2018 年 9 月全国教育大会、2019 年 5 月参观江西省赣州市于都县中央红军长征出发纪念馆、2019 年 9 月视察北京香山革命纪念地、2020 年 9 月教育文化卫生体育领域专家代表座谈会、2020 年 10 月庆祝深圳经济特区建立 40 周年大会、2021 年 2 月党史学习教育动员大会、2021 年 7 月庆祝中国共

---

① 《十九大以来重要文献选编》上，中央文献出版社 2019 年版，第 16 页。

产党成立100周年大会、2022年3月1日中共中央党校（国家行政学院）中青年干部培训班开班式等重大场合的讲话中，习近平总书记反复强调全党全国各族人民尤其是党员干部务必清醒地认识到“实现中华民族伟大复兴，是中华民族近代以来最伟大的梦想，也是我们这一代人的历史使命。……实现中华民族伟大复兴，必须坚定中国特色社会主义道路自信、理论自信、制度自信、文化自信”①；“要自觉学习马克思主义理论，深入观察世界发展大势，深刻体察中国特色社会主义伟大实践，不断增强中国特色社会主义道路自信、理论自信、制度自信、文化自信”②；中国共产党人坚持不忘初心、继续前进，“就要牢记我们党从成立起就把为共产主义、社会主义而奋斗确定为自己的纲领，坚定共产主义远大理想和中国特色社会主义共同理想，不断把为崇高理想奋斗的伟大实践推向前进”③；“在新时代，坚定信仰信念，最重要的就是要坚定中国特色社会主义道路自信、理论自信、制度自信、文化自信”④；“理想信念是立党兴党之基，也是党员干部安身立命之本。年轻干部接好班，最重要的是接好坚持马克思主义信仰、为共产主义远大理想和中国特色社会主义共同理想而奋斗的班”⑤。这些重要论述充分说明，习近平总书记高度重视全党全国人民尤其是党员领导干部坚定中国特色社会主义道路自信、理论

---

① 习近平：《在中国文联十大、中国作协九大开幕式上的讲话》，人民出版社2016年版，第3、第6页。

② 习近平：《在党的十九届一中全会上的讲话》，《求是》2018年第1期。

③ 《十八大以来重要文献选编》下，中央文献出版社2018年版，第347页。

④ 习近平：《在党史学习教育动员大会上的讲话》，《求是》2021年第7期。

⑤ 《习近平在中央党校（国家行政学院）中青年干部培训班开班式上发表重要讲话强调　筑牢理想信念根基树立践行正确政绩观　在新时代新征程上留下无悔的奋斗足迹》，《人民日报》2022年3月2日。

自信、制度自信、文化自信的历史必然和重大意义。

二、当代中国共产党人理想信念的现实境遇

新中国成立以来，尤其是改革开放以来，随着国际国内形势和党的执政环境的深刻变化，广大党员和领导干部的理想信念一方面经受住考验不断创新发展，另一方面受到来自方方面面的挑战，产生了一系列理想信念动摇、思想道德滑坡等问题，给党和国家事业发展带来严重威胁。党的十八大以来，习近平总书记对当代中国共产党人理想信念的现实境遇作出了重要论述。

（一）理想信念的现实挑战

早在抗日战争时期，毛泽东同黄炎培等探讨过中国共产党执掌全国政权后如何跳出历史周期率问题。新中国成立前，毛泽东等清醒意识到全国执政后部分共产党人可能产生“以功臣自居的情绪，停顿起来不求进步的情绪，贪图享乐不愿再过艰苦生活的情绪”，强调“中国革命是伟大的，但革命以后的路程更长，工作更伟大，更艰苦。这一点现在就必须向党内讲明白，务必使同志们继续地保持谦虚、谨慎、不骄、不躁的作风，务必使同志们继续地保持艰苦奋斗的作风”①。这些都是党必须接受执政考验的思想。新中国成立后，尤其是改革开放以来，以毛泽东、邓小平、江泽民和胡锦涛同志为主要代表的中国共产党人逐渐形成了中国共产党始终面临“四大考验”“四种危险”思想，即“党面临的执政考

① 《毛泽东选集》第4卷，人民出版社1991年版，第1438—1439页。

验、改革开放考验、市场经济考验、外部环境考验是长期的、复杂的、严峻的，精神懈怠危险、能力不足危险、脱离群众危险、消极腐败危险更加尖锐地摆在全党面前"，并把"坚定理想信念，坚守共产党人精神追求"摆在"全面提高党的建设科学化水平"①的首位。

党的十八大以来，习近平总书记几乎在所有谈到党的建设的重大场合都继续提醒全党务必经受"四大考验"、防范"四种危险"。在此基础上，他对新时代党所面临的复杂环境作出进一步深入分析，尤其对影响党员干部的思想认识、理想信念等原因和挑战作出了系统阐述。2014年6月，习近平总书记在主持十八届中共中央政治局第十六次集体学习时指出："当前，党的建设形势总体是好的，同时党建工作面临的难题不少，主要表现在四个方面。一是社会多样化发展使人民思想多元化、复杂性的特征越来越明显，这必然增加党内统一思想的难度，我们党是一个大党，统一思想历来不易。……三是党内存在大量思想问题和利益矛盾，某些矛盾涉及党员、干部多，同其他社会矛盾错综交织，协调处理难度很大。"②在以习近平同志为核心的党中央坚强领导下，经过5年的努力，"全面从严治党成效卓著"，"坚持照镜子、正衣冠、洗洗澡、治治病的要求，开展党的群众路线教育实践活动和'三严三实'专题教育，推进'两学一做'学习教育常态化制度化，全党理想信念更加坚定、党性更加坚强"③。但是，在资本主义和社会主义两种政治制度并存对立、我国实行改革开放和发展社会主义市场经济的背景下，影响党的

---

① 《十八大以来重要文献选编》上，中央文献出版社2014年版，第38—39页。

② 《习近平关于全面从严治党论述摘编》，中央文献出版社2016年版，第7页。

③ 《十九大以来重要文献选编》上，中央文献出版社2019年版，第5—6页。

先进性、纯洁性和动摇党员干部理想信念的挑战时刻存在。2017 年 10 月，习近平总书记在党的十九大报告中再次指明：“全党要清醒认识到，我们党面临的执政环境是复杂的，影响党的先进性、弱化党的纯洁性的因素也是复杂的，党内存在的思想不纯、组织不纯、作风不纯等突出问题尚未得到根本解决。要深刻认识党面临的执政考验、改革开放考验、市场经济考验、外部环境考验的长期性和复杂性，深刻认识党面临的精神懈怠危险、能力不足危险、脱离群众危险、消极腐败危险的尖锐性和严峻性，坚持问题导向，保持战略定力，推动全面从严治党向纵深发展。”[①]2022 年 1 月，习近平总书记在十九届中央纪委六次全会上用“四个任重道远”警示全党，防范形形色色的利益集团成伙作势、“围猎”腐蚀还任重道远，有效应对腐败手段隐形变异、翻新升级还任重道远，彻底铲除腐败滋生土壤、实现海晏河清还任重道远，清理系统性腐败、化解风险隐患还任重道远。因此，全面从严治党永远在路上，反腐败斗争永远在路上，“必须坚持把思想建设作为党的基础性建设，淬炼自我革命锐利思想武器”，“必须坚持以雷霆之势反腐惩恶，打好自我革命攻坚战、持久战”[②]。这鲜明指出了坚定理想信念、保持党的先进性和纯洁性的长期性、艰巨性和发展性。中国特色社会主义进入新时代，中华民族比历史上任何时期都更接近、更有信心和能力实现伟大复兴。但是，在一系列成就和功绩面前，一些共产党人容易产生自豪和自满情绪，甚至盲目自信。为此，习近平总书记一再告诫全党，“功成名就时做到居安思

---

① 《十九大以来重要文献选编》上，中央文献出版社 2019 年版，第 43 页。

② 《习近平在十九届中央纪委六次全会上发表重要讲话强调　坚持严的主基调不动摇　坚持不懈把全面从严治党向纵深推进》，《人民日报》2022 年 1 月 19 日。

危、保持创业初期那种励精图治的精神状态不容易，执掌政权后做到节俭内敛、敬终如始不容易，承平时期严以治吏、防腐戒奢不容易，重大变革关头顺乎潮流、顺应民心不容易”，“我们千万不能在一片喝彩声、赞扬声中丧失革命精神和斗志，逐渐陷入安于现状、不思进取、贪图享乐的状态，而是要牢记船到中流浪更急、人到半山路更陡，把不忘初心、牢记使命作为加强党的建设的永恒课题，作为全体党员、干部的终身课题”①。这些重要论述充分体现了以习近平同志为核心的党中央治国理政的成熟性、清醒性和自觉性。

除了环境变化带来的挑战和自身能力状态潜伏的危险，坚持和发展中国特色社会主义、实现中华民族伟大复兴中国梦乃至构建人类命运共同体、为世界谋大同的艰巨任务等也对中国共产党人坚定理想信念提出了严峻挑战。2016 年 4 月，习近平总书记在网络安全和信息化工作座谈会上的讲话中指出：“实现‘两个一百年’奋斗目标，需要全社会方方面面同心干，需要全国各族人民心往一处想、劲往一处使。如果一个社会没有共同理想，没有共同目标，没有共同价值观，整天乱哄哄的，那就什么事也办不成。我国有 13 亿多人，如果弄成那样一个局面，就不符合人民利益，也不符合国家利益。”②他还多次从党保持先进性和纯洁性、牢记和践行初心使命、巩固执政根基等多方面阐明了中国共产党长期执政所面临的挑战和危险，强调“我们党作为世界第一大党，没有什么外力能够打倒我们，能够打倒我们的只有我们自己……应该看到，在长期

① 《习近平谈治国理政》第 3 卷，外文出版社 2020 年版，第 531 页。

② 习近平：《在网络安全和信息化工作座谈会上的讲话》，人民出版社 2016 年版，第 7 页。

执政条件下，各种弱化党的先进性、损害党的纯洁性的因素无时不有，各种违背初心和使命、动摇党的根基的危险无处不在，如果不严加防范、及时整治，久而久之，必将积重难返，小问题就会变成大问题、小管涌就会沦为大塌方，甚至可能酿成全局性、颠覆性的灾难”[①]。2019年9月，习近平总书记在中共中央党校（国家行政学院）中青年干部培训班开班式上的讲话中指出：“中华民族伟大复兴，绝不是轻轻松松、敲锣打鼓就能实现的，实现伟大梦想必须进行伟大斗争。在前进道路上我们面临的风险考验只会越来越复杂，甚至会遇到难以想象的惊涛骇浪。我们面临的各种斗争不是短期的而是长期的，至少要伴随我们实现第二个百年奋斗目标全过程。必须增强‘四个意识’，坚定‘四个自信’，做到‘两个维护’，坚定斗争意志，当严峻形势和斗争任务摆在面前时，骨头要硬，敢于出击，敢战能胜。”[②]因此，他在一系列重大场合的讲话中都要求广大党员干部讲政德、立政德，且把明大德摆在首位，指出：“明大德，就是要铸牢理想信念、锤炼坚强党性，在大是大非面前旗帜鲜明，在风浪考验面前无所畏惧，在各种诱惑面前立场坚定，这是领导干部首先要修好的‘大德’。……所有党员、干部都要戒贪止欲、克己奉公，切实把人民赋予的权力用来造福于人民。要把家风建设摆在重要位置，廉洁修身，廉洁齐家，防止‘枕边风’成为贪腐的导火索，防止子女打着自己的旗号非法牟利，防止身边人把自己‘拉下水’。”[③]这些重要论述不仅指明了共产党人坚定理想信念的重要性和艰巨性，而且指出了理想信念动

---

① 《习近平谈治国理政》第3卷，外文出版社2020年版，第531页。

② 《习近平谈治国理政》第3卷，外文出版社2020年版，第225—226页。

③ 《习近平李克强栗战书赵乐际分别参加全国人大会议一些代表团审议》，《人民日报》2018年3月11日。

摇的危害性及应对策略路径。

（二）理想信念动摇的现实表现

由于人们树立科学的理想信念需要一个过程，且随着人们所处经济地位、社会环境、文化氛围和事业、学业、生活的变化等，其理想信念也会发生变化甚至蜕变。改革开放以来，尤其是发展社会主义市场经济以来，一些党员干部由于受西方拜金主义、功利主义、自由主义、享乐主义和中外鬼神论、宗教、封建迷信等影响，理想信念动摇，价值观念颠倒，违法乱纪等行为时有发生。

党的十八大以来，习近平总书记在一系列讲话中对新的历史时期一些党员干部理想信念动摇或缺乏理想信念的表现给予了严厉的批评。2013 年 8 月，在全国宣传思想工作会议上的讲话中，习近平总书记指出：“在我们党员、干部队伍中，信仰缺失是一个需要引起高度重视的问题。在一些人那里，有的以批评和嘲讽马克思主义为‘时尚’、为噱头；有的精神空虚，认为共产主义是虚无缥缈的幻想，‘不问苍生问鬼神’，热衷于算命看相、求神拜佛，迷信‘气功大师’；有的信念动摇，把配偶子女移民到国外、钱存在国外，给自己‘留后路’，随时准备‘跳船’；有的心为物役，信奉金钱至上、名利至上、享乐至上，心里没有任何敬畏，行为没有任何底线。”[①] 为了保持共产党的先进性和纯洁性，坚守全心全意为人民服务的根本宗旨，根据党的十八大的部署，2013 年 6 月至 2014 年 10 月，中共中央在全党开展了群众路线集中性教

① 《习近平关于“不忘初心、牢记使命”论述摘编》，党建读物出版社、中央文献出版社 2019 年版，第 76 页。

育实践活动。2014 年 10 月，在党的群众路线教育实践活动总结大会上的讲话中，习近平总书记指出：“对党员、干部来说，思想上的滑坡是最严重的病变，‘总开关’没拧紧，不能正确处理公私关系，缺乏正确的是非观、义利观、权力观、事业观，各种出轨越界、跑冒滴漏就在所难免了。思想上松一寸，行动上就会散一尺。思想认识问题一时解决了，不等于永远解决。就像房间需要经常打扫一样，思想上的灰尘也要经常打扫，镜子要经常照，衣服要随时正，有灰尘就要洗洗澡，出毛病就要治治病。”[①]2015 年 9 月，在全党开展“三严三实”专题教育期间，习近平总书记指出：“那些蜕变分子、腐败分子，他们之所以走上歧途、走上不归路，最根本的是理想信念发生了动摇，在生死考验、利益诱惑、困难挫折面前松懈了斗志、忘却了身份、丢弃了忠诚。……现在，既贪财又怕死的大有人在，弄了那么多钱怎么可能秉公用权，怎么可能舍生取义？！”[②]2016 年 1 月，习近平总书记在第十八届中央纪律检查委员会第六次全体会议上对党内存在的“两面人”在思想、组织、作风和纪律等方面的表现及其危害进行了深刻揭露，认为“两面人”在思想信仰、理想信念等方面的表现是“修身不真修、信仰不真信”，“公开场合要党员、干部坚定理想信念，背地里自己不敬苍生敬鬼神，笃信风水、迷信‘大师’”，“这种口是心非的‘两面人’，对党和人民事业危害很大，必须及时把他们辨别出来、清除出去”。[③]这些重要讲话对党员干部思想蜕化、信念缺失等危害给予了批判，也指出了理想信念教育和养成的长期性、

① 《十八大以来重要文献选编》中，中央文献出版社 2016 年版，第 117 页。

② 《十八大以来重要文献选编》中，中央文献出版社 2016 年版，第 676—677 页。

③ 习近平：《在第十八届中央纪律检查委员会第六次全体会议上的讲话》，人民出版社 2016 年版，第 20 页。

艰巨性和复杂性，表达了坚决把理想信念缺失分子清除出党的决心和勇气。2019 年 9 月，习近平总书记在中共中央党校（国家行政学院）中青年干部培训班开班式上对受训中青年干部寄予厚望，也对一些干部中存在的理想信念不坚定及其表现和危害进行了严厉批评，强调长期以来我们党有一个光荣传统和优良作风，就是党叫干啥就干啥、党让去哪就去哪，哪里有事业哪里就是家，没有二话、毫无怨言，“现在，有的干部只愿意待在‘北上广’，不愿意到‘新西兰’。这种态度就不能说是理想信念坚定、对党忠诚了。组织上安排年轻干部去艰苦边远地区工作，是信任更是培养，年轻干部应该以此为荣、争先恐后，而不是拈轻怕重、挑肥拣瘦、患得患失、讨价还价。在党组织安排的工作面前犹犹豫豫、想这想那，这样的干部是不能重用的！到了关键时候是要出问题的”[①]。这些重要论述指明了在当今和平年代党员干部理想信念不坚定的新表现及其思想根源和潜在危害。

改革开放以来，西方国家的价值观念、生活方式等对包括一些共产党员和党员干部在内的人群产生重大影响。其中，所谓“普世价值”的影响一度非常严重。西方国家把代表资产阶级利益的所谓“民主”“自由”“公正”“法治”和“博爱”等标榜为人类的“普世价值”在全世界贩卖，妄图以自己的世界观、价值观统治世界，摧毁其他民族和国家的价值理念和传统文化。而国内的一些学者甚至党员干部一度没有能够认清其本质，接受、追随甚至鼓吹“普世价值”，对马克思主义在意识形态阵地的领导地位、中国共产党的思想统一等都产生极大的危害。2015 年 12 月，在全国党校工作会议上的讲话中，习近平总书记对此批

① 习近平:《努力成为可堪大用能担重任的栋梁之才》,《求是》2022 年第 3 期。

评说:"国内外各种敌对势力，总是企图让我们党改旗易帜、改名换姓，其要害就是企图让我们丢掉对马克思主义的信仰，丢掉对社会主义、共产主义的信念。而我们有些人甚至党内有的同志却没有看清这里面暗藏的玄机，认为西方'普世价值'经过了几百年，为什么不能认同?西方一些政治话语为什么不能借用?接受了我们也不会有什么大的损失，为什么非要拧着来?有的人奉西方理论、西方话语为金科玉律，不知不觉成了西方资本主义意识形态的吹鼓手。"[①]这一重要讲话，揭示了"普世价值"反马克思主义信仰、社会主义和共产主义信念的本质和阴谋，对党内外一些人吹捧"普世价值"的表现和危害给予了批评教育。党校、干部学院、社会科学院、高校等是我国马克思主义学习、研究、宣传的重要阵地，但是，一段时期内，一些单位却出现了鼓吹西方价值观念、怀疑和否定中国特色社会主义等不当言论，产生了不良影响，也严重损害了党和国家的形象。在这次讲话中，习近平总书记对党校出现类似现象进行严厉批评，对党校课程设置、学员管理、使命担当等都给出了指导意见，指出："党校不是世外桃源，党校学员来自四面八方，听到的、看到的问题很多，意识形态领域的许多重大问题都会在党校汇聚。这就给党校提出了加强思想理论研究的重要任务。党校要加强对各种社会思潮的辨析和引导，不当旁观者，敢于发声亮剑，善于解疑释惑，守护这一马克思主义、中国特色社会主义的坚强前沿阵地。"[②]此外，在 2016 年 5 月哲学社会科学工作座谈会、2018 年 8 月全国宣传思想工作会议、2019 年 3 月学

---

① 习近平:《在全国党校工作会议上的讲话》，人民出版社 2016 年版，第 8 页。

② 习近平:《在全国党校工作会议上的讲话》，人民出版社 2016 年版，第 9 页。

校思政课教师座谈会、2021 年 2 月党史学习教育动员大会等重要场合的讲话中，习近平总书记也对各种动摇理想信念、歪曲党和国家历史等主要表现给予了揭露，并列举说“有的人以‘反思改革’为名否定改革开放，有的人借口现实中存在的问题攻击我们党的领导和我国社会主义制度，有的人极力歪曲、丑化、否定我们的党、我们的国家、我们的军队和我国革命、建设、改革的伟大实践，有的人大肆宣扬西方的价值观”[①]；“有的夸大党史上的失误和曲折，肆意抹黑歪曲党的历史、攻击党的领导；有的将党史事件同现实问题刻意勾连、恶意炒作；有的不信正史信野史，将党史庸俗化、娱乐化，热衷传播八卦轶闻，对非法境外出版物津津乐道，等等”[②]。针对这些错误思潮和观念，习近平总书记一再强调要牢牢把握意识形态工作的领导权、管理权和话语权，对各种错误思想必须敢于亮剑，帮助人们明辨是非，“建设具有中国特色、中国风格、中国气派的哲学社会科学……旗帜鲜明坚持真理，立场坚定批驳谬误”[③]。

中国特色社会主义事业是一项前无古人的长远事业，共产主义社会的实现更需要几代甚至几十代人不懈奋斗。在党领导的革命、建设和改革事业已经取得巨大成就，我国经济社会和人民生活已经发生全方位、深层次变革的背景下，一些党员和领导干部有了精神松懈、不愿吃苦耐劳等心态，理想信念和精神面貌等发生滑坡现象。党的十八大以来，习近平总书记对全党理想信念建设给予充分肯定，但也对思想滑坡、精

① 《习近平关于社会主义文化建设论述摘编》，中央文献出版社 2017 年版，第 52—53 页。

② 习近平：《在党史学习教育动员大会上的讲话》，人民出版社 2021 年版，第 24 页。

③ 习近平：《论党的宣传思想工作》，中央文献出版社 2020 年版，第 340 页。

神懈怠、信念动摇等给予了深刻揭示，强调“我们要清醒看到，我们党长期执政，党员干部中容易出现承平日久、精神懈怠的心态。有的觉得现在已经可以好好喘口气、歇歇脚，做做安稳官、太平官了；有的觉得‘船到码头车到站’，不思进取、庸政懒政混日子；有的为个人打算多了，患得患失、不敢担当却贪图名利、享受；有的习惯当‘传声筒’、‘中转站’，遇到困难绕着走、碰到难题往上交，缺乏攻坚克难的锐气和斗志。我反复强调要发扬将革命进行到底的精神，强调要发扬老一辈革命家‘宜将剩勇追穷寇，不可沽名学霸王’的革命精神，发扬共产党人‘为有牺牲多壮志，敢教日月换新天’的奋斗精神”[①]，因此，要教育引导全党大力发扬红色传统、传承红色基因，赓续共产党人精神血脉，始终保持革命者的大无畏奋斗精神，鼓起迈进新征程、奋进新时代的精气神。

（三）理想信念缺失的严重危害

党的十八大以来，习近平总书记把理想信念比作共产党人精神上的“钙”，强调广大党员尤其是领导干部要坚定理想信念，要不断通过思想武装、党性修养、实践磨炼等补足精神之“钙”。同时，他从总结惨痛教训的视角指出了共产党员理想信念动摇、缺失的严重危害。2012 年 11 月，在十八届中共中央政治局第一次集体学习时，习近平总书记就指出，“坚定理想信念，坚守共产党人精神追求，始终是共产党人安身立命的根本”，共产党人“没有理想信念，理想信念不坚定，精神上就会‘缺钙’，就会得‘软骨病’。现实生活中，一些党员、干部出这样那样的

① 习近平：《在党史学习教育动员大会上的讲话》，人民出版社 2021 年版，第 20 页。

问题，说到底是信仰迷茫、精神迷失”[①]。后来，他在众多场合都指明了理论信念对共产党人干事创业的指引作用，抵御利诱的免疫作用，强调一旦理想信念缺失将丧失先进性、纯洁性，甚至堕入犯罪的深渊。2017年10月，习近平总书记在党的十九届一中全会上的讲话中指出：“理想信念是事业和人生的灯塔，决定我们的方向和立场，也决定我们的言论和行动。高级干部特别是中央委员会的同志们更要在时代洪流中成为坚守共产党人精神追求的中流砥柱。这些年，我们查处了那么多领导干部，他们违纪违法，最后堕入犯罪的深渊，从根本上来说是理想信念的防线崩溃了。领导干部一旦丧失了理想信念，就会把握不住自己，就会迷失方向，不仅会越过做党员的底线，而且会越过做人的底线。”[②]

共产党人理想信念一旦发生动摇不仅个人会迷失方向、丧失斗志，甚至堕入犯罪的深渊，作为党员尤其是领导干部一旦放弃、动摇对马克思主义的信仰、对共产主义的信念、对社会主义的信心，就会对党和人民的事业产生重大危害。因此，党的十八大以来，习近平总书记多次强调，我们干事业不能忘本忘祖、忘记初心。共产党人如果没有信仰、没有理想，或信仰、理想不坚定，精神上就会“缺钙”，就会得“软骨病”，就必然导致政治上变质、经济上贪婪、道德上堕落、生活上腐化。“我们共产党人的本，就是对马克思主义的信仰，对中国特色社会主义和共产主义的信念，对党和人民的忠诚。我们要固的本，就是坚定这份信仰、坚定这份信念、坚定这份忠诚。世界社会主义实践的曲折历程告诉

① 《十八大以来重要文献选编》上，中央文献出版社2014年版，第80—81页。

② 《习近平关于“不忘初心、牢记使命”论述摘编》，党建读物出版社、中央文献出版社2019年版，第85—86页。

我们，马克思主义政党一旦放弃马克思主义信仰、社会主义和共产主义信念，就会土崩瓦解。”[①]习近平总书记到全国各地考察工作，几乎每次都要到革命纪念馆瞻仰革命烈士，并号召广大人民群众和党员干部铭记革命先烈为民族解放、人民幸福作出的无私奉献甚至宝贵生命，他深情地指出：“革命先烈为了理想和信念慷慨赴死，靠的是信仰。今天，像战争年代那种血与火的生死考验少了，但具有新的历史特点的伟大斗争仍然在继续，我们正面临着一系列重大挑战、重大风险、重大阻力、重大矛盾的艰巨考验。没有坚定的理想信念，就会在乱云飞渡的复杂环境中迷失方向、在泰山压顶的巨大压力下退缩逃避、在糖衣炮弹的轮番轰炸下缴械投降。”[②]这些重要论述从正反两个方面指明了中国共产党人坚定理想信念的重要性和动摇理想信念的危害性。

三、补足共产党人精神之“钙”的主要路径

党的十八大以来，习近平总书记不仅指明了共产党人精神之“钙”的主要内容、地位作用，而且指明了补足共产党人精神之“钙”的主要路径。

（一）坚持把理想信念教育作为思想建设的首要任务

党的思想建设包括马克思主义理论创新发展和理论武装、党员和干部理想信念教育、党员和干部党性修养、党的制度建设等丰富内容。在

---

① 习近平：《在全国党校工作会议上的讲话》，人民出版社2016年版，第7页。

② 习近平：《论中国共产党历史》，中央文献出版社2021年版，第254页。

不同历史时期，马克思主义政党思想建设面临的环境不一、党内思想建设存在和需要解决的问题有别，因此，思想建设的首要任务也不尽相同。例如，马克思恩格斯在19世纪中后期领导欧洲国家工人阶级创建共产主义者同盟和第一国际时，思想建设的首要任务是创立、传播并贯彻科学社会主义，同时清除各种非无产阶级思想的影响。19世纪末和20世纪初，恩格斯领导第二国际斗争时期，世界马克思主义政党的思想建设的首要任务是丰富和发展马克思主义、同伯恩斯坦和考茨基等修正主义展开斗争。俄国十月革命后，尤其是1921年苏俄实行新经济政策后，俄共（布）党员干部主要精力用于学习经济、管理等知识，全都忽视了对马克思主义基本理论的学习，鉴于这一状况，列宁再次强调全党要把加强对马克思主义基本理论学习摆在首位。由于中国革命走的是农村包围城市、武装夺取政权的道路，很长时期内农民出身的党员在党内占相当大的比例，新中国成立后的社会主义改造、社会主义建设和改革开放都没有现成的理论和经验，全党马克思主义理论水平始终都有待提高，因此，中国共产党一直把思想建设摆在自身建设的首位，“重视理论建设和理论指导，是我们党的一个根本特点。重视在思想上建党，是我们党的一条重要的政治经验”①。而思想建设的首位任务是用马克思主义和中国化的马克思主义武装全党。

改革开放以来，尤其是中国特色社会主义进入新时代以来，党员的整体文化素质大幅提高，全党马克思主义中国化的意识和行动日益自觉，中国特色社会主义的道路、理论、制度和文化不断成熟。同时，由于受中外自由主义、享乐主义、个人主义、封建主义等影响，加上我国社会

① 《江泽民文选》第3卷，人民出版社2006年版，第333页。

主义市场经济的发展和人民群众生活水平的提高，一些党员干部理想信念缺失，精神空虚，追求物质享受，甚至生活腐化、违法乱纪，严重危害到党的先进性、纯洁性和执政地位。正是在这种背景下，党的十八大以来，习近平总书记在多次讲话中都强调要把理想信念教育摆在思想建设的首要地位。2012 年 3 月，在中共中央党校春季开学典礼上，习近平总书记指出：“保持思想纯洁，最重要的是保持对共产主义的坚定信仰、对中国特色社会主义的坚定信念。”[①]2016 年 7 月，在庆祝中国共产党成立 95 周年大会上的讲话中，习近平总书记指出：“理想因其远大而为理想，信念因其执着而为信念。我们要把理想信念教育作为思想建设的战略任务，保持全党在理想追求上的政治定力，自觉做共产主义远大理想和中国特色社会主义共同理想的坚定信仰者、忠实实践者，在全面建成小康社会、实现中华民族伟大复兴中国梦的历史进程中充分发挥先锋模范作用。”[②]2017 年 10 月，习近平总书记在党的十九大报告中再次指出：“要把坚定理想信念作为党的思想建设的首要任务，教育引导全党牢记党的宗旨，挺起共产党人的精神脊梁，解决好世界观、人生观、价值观这个‘总开关’问题，自觉做共产主义远大理想和中国特色社会主义共同理想的坚定信仰者和忠实实践者。”[③]这些重要论述，坚持把思想建设摆在党的建设的基础性地位，又突出强调把坚定理想信念作为党的思想建设的首要任务，凸显了理想信念在思想建设中的重要地位。

---

① 《十七大以来重要文献选编》下，中央文献出版社 2013 年版，第 820 页。

② 《十八大以来重要文献选编》下，中央文献出版社 2018 年版，第 347—348 页。

③ 《十九大以来重要文献选编》上，中央文献出版社 2019 年版，第 44—45 页。

（二）系统掌握马克思主义的看家本领

马克思主义是中国共产党的指导思想，是立党立国之根本，在中国共产党人的理想信念体系中处于最高层次，是共产主义远大理想、中国特色社会主义共同理想的理论基石。因此，要补足共产党人精神上的“钙”，首先要系统、深入地掌握马克思主义的基本理论和方法，习近平总书记称其为共产党人的“看家本领”。2016 年 7 月，习近平总书记在庆祝中国共产党成立 95 周年大会上的讲话中指出：“理论上清醒，政治上才能坚定。坚定的理想信念，必须建立在对马克思主义的深刻理解之上，建立在对历史规律的深刻把握之上。全党要深入学习马克思列宁主义、毛泽东思想、邓小平理论、‘三个代表’重要思想、科学发展观，深入学习党的十八大以来党中央治国理政新理念新思想新战略，不断提高马克思主义思想觉悟和理论水平，保持对远大理想和奋斗目标的清醒认识和执着追求。”[①]同年 10 月，在纪念红军长征胜利 80 周年大会上的讲话中，习近平总书记再次指出：“坚定理想信念，就是要深入学习马克思列宁主义、毛泽东思想、邓小平理论、‘三个代表’重要思想、科学发展观，深入学习党的十八大以来党中央治国理政新理念新思想新战略，让真理武装我们的头脑，让真理指引我们的理想，让真理坚定我们的信仰。要坚持学而信、学而思、学而行，把学习成果转化为不可撼动的理想信念，转化为正确的世界观、人生观、价值观，用理想之光照亮奋斗之路，用信仰之力开创美好未来。”[②]党的十九大以来，习近平总书记继

---

① 《十八大以来重要文献选编》下，中央文献出版社 2018 年版，第 348 页。

② 《十八大以来重要文献选编》下，中央文献出版社 2018 年版，第 398 页。

续强调广大党员干部要通过全面系统地掌握马克思主义理论夯实理想信念的思想根基，还特别强调要全面系统地把握新时代中国特色社会主义思想。2018 年 5 月，习近平总书记在纪念马克思诞辰 200 周年大会上的讲话中指出：“从《共产党宣言》发表到今天，一百七十年过去了，人类社会发生了翻天覆地的变化，但马克思主义所阐述的一般原理整个来说仍然是完全正确的。我们要坚持和运用辩证唯物主义和历史唯物主义的世界观和方法论，坚持和运用马克思主义立场、观点、方法，坚持和运用马克思主义关于世界的物质性及其发展规律，关于人类社会发展的自然性、历史性及其相关规律，关于人的解放和自由全面发展的规律，关于认识的本质及其发展规律等原理，坚持和运用马克思主义的实践观、群众观、阶级观、发展观、矛盾观，真正把马克思主义这个看家本领学精悟透用好。”[①]这些重要论述不仅指明了学深悟透马克思主义的重要性，而且对所要学习掌握的马克思主义基本原理作出了全面而精练的概括，对广大党员干部和青年学生学习、掌握马克思主义基本理论具有重大的指导意义。

（三）深刻把握远大理想和共同理想的内在关系

如前所述，中国共产党人的理想信念是一个由马克思主义真理信仰、共产主义远大理想、中国特色社会主义共同理想等构成的内在统一的完整体系，深刻认识和把握其中的内在关系，有利于坚定理想信念，做到对理想信念的坚定和执着。其中，尤其要正确认识和处理共产主义远大理想

① 《十九大以来重要文献选编》上，中央文献出版社 2019 年版，第 433—434 页。

同中国特色社会主义共同理想的关系。马克思主义者和中国共产党是最高纲领和最低纲领统一论者，既坚持实现共产主义远大理想、最高纲领的明确方向，又坚持为完成现阶段的共同理想、最低纲领而奋斗，通过不断实现现阶段的根本任务、共同理想而最终实现远大理想和最高纲领。

党的十八大以来，习近平总书记多次强调，中国共产党人要树立远大理想、坚定理想信念，为实现中华民族伟大复兴和最终实现共产主义而奋斗，但要在坚持这一长远目标、远大理想的方向下，脚踏实地地做好当下的工作。2012 年 11 月，习近平总书记主持十八届中共中央政治局第一次集体学习时就指出，党在社会主义初级阶段的基本路线是党和国家的生命线。我们在实践中要始终坚持“一个中心、两个基本点”不动摇，既不偏离“一个中心”，也不偏废“两个基本点”，要把践行中国特色社会主义共同理想和坚定共产主义远大理想统一起来，坚决抵制抛弃社会主义的各种错误主张，自觉纠正超越发展阶段、不切实际的错误观念和政策措施。“只有这样，才能真正做到既不妄自菲薄、也不妄自尊大，扎扎实实夺取中国特色社会主义新胜利。”①2013 年 1 月，在新进中央委员、候补委员学习贯彻党的十八大精神研讨班上的讲话中，习近平总书记指出，“党章明确规定，中国共产党人追求的共产主义最高理想，只有在社会主义社会充分发展和高度发达的基础上才能实现。想一下子、两下子就进入共产主义，那是不切实际的”，“革命理想高于天。没有远大理想，不是合格的共产党员；离开现实工作而空谈远大理想，也不是合格的共产党员。在我们党九十多年的历史中，一代又一代共产党人为了追求民族独立和人民解放，不惜流血牺牲，靠的就是一种信仰，为的

① 《习近平谈治国理政》第 1 卷，外文出版社 2018 年版，第 11 页。

就是一个理想。尽管他们知道，自己追求的理想并不会在自己手中实现，但他们坚信，只要一代又一代人为之持续努力，一代又一代人为此作出牺牲，崇高的理想就一定能实现"，因此"要教育引导广大党员、干部把践行中国特色社会主义共同理想和坚定共产主义远大理想统一起来，做到虔诚而执着、至信而深厚"。[①]这不仅指明了共产党人坚定理想信念、树立共产主义远大理想的重要意义和作用，而且指明了为现阶段最低纲领、共同理想而奋斗的必要性和现实性，一个真正的马克思主义者一定要把最高纲领和最低纲领统一起来。2015 年 12 月，在中央政治局"三严三实"专题民主生活会上，习近平总书记指出："社会主义是共产主义初级阶段，共产主义是我们的最高理想。我们现在做的是社会主义初级阶段的事情，但不能忘记初衷，不能忘了我们的最高奋斗目标。在这个问题上，不要含糊其辞、语焉不详。"[②]这一讲话从社会主义社会与共产主义社会、社会主义初级阶段现实工作与共产主义远大理想、共产党人的初心使命与最终目标等内在关系强调了坚定共产主义远大理想的必然要求。2018 年 1 月，在十九届中央纪委第二次全体会议上的讲话中，习近平总书记指出："理想信念不可能凭空产生，也不可能轻而易举坚守。我们要经受住'四大考验'、抵御住'四种危险'，必须立足当前、着眼长远，深刻认识共产主义远大理想和中国特色社会主义共同理想的辩证关系，既不能离开发展中国特色社会主义事业、实现民族复兴的现实工作而空谈远大理想，也不能因为实现共产主义是一个漫长的历史过

---

① 《十八大以来重要文献选编》上，中央文献出版社 2014 年版，第 115—117 页。

② 《习近平关于"不忘初心、牢记使命"论述摘编》，党建读物出版社、中央文献出版社 2019 年版，第 79 页。

程就讳言甚至丢掉远大理想。正所谓‘生年不满百，常怀千岁忧’。坚定‘四个自信’，最终要坚信共产主义、坚信马克思主义。我们身处社会主义初级阶段、干着中国特色社会主义事业，心要想着远大目标。”①同年 5 月，在纪念马克思诞辰 200 周年大会上的讲话中，习近平总书记从思想溯源和理论基础上强调了必须正确处理共产主义远大理想和中国特色社会主义共同理想的关系，指出“马克思主义奠定了共产党人坚定理想信念的理论基础。我们要全面掌握辩证唯物主义和历史唯物主义的世界观和方法论，深刻认识实现共产主义是由一个一个阶段性目标逐步达成的历史过程，把共产主义远大理想同中国特色社会主义共同理想统一起来、同我们正在做的事情统一起来，坚定中国特色社会主义道路自信、理论自信、制度自信、文化自信，坚守共产党人的理想信念，像马克思那样，为共产主义奋斗终身”②。这些重要论述从理论、历史、实践等视角阐明了共产主义远大理想和中国特色社会主义共同理想的辩证关系，以及共产党人应该怎样正确认识和处理这一辩证关系。

（四）严肃和规范党内政治生活

中国共产党是在共产国际的帮助下、第二国际民主社会主义破产的背景下根据列宁建党思想创建的马克思主义政党，一开始就确立了民主集中制、干部参加支部活动、干部接受群众监督等严格的党内政治生活制度，在领导中国革命、建设、改革事业的过程中又形成了实事求是、

---

① 《习近平关于“不忘初心、牢记使命”论述摘编》，党建读物出版社、中央文献出版社 2019 年版，第 88 页。

② 《十九大以来重要文献选编》上，中央文献出版社 2019 年版，第 428—429 页。

理论联系实际、党员和干部密切联系群众、开展批评与自我批评等党内政治生活的基本规范，对巩固党的团结和集中统一、保持党的先进性和纯洁性、增强党的凝聚力和战斗力等都积累了丰富经验，为保证完成党在各个历史时期的中心任务发挥了重要作用。

改革开放以来，中国共产党领导中国各族人民在推进社会主义现代化、实现中华民族伟大复兴中国梦的道路上取得了巨大成就，使党的面貌、国家的面貌、民族的面貌、人民的面貌和军队的面貌发生了广泛而深刻的变化。同时，由于受国际国内形势、党的执政环境和任务等多种因素的影响，党的团结统一、党的先进性和纯洁性、党员干部的理想信念和价值观念等面临着一系列新问题、新挑战，如何巩固党的团结统一、保持党的先进性和纯洁性等成为长期执政的中国共产党加强自身建设的重要课题。

党的十八大以来，规范和严肃党内政治生活成为习近平总书记领导全面从严治党思考和应对的重点问题之一。他在思考如何保证党的团结统一、如何提高党的领导水平和执政能力、如何保持党的先进性和纯洁性、如何坚定党员干部的理想信念等重大问题后，把严肃党内政治生活上升到了保证党的团结统一、保持党的性质宗旨和先进性纯洁性、锤炼党员干部党性、解决党内矛盾和问题的“重要法宝”“金钥匙”“净化器”和“大熔炉”[①]。2013 年 9 月，习近平总书记在一次讲话中指出：“我一直在想，我们党有什么法宝可以保证党的创造力、凝聚力、战斗力，保证党的团结统一？结合这次教育实践活动和以往历次党内集中教育活动，我认为，坚持民主集中制，开展批评和自我批评，严格党内生活，加强

① 《十九大以来重要文献选编》中，中央文献出版社 2021 年版，第 455 页。

党的团结统一，是其中很重要的法宝。”[1]2014 年 1 月，习近平总书记在党的群众路线教育实践活动第一批总结暨第二批部署会议上的讲话中指出：“批评与自我批评是清除党内政治灰尘和政治微生物的有力武器，必须以整风精神严格党内生活，着力提高领导班子发现和解决自身问题的能力。党内生活是锻炼党性、提高思想觉悟的熔炉。……事实表明，党内生活松一寸，党员队伍就散一尺。党员、干部只有在严格的党内生活中反复锻炼，才能坚强党性、百炼成钢。要把批评和自我批评作为防身治病的有力武器，通过积极健康的思想斗争，不断洗涤每个党员、干部的思想和灵魂。”[2]2014 年 5 月，习近平总书记针对一些潜规则侵入党内并呈现逐渐流行之势提出严正警告，认为破除潜规则，根本之策是强化明规则，以正压邪，“坚定理想信念，坚持求真务实，坚持清正严明，需要广大党员和干部从自身做起、从现在做起，也需要严格的党内政治生活来规制和引导”[3]。同年 8 月，习近平总书记在河南考察工作时，号召党员干部坚持密切联系群众的作风，争做焦裕禄式的县委书记，强调：“党的历史经验告诉我们，严格党内政治生活是我们党增强自我净化、自我完善、自我革新、自我提高能力的重要途径。抓住了严格党内政治生活这个关键点，也就抓住了解决党内矛盾和问题的钥匙。”[4]2016 年 6 月，习近平总书记在主持十八届中共中央政治局第三十三次集体学习时指出：

---

① 《习近平关于全面从严治党论述摘编》，中央文献出版社 2016 年版，第 24 页。

② 《习近平关于全面从严治党论述摘编》，中央文献出版社 2016 年版，第 27 页。

③ 《习近平关于全面从严治党论述摘编》，中央文献出版社 2016 年版，第 29 页。

④ 习近平：《做焦裕禄式的县委书记》，中央文献出版社 2015 年版，第 63 页。

“严肃党内政治生活是一篇大文章。其中最重要的是围绕坚持党的政治路线、思想路线、组织路线、群众路线，坚持和完善民主集中制、严格党的组织生活等重点内容，集中解决好突出问题。”[①]这些重要论述都充分肯定了严肃和规范党内政治生活对全面加强党的自身建设尤其是对于党员干部坚定理想信念、保持思想和组织纯洁性等关键作用。

在充分认识和肯定严肃党内政治生活对于加强党的理想信念教育重要作用的基础上，习近平总书记通过对党的建设所存在问题和挑战的思考，进一步提出要把加强思想教育、理论武装尤其是理想信念教育视为党内政治生活的首要任务。2016 年 10 月，为规范党内政治生活，加强党内监督，党的十八届六中全会制定了《关于新形势下党内政治生活的若干准则》（以下简称《准则》）和《中国共产党党内监督条例》（以下简称《条例》）。《准则》从 12 个方面对加强和规范党内政治生活提出了明确要求、作出了具体规定，其中第一条就是“坚定理想信念”，强调“党要管党必须从党内政治生活管起，从严治党必须从党内政治生活严起”，“共产主义远大理想和中国特色社会主义共同理想，是中国共产党人的精神支柱和政治灵魂，也是保持党的团结统一的思想基础。必须高度重视思想政治建设，把坚定理想信念作为开展党内政治生活的首要任务”[②]。《条例》从 9 个方面明确规定了党内监督的主要内容，其中第一条就是“遵守党章党规，坚定理想信念，践行党的宗旨，模范遵守宪法法律情况”，其“党的纪律检查委员会的监督”也明确规定“执纪审查

① 《习近平关于全面从严治党论述摘编》，中央文献出版社 2016 年版，第 40 页。

② 《十八大以来重要文献选编》下，中央文献出版社 2018 年版，第 418、第 420 页。

应当查清违纪事实，让审查对象从学习党章入手，从理想信念宗旨、党性原则、作风纪律等方面检查剖析自己，审理报告应当事实清楚、定性准确，反映审查对象思想认识情况”①。习近平总书记在全会上就《准则》和《条例》的提出背景、起草过程、遵循原则、基本框架、重点问题等作了说明，他在讲话中指出，党内政治生活亟待解决的突出矛盾和问题，首先就是“一些党员、干部包括高级干部中，理想信念不坚定、对党不忠诚”，这“严重侵蚀党的思想道德基础”。因此，“这就使我们认识到，要解决党内存在的一些突出矛盾和问题，必须把党的思想政治建设摆在首位”，并指出：“‘欲事立，须是心立。’加强思想教育和理论武装，是党内政治生活的首要任务，是保证全党步调一致的前提……党内政治生活出现这样那样的问题，根子还是一些党员、干部理想信念这个‘压舱石’发生了动摇，世界观、人生观、价值观这个‘总开关’出现了松动。”②因此，号召全党同志必须把对马克思主义的信仰、对社会主义和共产主义的信念作为毕生追求，在改造客观世界的同时不断改造主观世界，解决好世界观、人生观、价值观这个“总开关”问题，不断增强政治定力，自觉成为共产主义远大理想和中国特色社会主义共同理想的坚定信仰者和忠实实践者。这些重要论述指明了党内政治生活方面出现的问题同理想信念的紧密关系，再次强调要把加强思想教育和理论武装作为党内政治生活的首要任务。《准则》和《条例》的制定和实施标志着习近平总书记关于规范党内政治生活是坚定理想信念的重要途径、坚定

① 《十八大以来重要文献选编》下，中央文献出版社 2018 年版，第 441、第 448 页。

② 《习近平关于全面从严治党论述摘编》，中央文献出版社 2016 年版，第 44、第 73 页。

理想信念是党内政治生活的首要任务等新理念新思想成为全党共识，且中共中央通过制定全党遵守的准则固化为党的制度。

（五）“不忘初心、牢记使命”主题教育制度化

中国共产党的初心和使命是为中国人民谋幸福、为中华民族谋复兴。2017年10月，党的十九大报告提出，要坚定不移地全面从严治党，坚持用习近平新时代中国特色社会主义思想武装全党，保持党的先进性和纯洁性，不断提高党的执政能力和领导水平，要“弘扬马克思主义学风，推进‘两学一做’学习教育常态化制度化，以县处级以上领导干部为重点，在全党开展‘不忘初心、牢记使命’主题教育，用党的创新理论武装头脑，推动全党更加自觉为地实现新时代党的历史使命不懈奋斗”[①]。为了贯彻落实党的十九大精神和推进全面从严治党向纵深发展，2019年5月至2020年1月，根据中共中央的统一部署，全党分两批开展了“不忘初心、牢记使命”主题教育。在学习教育活动前后，习近平总书记就“不忘初心、牢记使命”主题教育的总体要求、目标任务、方法步骤等作出了系统阐述，强调“开展这次主题教育，根本任务是深入学习贯彻新时代中国特色社会主义思想，锤炼忠诚干净担当的政治品格，团结带领全国各族人民为实现伟大梦想共同奋斗。具体目标是理论学习有收获、思想政治受洗礼、干事创业敢担当、为民服务解难题、清正廉洁作表率”，其中“思想政治受洗礼，重点是教育引导广大党员干部坚定对马克思主义的信仰、对中国特色社会主义的信念，传承红色基因，增强‘四个意识’、坚定‘四个自信’、做到‘两个维护’，自觉在思想上

① 《十九大以来重要文献选编》上，中央文献出版社2019年版，第45页。

政治上行动上同党中央保持高度一致，始终忠诚于党、忠诚于人民、忠诚于马克思主义”①。

随着“不忘初心、牢记使命”主题教育活动的深入开展尤其是成效的取得，习近平总书记对中国共产党人不忘初心、牢记使命的重要性有了更加深刻的认识，认为“回顾党的历史，为什么我们党在那么弱小的情况下能够逐步发展壮大起来，在腥风血雨中能够一次次绝境重生，在攻坚克难中能够不断从胜利走向胜利，根本原因就在于不管处于顺境还是逆境，我们党始终坚守为中国人民谋幸福、为中华民族谋复兴这个初心和使命，义无反顾向着这个目标前进，从而赢得了人民衷心拥护和坚定支持”，因此要“把不忘初心、牢记使命作为加强党的建设的永恒课题，作为全体党员、干部的终身课题”②。根据习近平总书记的重要讲话精神，2019 年 10 月，党的十九届四中全会通过的《关于坚持和完善中国特色社会主义制度、推进国家治理体系和治理能力现代化若干重大问题的决定》，把“建立不忘初心、牢记使命的制度”摆在“坚持和完善党的领导制度体系，提高党科学执政、民主执政、依法执政水平”的第一条，提出“坚持用共产主义远大理想和中国特色社会主义共同理想凝聚全党、团结人民，用习近平新时代中国特色社会主义思想武装全党、教育人民、指导工作，夯实党执政的思想基础。把不忘初心、牢记使命作为加强党的建设的永恒课题和全体党员、干部的终身课题，形成长效机制，坚持不懈锤炼党员、干部忠诚干净担当的政治品格”③。2020 年

---

① 《习近平谈治国理政》第 3 卷，外文出版社 2020 年版，第 524—525 页。

② 《习近平谈治国理政》第 3 卷，外文出版社 2020 年版，第 530—531 页。

③ 《十九大以来重要文献选编》中，中央文献出版社 2021 年版，第 272—273 页。

1月，在"不忘初心、牢记使命"主题教育总结大会上，习近平总书记指出，"不断深化党的自我革命"需要"持续推动全党不忘初心、牢记使命"，因此，"不忘初心、牢记使命，必须作为加强党的建设的永恒课题和全体党员、干部的终身课题常抓不懈。一个人也好，一个政党也好，最难得的就是历经沧桑而初心不改、饱经风霜而本色依旧。党的初心和使命是党的性质宗旨、理想信念、奋斗目标的集中体现，激励着我们党永远坚守，砥砺着我们党坚毅前行"，"不忘初心、牢记使命，必须完善和发展党内制度，形成长效机制"①。可见，推进"不忘初心、牢记使命"主题教育制度化，既是党的制度建设的一项重要内容和任务，也是思想建党、思想建党与制度治党相结合的重要目标和任务，是把党的思想理论、理想信念教育制度化的重要举措。

（六）加强党史学习教育

中国共产党是一个善于从总结自身历史经验中不断推进事业发展的政党。早在抗日战争时期的延安整风运动过程中，为了开展整风学习，特别是学习中国共产党的历史，中共中央成立了中央学习组（又称中央研究组），毛泽东任组长，王稼祥任副组长，延安及党所领导的各抗日根据地也成立了高级学习组，接受中央学习组管理指导，"一方面研究马克思主义思想方法论，一方面研究六大以来的决议"②。1942年3月，毛泽东在中央学习组专门做了题为《如何研究中共党史》的讲话，认为研究党的历史"对研究今天的路线政策，加强党内教育，推进各方面的

① 《习近平谈治国理政》第3卷，外文出版社2020年版，第538、第543页。

② 《毛泽东文集》第2卷，人民出版社1993年版，第375页。

工作，都是必要的”，“如果不把党的历史搞清楚，不把党的历史上所走的路搞清楚，便不能把事情办得更好”①。经过延安整风尤其是党史学习，全党对党的历史上的若干重大路线、方针、政策、事件、人物、会议等评价取得基本统一的认识。在此基础上，1945 年 4 月，党的六届七中全会审议通过了《关于若干历史问题的决议》，对党的历史尤其是抗日战争之前的历史作出了科学判断，使全党思想认识在毛泽东思想的旗帜下实现了高度统一，从而指引全党全国各族人民取得了抗日战争、解放战争的胜利，完成了新民主主义革命的任务，实现了民族独立和人民解放，成立了人民当家作主的新中国。

新中国成立后，特别是中国共产党成立 30 年之际，全党开展了党史学习教育，党中央组织编写了以胡乔木名义出版的《中国共产党的三十年》，作为全党学习党史的读本，对统一全党全国人民的思想认识、夺取社会主义革命和建设的一系列胜利发挥了重要作用。

改革开放以后，由于全党对新中国成立后党的若干路线、方针、政策、人物、事件、会议，尤其是对毛泽东和毛泽东思想的历史地位和作用的认识没有取得完全一致，严重制约着拨乱反正、改革开放的全面开展。为了统一全党思想认识，邓小平领导全党在学习研究党史的基础上，指导党于 1981 年 6 月召开十一届六中全会通过了《关于建国以来党的若干历史问题的决议》，对新中国成立以来党的若干重大路线、方针、政策、人物、事件、会议，尤其是对毛泽东和毛泽东思想的历史地位和作用作出了科学、全面和客观的评价，从而完成了党的指导思想拨乱反正的任务，有力地推进了改革开放的全面展开、中国特色社会主义事业的

① 《毛泽东文集》第 2 卷，人民出版社 1993 年版，第 399 页。

开创和发展。在1991年建党70周年之际，中共中央党史研究室编写了《中国共产党的七十年》作为全党学习党史的读本。2010年7月，中共中央专门召开全国党史工作会议，同时出台《中共中央关于加强和改进新形势下党史工作的意见》，总结、研究、部署新形势下党史工作，不仅对推进党史工作发挥了指导作用，而且对党史学习、教育、学科建设和人才培养等都起到了积极的推动作用。

党的十八大以来，习近平总书记十分重视党史学习教育工作。2013年6月，在建党92周年到来之际，习近平总书记带领十八届中共中央政治局集体学习《中国共产党历史》第2卷和《中国共产党简史》，并在指导学习的讲话中指出，此次集中学习“主要目的是通过回顾我们党走过的光辉历程，特别是通过重温我们党领导人民在我国建设社会主义的历史进程，提高我们对坚持和发展中国特色社会主义的认识，增强做好改革发展稳定各项工作的自觉性”，“历史是最好的教科书。领导干部通过学习党史、国史，认识和把握革命、建设、改革各个历史时期创造的丰富经验，可以获得思想的启迪、知识的武装，提高工作本领，站在历史的深厚基础上更加坚定地走向未来”，“这门功课不仅必修，而且必须修好”[①]。后来，他又说过“党的历史是最生动、最有说服力的教科书”[②]，“历史是最好的老师”，“中国革命历史是最好的营养剂”，“要在学生中加强中国历史特别是中国近现代史、中国革命史、中国共产党史、中华人民共和国史、中国改革开放史等的教育”[③]。这些重要论述充分肯定和

① 习近平：《论中国共产党历史》，中央文献出版社2021年版，第14—16页。

② 习近平：《在党史学习教育动员大会上的讲话》，《求是》2021年第7期。

③ 习近平：《论中国共产党历史》，中央文献出版社2021年版，第11、第23、第10页。

高度评价了党史学习教育对党员干部提高思想认识、提升工作本领的重要作用，也鲜明地显示了习近平总书记对学习党的历史的一贯立场和态度，体现了我们党勤于学习、善于运用党的历史提高党员干部历史思维、思想理论水平的历史自觉和领导能力。

党的十八大以来，在关于党史学习教育的一系列重要论述中，习近平总书记特别强调了通过党史学习教育培养全体人民社会主义核心价值观、坚定党员干部理想信念的意义和作用。2014 年 5 月，在同中共中央办公厅各单位班子成员和干部职工代表座谈时，习近平总书记在讲话中指出：“要加强党史学习和教育，努力从党走过的风云激荡的历史中、从党开创和不断推进的事业中、从党全心全意为人民服务的根本宗旨和长期实践中，深化对党的信赖，坚定对党的领导的信念。”[①]2019 年 4 月，在重庆考察并主持召开解决“两不愁三保障”突出问题座谈时，习近平总书记在讲话中说，我们要围绕中国共产党为什么“能”、马克思主义为什么“行”、中国特色社会主义为什么“好”等重大问题，广泛开展宣传教育，加强思想舆论引导，坚定广大干部群众对中国特色社会主义的道路自信、理论自信、制度自信、文化自信，进一步激发全体人民爱党、爱国、爱社会主义的巨大热情。[②]2020 年 1 月，习近平总书记在全党“不忘初心、牢记使命”主题教育总结大会上的讲话中指出：“要把学习贯彻党的创新理论作为思想武装的重中之重，同学习马克思主义基本原理贯通起来，同学习党史、新中国史、改革开放史、社会主义发展史结合起来，同新时代我们进行伟大斗争、建设伟大工程、推进

① 习近平：《论中国共产党历史》，中央文献出版社 2021 年版，第 7—8 页。

② 习近平：《论中国共产党历史》，中央文献出版社 2021 年版，第 12 页。

伟大事业、实现伟大梦想的丰富实践联系起来，在学懂弄通做实上下苦功夫，在解放思想中统一思想，在深化认识中提高认识，切实增强贯彻落实的思想自觉和行动自觉。”[①]为了科学编制我国国民经济和社会发展第十四个五年规划和2035年远景目标，习近平总书记在2020年下半年先后主持召开了企业家座谈会、扎实推进长三角一体化发展座谈会、经济社会领域专家座谈会、科学家座谈会、基层代表座谈会等一系列座谈会，听取社会各界对党和政府制定我国经济社会发展“十四五”规划的意见和建议。其间，习近平总书记也多次谈到要加强党史学习教育的问题。2020年9月，习近平总书记在同教育文化卫生体育领域专家代表座谈时指出：“要深化党的创新理论学习教育，推动理想信念教育常态化制度化，加强党史、新中国史、改革开放史、社会主义发展史教育，加强爱国主义、集体主义、社会主义教育，引导人们坚定道路自信、理论自信、制度自信、文化自信，促进全体人民在思想上精神上紧紧团结在一起。”[②]正是在习近平总书记关于对党员干部、青年学生等要加强以党史为重点的“四史”教育这一重要论述的指导下，十三届全国人大四次会议于2021年3月审议通过的《中华人民共和国国民经济和社会发展第十四个五年规划和2035年远景目标纲要》规定：“加强和改进思想政治工作，持续开展中国特色社会主义和中国梦宣传教育，加强党史、新中国史、改革开放史、社会主义发展史教育，加强爱国主义、集体主义、社会主义教育，加强革命文化研究阐释和宣传教育，弘扬党和人民在各

① 习近平：《论中国共产党历史》，中央文献出版社2021年版，第159—160页。
② 习近平：《论中国共产党历史》，中央文献出版社2021年版，第162页。

个历史时期奋斗中形成的伟大精神。”[①]以习近平同志为核心的党中央关于加强党史学习教育的重要论述，通过国家最高权力机关制订我国中长期发展规划得到全面贯彻和落实。

2021 年，中国共产党迎来建党 100 周年。为了全面深入总结党诞生 100 年来走过的不平凡历程、取得的伟大成就和积累的历史经验教训，立足党的百年奋斗历史新起点、统筹中华民族伟大复兴战略全局和世界百年未有之大变局、动员全党全国各族人民满怀信心投身全面建设社会主义现代化国家，中共中央决定在全党开展为期一年的党史学习教育，印发《关于在全党开展党史学习教育的通知》，对这项工作作出周密部署。

2021 年 2 月，在党史学习教育动员大会上，习近平总书记在讲话中开宗明义地总结历史说：“我们党历来重视党史学习教育，注重用党的奋斗历程和伟大成就鼓舞斗志、明确方向，用党的光荣传统和优良作风坚定信念、凝聚力量，用党的实践创造和历史经验启迪智慧、砥砺品格。”[②]接着，他从践行初心使命、坚定信仰信念、推进自我革命等方面指明了在全党开展党史学习教育的必要性和重要意义，强调“在全党开展党史学习教育，是坚定信仰信念、在新时代坚持和发展中国特色社会主义的必然要求。信仰信念任何时候都至关重要。对共产主义的信仰，对中国特色社会主义的信念，是共产党人的政治灵魂，是共产党人经受住任何考验的精神支柱。在新时代，坚定信仰信念，最重要的就是要坚定中国特色社会主义道路自信、理论自信、制度自信、文化自信。党的

① 《〈中华人民共和国国民经济和社会发展第十四个五年规划和 2035 年远景目标纲要〉辅导读本》，人民出版社 2021 年版，第 107 页。

② 习近平：《在党史学习教育动员大会上的讲话》，人民出版社 2021 年版，第 2 页。

百年奋斗历程和伟大成就是我们增强‘四个自信’最坚实的基础”[①]。他在讲话中还明确地指出了此次党史学习教育的总体要求是“学史明理、学史增信、学史崇德、学史力行”[②]，其中“明理”“增信”“崇德”都同坚守科学理论、坚定理想信念紧密关联。习近平总书记强调，党领导人民在革命、建设、改革历史进程中凝练的井冈山精神、长征精神、遵义会议精神、延安精神、西柏坡精神、红岩精神、抗美援朝精神、“两弹一星”精神、特区精神、抗洪精神、抗震救灾精神、抗疫精神等伟大精神，构筑起了中国共产党人的精神谱系，这些宝贵精神财富跨越时空、历久弥新，集中体现了党的坚定信念、根本宗旨、优良作风，需要全党同志在学习党史中加以领悟和弘扬。

全党党史学习教育开展以来，各级党组织根据中央的统一部署有条不紊地推进学习教育活动向纵深发展。习近平总书记在众多场合继续强调要通过党史学习教育引导全体党员尤其是党员干部坚定理想信念。2021 年 3 月，参加十三届全国人大四次会议青海代表团审议时，习近平总书记指出：“党史学习教育的一个重要任务就是教育引导全党同志坚定理想信念、筑牢初心使命。党中央已经作出部署，各级党组织要认真贯彻落实，切实抓出成效。在党史学习教育中，要充分运用红色资源，教育引导广大党员、干部坚定理想信念、筑牢初心使命，不断增强斗争精神、提高斗争本领，做到在复杂形势面前不迷航、在艰巨斗争面前不退缩。要通过在全社会开展党史、新中国史、改革开放史、社会主义

---

① 习近平：《在党史学习教育动员大会上的讲话》，人民出版社 2021 年版，第 8 页。

② 习近平：《在党史学习教育动员大会上的讲话》，人民出版社 2021 年版，第 11 页。

发展史教育，引导广大人民群众特别是青少年弄清楚中国共产党为什么‘能’、马克思主义为什么‘行’、中国特色社会主义为什么‘好’等基本道理，坚定不移听党话、跟党走，在全面建设社会主义现代化国家伟大实践中建功立业。”[①]2021 年 4 月，他在广西考察工作时进一步对“学史增信”展开了诠释，指出“学史增信，就是要增强信仰、信念、信心，这是我们战胜一切强敌、克服一切困难、夺取一切胜利的强大精神力量。要增强对马克思主义、共产主义的信仰，教育引导广大党员、干部从党百年奋斗中感悟信仰的力量，始终保持顽强意志，勇敢战胜各种重大困难和严峻挑战。要增强对中国特色社会主义的信念，教育引导广大党员、干部深刻认识到，中国特色社会主义是历史发展的必然结果，是发展中国的必由之路，是经过实践检验的科学真理，始终坚定道路自信、理论自信、制度自信、文化自信。要增强对实现中华民族伟大复兴的信心，教育引导广大党员、干部牢记初心使命、增强必胜信心，坚信我们党一定能够团结带领人民在中国特色社会主义道路上实现中华民族伟大复兴，努力创造属于我们这一代人、无愧新时代的历史功绩”[②]。这些重要论述深刻指明了党史学习教育的任务、要求、路径和目标等，尤其对“学史增信”作出了全面阐释，对全党深入开展党史学习教育发挥着重大指导作用。2021 年 7 月，在庆祝中国共产党成立 100 周年大会上的讲话中，习近平总书记首次概括了“坚持真理、坚守理想，践行初心、担当使命，不怕牺牲、英勇斗争，对党忠诚、不负人民”的伟大建党精神，并强调

---

① 《习近平在参加青海代表团审议时强调　坚定不移走高质量发展之路　坚定不移增进民生福祉》，《人民日报》2021 年 3 月 8 日。

② 《习近平在广西考察时强调　解放思想深化改革凝心聚力担当实干　建设新时代中国特色社会主义壮美广西》，《人民日报》2021 年 4 月 28 日。

“历史川流不息，精神代代相传。我们要继续弘扬光荣传统、赓续红色血脉，永远把伟大建党精神继承下去、发扬光大”[①]。把“坚持真理、坚守理想”摆在首位，充分显示了科学理论、理想信念在伟大建党精神及其为源头的中国共产党人精神谱系中的基础性、指导性地位。之后，2021年11月至2022年1月，习近平总书记在党的十九届六中全会、中共中央政治局党史学习教育专题民主生活会、中共中央党校（国家行政学院）省部级主要领导干部学习贯彻党的十九届六中全会精神专题研讨班开班式等场合的重要讲话中，多次强调广大党员干部要加强党史学习教育，善于从历史中汲取智慧和力量推进党和人民事业取得新胜利，号召全党深刻总结、认真汲取百年奋斗的伟大成就和历史经验，坚定历史自信，满怀信心地为实现党的第二个百年奋斗目标和中华民族伟大复兴而勇毅前行。2022年10月，习近平总书记在党的二十大报告中再次肯定了党史学习教育的重大意义，并对新时代新征程继续推进中国特色社会主义文化建设和党的自身建设作出部署时都强调了对全党全国人民加强党史学习教育的必要性和重要性，强调要“推动理想信念教育常态化制度化，持续抓好党史、新中国史、改革开放史、社会主义发展史宣传教育，引导人民知史爱党、知史爱国，不断坚定中国特色社会主义共同理想”，“坚持理论武装同常态化长效化开展党史学习教育相结合，引导党员、干部不断学史明理、学史增信、学史崇德、学史力行”，“以县处级以上领导干部为重点在全党深入开展主题教育”[②]。

---

① 习近平：《在庆祝中国共产党成立100周年大会上的讲话》，人民出版社2021年版，第8页。

② 习近平：《高举中国特色社会主义伟大旗帜　为全面建设社会主义现代化国家而团结奋斗》，人民出版社2022年版，第44、第65页。

第四章 党性教育是中国共产党人的『心学』

党性修养是中国共产党人的终身课题。早在党的七大上，毛泽东就指出："一致的行动，一致的意见，集体主义，就是党性。"[①]党的十八大以来，习近平总书记就新时代党性教育作出许多重要论述，指出："党性教育是共产党人修身养性的必修课，也是共产党人的'心学'。"[②]新时代，加强党性教育是中国共产党保持政治本色、把握政治方向的保证，是确保共产党人不忘初心使命、砥砺前行的有力武器，也是学习贯彻习近平新时代中国特色社会主义思想的敲门砖、铺路石、必经路，事关每一位党员干部的成长和中国特色社会主义事业的前进方向。

① 《毛泽东文集》第3卷，人民出版社1996年版，第417页。

② 习近平：《在全国党校工作会议上的讲话》，人民出版社2016年版，第17页。

一、党性教育的时代要求

任何一种思想理论的形成，都是时代的产物。马克思指出：“每个原理都有其出现的世纪。”[①]新时代催生新思想，新思想呼唤新作为。党的十八大以来，以习近平同志为核心的党中央团结带领全党全国人民“创立了新时代中国特色社会主义思想，明确坚持和发展中国特色社会主义的基本方略，提出一系列治国理政新理念新思想新战略，实现了马克思主义中国化时代化新的飞跃”[②]。不忘初心、牢记使命，为人民谋幸福、为民族谋复兴，这是新时代坚持和发展中国特色社会主义的政治宣言和行动纲领，也向全党全军全国各族人民发出了奋进新时代、开启新征程的进军号令。

（一）坚定信念，提升党员意识

坚持党性原则是共产党人的根本政治品格，党性原则不强，浩然正气难彰。党员领导干部牢记姓党，就要时刻坚持党性原则。同时，党性也是共产党员的立身之本。“心中有信仰，脚下有力量。全党同志都要把对马克思主义的信仰、对中国特色社会主义的信念作为毕生追求，永远信党爱党为党，在各自岗位上顽强拼搏，不断把为崇高理想奋斗的实践

① 《马克思恩格斯选集》第1卷，人民出版社2012年版，第227页。

② 习近平：《高举中国特色社会主义伟大旗帜　为全面建设社会主义现代化国家而团结奋斗》，人民出版社2022年版，第6页。

推向前进。”[①]中国共产党是工人阶级先锋队、中国人民和中华民族先锋队的性质，要求每一位党员都应具备纯洁而坚强的党性。没有党性，不会是一名真正的共产党员；党性不强或者党性不纯，也不可能成为一名合格的共产党员。

“对党员干部来讲，是有坚定理想信念，还是满脑子功利私欲，决定着一个人的思想境界和行为举止。党员干部有了坚定理想信念，才能经得住各种考验，走得稳、走得远；没有理想信念，或者理想信念不坚定，就经不起风吹浪打，关键时刻就会私心杂念丛生，甚至临阵脱逃。现实生活中，一些党员、干部精神空虚、意志消沉、心为物役，信奉金钱至上、名利至上、享乐至上，少数人更是把党和人民赋予的权力作为谋取私利的手段，堕入腐败深渊，说到底都是理想信念动摇所致。”[②]在现实生活中，极少数党员干部常常将“党性”二字挂在口头上，甚至动辄拍着胸脯“以党性担保”，但在实际上，这极少数党员干部却心中缺乏信仰，做人做事毫无底线，党性修养淡化、党性观念淡薄。郭伯雄、徐才厚等反面典型的教训证明：一个党员的党性，不会随着党龄增长和职务晋升而自然提高。不修好党性教育的“心学”，不加强党性修养和锤炼，迟早要出问题，甚至出大问题。只有在学习教育中着力解决一些党员干部理想信念模糊动摇、党性观念不强、违规违纪等问题，才能把坚强的党性立起来，把党员的形象树起来，把爱党、忧党、兴党、为党落实到工作各个环节。

① 习近平：《在“七一勋章”颁授仪式上的讲话》，人民出版社2021年版，第2页。

② 习近平：《努力成为可堪大用能担重任的栋梁之才》，《求是》2022年第3期。

如何做一名新时代的合格党员？习近平总书记给出了明确答案：党性是党员干部立身、立业、立言、立德的基石，每一名党员干部都必须在严格的党内生活锻炼中不断增强党性修养。他指出，要增强党内生活的政治性、原则性、战斗性，使各种方式的党内生活都有实质性内容，都能有针对性地解决问题，坚决反对党内生活中的自由主义、好人主义。①按照习近平总书记给出的答案和要求，要成为合格党员，重点是强化党性修养、党性观念和党性原则，关键是要牢固确立共产主义人生观、全心全意为人民服务的价值观和公正廉明、无私奉献的道德观，切实增强政治意识、大局意识、核心意识、看齐意识，自觉向党中央看齐，向党的理论和路线方针政策看齐，维护党中央权威和集中统一领导，始终坚定不移地与党中央保持思想上、政治上、组织上、行动上的高度统一，始终保持政治上的坚定性、思想上的先进性、道德上的纯洁性，廉洁自律，成为讲政治、有信念，讲规矩、有纪律，讲道德、有品行，讲奉献、有作为的人。

1. 推动党的先进性建设的需要

建党百年来，我们党之所以能带领中国人民取得革命、建设和改革的伟大胜利，一个根本的原因就是党在实践中时刻保持了先进性和纯洁性。进入新时代，继续推进中国特色社会主义的伟大建设，关键在党。而党的先进性又突出表现为党员的先进性。因此，只有不断增强每一位共产党员的党员意识，保证党员在思想上的先进性，整个党的先进性才有坚实的组织基础和组织保证。新时代，中国共产党在全国乃至全世界

---

① 李铁、李树忠、王凤鸣：《把权力关进制度的笼子里》，人民出版社 2014 年版，第 159 页。

人民面前许下了“打铁还需自身硬”的庄严承诺，同时也是党下决心从严治党的军令状。如何管理好这个大党，避免重走苏共衰败的老路，保持执政党的人民性、纯洁性和先进性，使决策群体不变质、不衰败，成为中国共产党面临的重大考验。这就要求每一个党员干部认真地而不是敷衍地、深入地而不是表面地解决思想上政治上行动上存在的不严不实问题。思想是行动的先导，党员干部只有首先增强和保持好政治意识，加强自身党员意识修养，才能保证自身做到“不以一毫私意自蔽，不以一毫私欲自累”。

2. 应对各种风险挑战的需要

习近平总书记指出：“长期以来，我们党有一个光荣传统和优良作风，就是党叫干啥就干啥、党让去哪就去哪，哪里有事业哪里就是家，没有二话、毫无怨言。”[①]党的十八大以来，我国面临的发展环境更加复杂多样。在新的历史条件下，为了迎接新的挑战和考验，党提出建设新的伟大工程，全面从严治党，其中最关键的就是增强党员意识。增强党员意识才能使党应对执政的考验。中国共产党的执政地位是党在团结带领中国人民推翻“三座大山”、取得民族独立和人民解放的伟大胜利中取得的，是历史和人民的选择。新时代，党的执政地位面临着更大考验，如何保证党的领导地位不动摇，确保中国特色社会主义事业不断取得新胜利，关键在党，关键在人心。早在俄国苏维埃政权建立之初，列宁就指出，共产党执政后如何巩固政权是“新的异常困难的事业”，“这是一场严峻的考试”[②]。增强党员的执政意识，提高党员应对执政环境变化的

① 习近平：《努力成为可堪大用能担重任的栋梁之才》，《求是》2022年第3期。

② 《列宁全集》第43卷，人民出版社1987年版，第82页。

能力和应对新的执政风险考验的能力，是党应对长期执政考验、保证党的长期执政地位的必然要求。

3. 实现中华民族伟大复兴的需要

1840 年鸦片战争以来，中国人民生活在水深火热的社会环境中长达 100 多年。1949 年，党带领中国人民取得民族独立和人民解放，中国人民从此站起来了。1978 年，以邓小平同志为核心的党中央领导集体作出了改革开放的伟大决策，中国人民从此富起来了。党的十八大以来，以习近平同志为核心的党中央团结带领中国人民迎来了从富起来到强起来的伟大飞跃。新时代新使命，在决胜全面建成小康社会、开启建设社会主义现代化强国新征程的过程中，绝大多数中国共产党党员都能够坚定理想信念，牢记初心使命，夙夜勤勉工作，在坚持和发展中国特色社会主义伟大实践中，广大党员干部发挥了先锋模范作用。但是，我们也必须清醒地看到，党内还存在着严重影响党的先进性和纯洁性的因素：一些党员理想信念动摇，宗旨观念淡薄，党员意识和执政意识淡化，带领群众前进的能力不强，难以发挥先锋模范作用；一些党员干部思想理论水平不高，理想信念不坚定，事业心和责任感不强，思想作风不端正，工作作风不扎实，脱离群众的问题比较突出，形式主义、官僚主义、享乐主义、奢靡之风还相当严重，有的甚至丧失理想信念，以权谋私，腐化堕落。所有这些问题，最根本的还是党性问题。习近平总书记深刻指出：“对领导干部而言，党性就是最大的德。现在干部出问题，主要是出在‘德’上、出在党性薄弱上。”[1]要解决这些问题，必须从加强党性教

① 习近平：《在全国党校工作会议上的讲话》，人民出版社 2016 年版，第 17 页。

育入手。只有不失时机地推进党性教育理论的创新，坚定不移地加强党性教育，才能不断增强党自我净化、自我完善、自我革新、自我提高的能力，使党始终保持先进性和纯洁性。

第一，增强党性修养有助于夯实党员理论基础。共产党人之所以能够带领广大人民群众改天换地，建立新中国，并带领中国人民迎来从站起来、富起来到强起来，一个重要的原因是我们有深厚的理论修养作为支撑。正如习近平总书记所指出：“不了解、不熟悉马克思主义基本原理，就不可能真正了解和掌握中国特色社会主义理论体系。”[①]新时代，学习习近平新时代中国特色社会主义思想，必须从读原著、学原文中悟原理，真学真懂，真正地悟出其中的真谛，做到学思用贯通，知信行统一。因此，我们不仅要掌握马克思主义基本原理，还要理解马克思主义的思维方式，将马克思主义的方法论运用到实际中，尊重事物的发展规律，分析出当下我们面临的困境和矛盾，科学有效地解决实际中遇到的问题，这是每一位共产党员应该具备的基本素养。

第二，有助于锤炼党员的政治修养，坚定党员理想信念。新时代，我们党已经是拥有 9800 多万名党员的大党，做好党员的理想信念教育尤为重要。2022 年 10 月，习近平总书记在党的二十大报告中提出了“推动理想信念教育常态化制度化”[②]战略部署。我们要继续保持和发扬百年来坚守的理想信念，更要在实践中不断创新和探索符合新时代的新要求。只有理想信念坚定，心中才有信仰，脚下才有力量。作为马克思主义者，

---

① 习近平：《在全国党校工作会议上的讲话》，人民出版社 2016 年版，第 19 页。

② 习近平：《高举中国特色社会主义伟大旗帜　为全面建设社会主义现代化国家而团结奋斗》，人民出版社 2022 年版，第 44 页。

广大党员干部，一要把理想信念作为修身立业的旗帜，把信仰刻在心里，融入灵魂；二要做到明辨是非，坚决抵御形形色色的诱惑，在大是大非面前坚定理想信念，在风险挑战中勇敢前行；三要保证对党绝对忠诚，锤炼出坚定的意志品质，增强“四个意识”、坚定“四个自信”、做到“两个维护”，拥护“两个确立”，在任何形势下都紧跟党的步伐，不拖后腿，不掉队。

第三，有助于加强党员的道德修养，升华党员人生境界。从 1921 年至今，党涌现出一代代一批批道德楷模。新时代新征程，广大党员干部要善于从这些道德楷模身上汲取营养，用楷模的事迹来鞭策自己、约束自己，时刻不忘党员的身份，用自己的良好道德品质带动身边的人，在日常生活中突出党员的先锋模范作用。另外，将道德修养与实践相结合，做到铭于心、立于言、践于行，有担当、敢作为，时时刻刻想着人民，坚持为人民做实事，在为中国人民谋幸福、为中华民族谋复兴的实际工作中不断升华人生境界。

第四，有助于加强党员纪律修养，严守纪律红线。“我们党作为世界上最大的马克思主义执政党，要始终赢得人民拥护、巩固长期执政地位，必须时刻保持解决大党独有难题的清醒和坚定。”[①]回顾中国共产党的百年峥嵘岁月，中国共产党依靠严明的纪律走过了重重关卡，壮大队伍，塑造出从严治党的优良传统。“早在解放战争取得全国胜利前夕召开的党的七届二中全会就向全党提出，务必继续保持谦虚、谨慎、不骄、不躁的作风，务必继续保持艰苦奋斗的作风。新中国成立后，党着重提出执

① 习近平：《高举中国特色社会主义伟大旗帜　为全面建设社会主义现代化国家而团结奋斗》，人民出版社 2022 年版，第 63 页。

政条件下党的建设的重大课题，从思想上组织上作风上加强党的建设、巩固党的领导。”[①]在新时代的洪流中，保持和发扬党的优良传统，继续加强党的纪律建设，提升党员的党性修养显得更为迫切。这要求广大党员时刻保持冷静的头脑，严守底线，磨炼出坚定的意志品质。纪律是一杆标尺，是衡量一名共产党员是否合格的标准。要将党性教育渗透到工作和生活中，做到警钟长鸣，从生活作风到工作作风，时刻不忘遵守纪律，形成一种惯性，并作为自我提升和全面发展的必要条件，使全体党员都能够心存敬畏，严守底线。

第五，有助于加强党员的作风修养。党的作风是党的形象，回望党的百年历史，党以优良的作风温暖了广大人民群众的心，让广大人民群众相信共产党、紧跟共产党。改革开放以来，“党围绕解决好提高党的领导水平和执政水平、提高拒腐防变和抵御风险能力这两大历史性课题，以执政能力建设和先进性建设为主线，先后就加强党同人民群众联系、加强和改进党的作风建设、加强党的执政能力建设等重大问题作出决定，组织开展‘讲学习、讲政治、讲正气’教育、‘三个代表’重要思想学习教育活动、保持共产党员先进性教育活动、学习实践科学发展观活动等集中性学习教育”[②]，使包括思想建设、作风建设在内的自身建设取得了显著成效。作风修养是每一位共产党员的镜子，既向世人展现着党的形象，也是每一名共产党员行为的标尺。进入新时代，中国共产党作为一个拥有 9800 多万名党员的大党，提高党员的个人修养是我们党迫在眉睫

---

① 《中共中央关于党的百年奋斗重大成就和历史经验的决议》，人民出版社 2021 年版，第 18 页。

② 《中共中央关于党的百年奋斗重大成就和历史经验的决议》，人民出版社 2021 年版，第 28 页。

的考验。因此，每一位党员干部都应继续加强作风修养，切实开展批评与自我批评，敢于直面问题，坚持实事求是，达到排毒治病的效果。

（二）踏实肯干，强化担当作为

“全面建设社会主义现代化国家，必须有一支政治过硬、适应新时代要求、具备领导现代化建设能力的干部队伍。”[①]中国共产党自成立以来，始终以担当作为的精神去完成每一个历史时期的艰巨使命，也凝聚成了每一个历史时期的时代丰碑。中国共产党人的担当作为，在实践上表现为领导人民推翻压迫，消灭剥削，解放和发展生产力，让国家走向繁荣昌盛；在理论上表现为不断总结经验并上升为理论，形成和发展了毛泽东思想、中国特色社会主义理论体系和习近平新时代中国特色社会主义思想。

担当精神是我们党永葆先进性和纯洁性的重要体现，是马克思主义政党本质属性的必然要求，是贯穿于我们党推动中国社会发展进步的强大动力。当前，部分党员干部在担当作为、履职尽责、干事创业中，面对是非问题和歪风邪气不敢斗争，立场不坚定；面对困难危机不敢斗争，缺乏荣誉感；面对失败错误不敢承担责任，缺乏责任感。提升党员干部担当作为的意愿和能力，必须建立鼓励担当作为的考评激励机制，增强党员干部适应新时代发展要求的本领，建立严管和厚爱相结合的容错纠错机制。

想担当，就是要有担当重任的态度。习近平总书记指出：“是否具有

---

①　习近平：《高举中国特色社会主义伟大旗帜　为全面建设社会主义现代化国家而团结奋斗》，人民出版社 2022 年版，第 66 页。

担当精神，是否能够忠诚履责、尽心尽责、勇于担责，是检验每一个领导干部身上是否真正体现了共产党人先进性和纯洁性的重要方面。”①可以说，想担当是一种境界、一种态度。如今，中华民族比历史上任何时候都更有能力、更有条件实现伟大复兴中国梦，但是，其面临的困难和险阻又是空前的。回望过去，从魏源、林则徐开眼看世界，到戊戌变法、辛亥革命学习西方搞变革，再到党领导中国人民进行新民主主义革命、社会主义革命和建设、改革开放和社会主义现代化建设、新时代中国特色社会主义等，无不体现着中国共产党人有担当、敢担当的态度。因此，面对复杂多变的发展局面，广大党员干部更要学习先辈有担当、敢担当的态度，勇于迎接发展中遇到的难题，勇于克服前进中遇到的阻碍，为努力实现党的“第二个百年奋斗目标”而奋斗。

敢担当，就是要有担当重任的勇气和斗志。敢担当是中国共产党人的政治本色。1921 年，中国共产党成立之初，就毅然把挽救民族危亡、实现民族独立作为党的奋斗目标和纲领。1978 年，党又自觉担负起领导改革开放，带领中国人民富起来的时代责任。党的十八大以来，党自觉肩负起全面深化改革，自觉带领中国人民实现脱贫致富、全面建成小康社会的历史使命。可以说，自 1921 年以来，每一代共产党人都自觉担负起历史和人民赋予的重任。因此，中国共产党是一个敢担当并且有担当重任能力的政党。在新的发展形势下，新使命新任务更加需要中国共产党人攻坚克难，积极寻找克服困难的“金钥匙”，自觉担负起实现中华民族伟大复兴的历史重任。

---

① 中共中央党校马克思主义学院、中国马克思主义研究基金会编：《马克思主义中国化的新进展》，人民出版社 2017 年版，第 8 页。

能担当，就是要有担当重任的能力。“没有金刚钻别揽瓷器活”，勇于担当并不是简单地逞匹夫之勇，而是要有着眼大局的视野，创造性解决各种问题的能力。因此，共产党员要做到能够担当，就必须加强理论学习，在科学理论指导的实践中不断锤炼出干事的能力，做到理论与实际融会贯通。同时，要学会运用战略思维、创新思维、辩证思维、历史思维、底线思维、法治思维来解决问题；要坚持从群众中来到群众中去，加强与群众的血肉联系，经常深入到群众中去，问计于民，问需于民；要善于总结工作经验，正确对待成绩和失误，不断促进工作开展。同时，打铁还需自身硬，只有自己行得正、坐得端，才有底气去做别人的工作。如果自身存在问题，就会前怕狼后怕虎、畏首畏尾，不敢去硬碰硬，不敢去较真。党员干部要敢于担当，就必须树立正确的权力观、地位观和利益观，做到自重、自省、自警、自励；不断加强党性修养，不为名利所累，不为物欲所惑，不为人情所扰；堂堂正正做人，老老实实做事，做到一尘不染、一身正气、廉洁奉公，让人民信服和拥护党。新时代新征程，尤其要“加强干部斗争精神和斗争本领养成，着力增强防风险、迎挑战、抗打压能力，带头担当作为，做到平常时候看得出来、关键时刻站得出来、危难关头豁得出来”。[①]

（三）凝心聚力，汇聚干事合力

中国共产党把马克思主义作为指导思想。马克思主义作为我们认识世界和改造世界的科学的世界观和方法论，也是指导我们改造世界的正

① 习近平：《高举中国特色社会主义伟大旗帜　为全面建设社会主义现代化国家而团结奋斗》，人民出版社2022年版，第66—67页。

确方法。马克思主义哲学区别于其他一切哲学的关键在于：马克思主义哲学重在改造世界。正如马克思所言：“哲学家们只是用不同的方式解释世界，问题在于改变世界。”[①]中国共产党作为马克思主义政党，必然要以改造世界为己任，党员干部也必须敢于担当作为、改造世界。改造客观世界必须发挥主观能动性，担当作为就是发挥主观能动性的重要表现。事物的存在和发展是由客观规律所决定的，只有发挥主观能动性，才能够运用规律改造客观世界。人类将自身的主观能动性加之于客观事物的过程，就是主观见之于客观的过程，也就是我们常说的实践。无论是生产实践还是处理社会关系的实践，抑或是科学实践，都必须发挥人的主观能动性，这就要求马克思主义政党及其党员必须在改造客观世界的过程中善于发挥主观能动性、敢于担当作为。

如今，在全党全国人民的共同努力下，经过几十年的改革开放，党和国家的事业取得了前所未有的发展，我们比历史上任何时期都更加接近实现中华民族伟大复兴的目标。但是，我们应该看到，我国的主要矛盾已经转化为人民日益增长的美好生活需要和不平衡不充分的发展之间的矛盾；改革正处于攻坚阶段，发展正处于关键时期，改革的深刻性、复杂性、艰巨性前所未有，发展面临的压力之大、困难之多、挑战之重前所未有。要把党的事业推向前进，实现党的奋斗目标，必须不失时机地推进党性教育理论的创新，坚定不移地加强党性教育，把党建设成为始终走在时代前列、人民衷心拥护、勇于自我革命、经得起各种风浪考验、朝气蓬勃的马克思主义执政党，把党员干部锻造成为具有干事精神

① 恩格斯：《路德维希·费尔巴哈和德国古典哲学的终结》，人民出版社2014年版，第62页。

和共产主义觉悟的先锋战士。

汇聚干事合力，要调动人民积极性。“党的根基在人民、血脉在人民、力量在人民，人民是党执政兴国的最大底气。”[①] 人民群众中蕴藏着无穷无尽的改革智慧和战胜困难的强大力量。回顾党的百年历程，从五四运动，到北伐战争、土地革命战争、抗日战争和解放战争，再到后来的社会主义建设、改革，广大人民群众都表现出了极大力量。可以说，中国共产党之所以能带领中国人民实现人民解放、民族独立和国家富强，离不开广大人民群众的力量。如今，社会发展依然复杂多变，要实现中华民族伟大复兴，必须调动广大人民群众的积极性，凝聚成改革开放的合力、动力，集中力量解决社会发展中的突出问题，为实现既定目标积蓄磅礴之力。

汇聚干事合力，要更广泛更有效地调动各级领导干部的积极性。自中国共产党成立以来，无数党员干部为了民族独立和民族复兴，抛头颅、洒热血，表现出了大无畏的精神，可以说，为了中国人民的幸福生活，中国共产党人积极性被显著调动。如今，改革开放愈来愈深入，遇到的问题也会愈来愈多，这就要求各级领导干部要从自身工作的实际情况出发，在深入调查研究的基础上，在实践中寻找解决问题的方法，创造性地把中央决策部署对接具体现实、化为具体方案、变成具体措施，释放出发展的生机活力。同时，要树立重实干、重实绩的用人导向，贯彻严管和厚爱相结合、激励和约束并重的辩证法，建立健全容错纠错机制，真正把各级领导干部的积极性、主动性、创造性充分激发出来，让他们

① 《中共中央关于党的百年奋斗重大成就和历史经验的决议》，人民出版社2021年版，第72页。

敢干事、会干事、能干成事。

汇聚干事合力，要充分发挥中央和地方的两个积极性，努力构建上下联动的工作机制。100 年来，特别是改革开放以来，中国共产党带领中国人民取得了举世瞩目的辉煌成就，不难发现，充分调动中央和地方的积极性十分重要。幅员辽阔、人口众多是我国的基本国情之一，这就要求我国必须在加强党中央集中统一领导、确保党中央政令畅通的基础上，赋予地方一定的权利，充分发挥地方的优势，因地制宜、创造性解决发展中出现的新情况新问题。需要中央先定调子、划底线的，要按照统一部署及时给地方交底；需要地方先探路子、创造经验的，中央要及时给予授权，有效调动中央和地方两个积极性。唯有如此，才能集中力量办好大事，汇聚发展经济的合力。

二、党性教育的主要内容

（一）旗帜鲜明，永葆党的性质

“实践充分说明，历史和人民选择了中国共产党，没有中国共产党领导，民族独立、人民解放是不可能实现的。”[①]如何保持党的先进性和纯洁性，如何永远得到人民的支持与拥护，是中国共产党这个百年大党必须回答好、解决好的一个根本性问题。“求木之长者，必固其根本；欲流之远者，必浚其泉源”。党的性质是我们党始终保持生机活力的源头

① 《中共中央关于党的百年奋斗重大成就和历史经验的决议》，人民出版社 2021 年版，第 14 页。

活水，是中国共产党不变质不变色不变味、实现长期执政必须筑牢的立党根基。党的十八大以来，习近平总书记作了诸多关于党的初心使命以及推进党自我革命的重要论述，丰富和深化了我们对党的性质宗旨的认识，为新的时代条件下坚守党的性质宗旨、永葆党的青春活力提供了根本遵循。

中国共产党性质理论经历了百年演变，体现了与时俱进的理论品质。从浙江嘉兴南湖的红船到党的十八大，中国共产党根据革命、建设和改革发展的新形势，根据不同历史时期的政治任务和党自身建设发展的需要，先后对党章进行了多次修改。每一次党章的修改，无不体现了党对自身更进一步的认识，以及中国共产党不断走向成熟的艰难历程，也记录着中国共产党的性质理论的发展变化轨迹。

一是建党时期党的性质理论。1922 年，党的二大制定通过了党的历史上第一部正式党章——《中国共产党章程》，大会通过的《关于共产党的组织章程决议案》指出，“我们共产党，不是‘知识者所组织的马克思学会’也不是‘少数共产主义者离开群众之空想的革命团体’，‘应当是无产阶级中最有革命精神的大群众组织起来为无产阶级之利益而奋斗的政党，为无产阶级做革命运动的急先锋”。[①]这是中国共产党成立以来第一次在正式文件中明确阐述了党的性质。这一表述是幼年时期的中国共产党对自身性质的科学总结。它严格区分了党和马克思主义学会、革命团体、无产阶级的关系，强调了中国共产党在无产阶级革命中的先锋作用。

①《建党以来重要文献选编（1921—1949）》第 1 册，中央文献出版社 2011 年版，第 162 页。

二是抗日战争到过渡时期党的性质理论。1945年，中国共产党的七大第一次完全独立地制定了新的党章，七大党章在增写的总纲部分对党的性质作了明确概括，指出："中国共产党，是中国工人阶级的先进的有组织的部队，是它的阶级组织的最高形式。中国共产党代表中国民族与中国人民的利益。它在现阶段为实现中国的新民主主义制度而奋斗。它的最终目的，是在中国实现共产主义制度。"[①]七大党章关于党的性质的表述，创造性地提出了"中国民族与中国人民的利益"，这是党在长期革命中得出的宝贵经验。

三是社会主义建设时期党的性质理论。1956年9月，中国共产党第八次全国代表大会在北京政协礼堂召开。党的八大对党章进行了更深一步的修改，党的八大首次将代表人民群众的利益融入"先进部队"。邓小平在党的八大关于修改党章的报告中说，"党的全部任务就是全心全意地为人民群众服务"，"它是人民群众的全心全意的服务者，它反映人民群众的利益和意志"，这是党能够"成为先进部队"的根本原因[②]。

四是进入21世纪以后党的性质理论。2002年11月，党的十六大指出："中国共产党是中国工人阶级的先锋队，同时是中国人民和中华民族的先锋队，是中国特色社会主义事业的领导核心，代表中国先进生产力的发展要求，代表中国先进文化的前进方向，代表中国最广大人民的根本利益。党的最高理想和最终目标是实现共产主义。"[③]这更加全面详细地阐述了中国共产党的性质，表述由原来的"一个先锋队"发展为"两

① 《中国共产党历次党章汇编（1921—2017）》，中国方正出版社2019年版，第111页。

② 《邓小平文选》第1卷，人民出版社1994年版，第217—218页。

③ 《中国共产党章程》，人民出版社2007年版，第1页。

个先锋队”；把原来的“一个代表”拓展成为“三个代表”。可以说，党的十六大中关于党的性质理论的阐述，使中国共产党的性质理论更加清晰了，也使得中国共产党是工人阶级先锋队的思想更加深刻、更加具有时代意义。

回顾百年奋斗历史，中国共产党尽管历经磨难，但中国共产党人始终不畏艰险，在实践中不断探索、不断总结，最终形成了比较稳定的党的性质理论，简称“一个领导核心”“两个先锋队”“三个代表”。

“水能载舟，亦能覆舟”，回顾中国5000年历史的兴衰更替，封建王朝之所以没能摆脱盛极而衰的历史宿命，是因为他们认识不到人民的重要性。中国共产党为什么“能”？是因为我们党是中国工人阶级的先锋队，同时是中国人民和中华民族的先锋队，宗旨是全心全意为人民服务。“经过不懈努力，党找到了自我革命这一跳出治乱兴衰历史周期率的第二个答案，自我净化、自我完善、自我革新、自我提高能力显著增强，管党治党宽松软状况得到根本扭转，风清气正的党内政治生态不断形成和发展，确保党永远不变质、不变色、不变味。”①

“三个代表”在新的历史时期赋予党的先进性以新的时代内涵，深刻揭示了党的本质。回顾中国共产党百年奋斗历程，不难发现，中国共产党总能在生死攸关的转折点表现出强大的“刀刃向内”的自我革新的勇气和精神品质，总能使中国共产党一次又一次地经受住历史和人民的考验，领导中国人民取得革命、建设和改革的伟大胜利，使党始终成为中国人民和中华民族的主心骨。中国共产党历经百年风云依然充满活力的

---

①　习近平：《高举中国特色社会主义伟大旗帜　为全面建设社会主义现代化国家而团结奋斗》，人民出版社2022年版，第14页。

秘诀，源于党的性质内在的动态的永不止步的先进性。

中国共产党的领导核心地位，并不是自封的，而是历史和人民的选择。历史和人民为什么选择中国共产党？1840年鸦片战争以来，中国积贫积弱，中国人民受尽屈辱，生活在水深火热的环境里。1921年中国共产党成立后，先后带领中国人民推翻“三座大山”的压迫，建立中华人民共和国，实现了民族独立和人民解放。新中国成立以来，尤其是经过40多年改革开放和发展中国特色社会主义，中国人民从过去的“吃不饱”“穿不暖”到“两不愁三保障”，再到现在的全面小康社会。中国共产党的领导地位就是这样一步一个脚印地赢得了人民和历史的认可。回顾中国共产党百年奋斗历程，可以得出一个基本结论：办好中国的事情，关键在中国共产党。党具有巨大的思想优势、政治优势和组织优势，有信心有能力随时准备应对重大挑战、抵御重大风险、克服重大阻力、解决重大问题。实现中华民族伟大复兴，关键在坚持党的领导。

（二）行者无疆，牢记党的宗旨

全心全意为人民服务是中国共产党的根本宗旨。这一根本宗旨在不同历史时期有不同的时代要求，中国共产党为人民服务的思想也在不断变化和发展。邓小平同志把它发展为“三个有利于标准”和“人民标准”，江泽民同志把它上升为党的建设的原则和目标，胡锦涛同志把它与发展观相结合，形成“以人为本，全面协调可持续”的科学发展观。党的十八大以来，习近平总书记提出以“人民为中心”的思想，这一思想是为人民服务的思想在新时代的继承和升华。

全心全意为人民服务是中国共产党的根本宗旨。习近平总书记指出：“中国共产党一经诞生，就把为中国人民谋幸福、为中华民族谋复兴确立为自己的初心使命。”[1]从党的成立到新民主主义革命胜利，从新中国成立到改革开放，从开创、捍卫、坚持和发展中国特色社会主义到中国特色社会主义进入新时代，“全心全意为人民服务”始终是贯穿党和国家各项事业发展的价值取向，是中国共产党团结带领全国各族人民实现从站起来到富起来并迎来强起来的力量源泉和制胜法宝。

“人民是历史的创造者，是真正的英雄。”[2]为人民服务，源于1944年9月8日毛泽东在张思德追悼会上所作的演讲。毛泽东针对当时抗日战争正处于十分艰苦的阶段，第一次从理论上深刻阐明了为人民服务的思想，并号召学习张思德同志完全、彻底地为人民服务的精神。1944年10月，毛泽东在接见新闻工作者时指出，“三心二意不行，半心半意也不行，一定要全心全意为人民服务”[3]。从此，“为人民服务”表述为“全心全意为人民服务”。1945年4月，毛泽东又在党的七大政治报告《论联合政府》中指出：“全心全意地为人民服务，一刻也不脱离群众；一切从人民的利益出发，而不是从个人或小集团的利益出发；向人民负责和向党的领导机关负责的一致性；这些就是我们的出发点。”[4]正是在党的七大上，“中国共产党人必须具有全心全意为中国人民服务的精神”[5]写入了党章，确立为我们党的宗旨。其后又写入宪法，成为中华人民共和

---

① 习近平：《在庆祝中国共产党成立100周年大会上的讲话》，人民出版社2021年版，第7页。

② 习近平：《在庆祝中国共产党成立100周年大会上的讲话》，人民出版社2021年版，第9页。

③ 奚洁人：《党的先进性建设系列研究》下卷，人民出版社2012年版，第574页。

④ 《毛泽东选集》第3卷，人民出版社1991年版，第1094—1095页。

⑤ 《中国共产党史稿》第3分册，人民出版社1983年版，第228页。

国国家机关及其工作人员的法定义务。

改革开放初期，邓小平就主张以“人民拥护不拥护”“人民赞成不赞成”“人民高兴不高兴”“人民答应不答应”[①]来检验“全心全意为人民服务”的效果，并于1985年在全国教育工作会议上的讲话中提出，“什么是领导？领导就是服务”[②]，给党的宗旨注入了时代内容，赋予了时代意义。领导干部都是公仆，人民是国家主人，公仆为人民服务，是分内之事，因此领导的实质就是服务，要求领导者在使用权力时，一定要把人民利益放在第一位。

进入21世纪，江泽民指出：“贯彻‘三个代表’重要思想，关键在坚持与时俱进，核心在坚持党的先进性，本质在坚持执政为民。”[③]这就把党的宗旨与实现宗旨的途径、方法进一步联系起来，把代表最广大人民群众的根本利益作为我们党实现其宗旨的具体途径。以胡锦涛同志为核心的党中央，提出科学发展观，强调以人为本，建设社会主义和谐社会，使党的宗旨达到了主体与客体、主观与客观的统一，明确指出，党员干部要做到权为民所用、情为民所系、利为民所谋。

进入新时代，习近平总书记强调：人民对美好生活的向往就是我们的奋斗目标。我们一定要始终与人民心连心，全心全意为人民服务。人民始终是习近平总书记心中“更重要的”和“最重要的”。为了人民、依靠人民、服务人民是习近平总书记治国理政的靓丽主线，也是唯一主线。习近平总书记率先垂范，时时、处处、事事体现在他的拳拳爱民之

① 胡锦涛：《在邓小平同志诞辰100周年纪念大会上的讲话》，人民出版社2004年版，第8页。

② 《邓小平文选》第3卷，人民出版社1993年版，第121页。

③ 《江泽民思想年编（1989—2008）》，中央文献出版社2010年版，第4页。

心、浓浓赞民之情、孜孜为民之意，形成了独特的“人民观”。

人民群众的期盼就是为人民服务的具体要求。其一，要强调人民群众的价值主体地位。因此，中国共产党人在践行全心全意为人民服务的宗旨时，就必须把全心全意为人民服务落实到实际行动中，为人民群众办好事、办实事，满足人民群众的实际需要。回顾中国共产党百年发展奋斗历程，我们可以发现，中国共产党是一个善于将人民群众的意志和期盼变为自己的目标，并为之奋斗的政党。进入新时代，如何践行党的宗旨，要善于从党的奋斗历程中汲取经验。一方面，要明确当前党和人民的奋斗目标是实现中华民族伟大复兴；另一方面，要在实际的工作中多做顺民心、得民心的事，坚持把实现人民群众的意志和期盼作为履行宗旨的具体要求，而不是大搞所谓的“形象工程”“政绩工程”，把自己的意志和主张强加给人民。党的十八大以来，习近平总书记针对这些问题作了许多批评，并且强调要把人民群众的期盼作为党的奋斗目标，明确揭示了新形势下共产党员践行宗旨的具体要求。

其二，回应人民呼声。2012 年 11 月，习近平总书记在十八届中共中央政治局常委同中外记者见面会上指出：“我们的人民热爱生活，期盼有更好的教育、更稳定的工作、更满意的收入、更可靠的社会保障、更高水平的医疗卫生服务、更舒适的居住条件、更优美的环境，期盼孩子们能成长得更好、工作得更好、生活得更好。人民对美好生活的向往，就是我们的奋斗目标。”①这表明了中国共产党在现阶段的奋斗目标不是别的，而是要不断实现人民群众对美好生活的期盼。因此，中国共产党人践行全心全意为人民服务的宗旨，就要以人民群众的期盼为准绳，不

① 《习近平谈治国理政》第 1 卷，外文出版社 2018 年版，第 4 页。

能主观臆断，不能把党员干部的个人想法强加于人民群众。党员干部要随时随刻倾听人民呼声、回应人民期待，保证人民平等参与、平等发展权利，维护社会公平正义，在学有所教、劳有所得、病有所医、老有所养、住有所居上持续取得新进展，不断实现好、维护好、发展好最广大人民根本利益，使发展成果更多更公平惠及全体人民，在经济社会不断发展的基础上，朝着共同富裕方向稳步前进。①

其三，顺应中华儿女的殷切期盼。习近平总书记指出：“江山就是人民、人民就是江山，打江山、守江山，守的是人民的心。中国共产党根基在人民、血脉在人民、力量在人民。”②百年来，一代代中国共产党人心里始终都装着广大人民群众。实现中华民族伟大复兴的中国梦，是14亿多中华儿女的殷切期盼，“凝聚了几代中国人的夙愿，体现了中华民族和中国人民的整体利益，是每一个中华儿女的共同期盼”③。自中国共产党诞生以来，实现和满足人民群众的期盼、实现党的奋斗目标、履行党的宗旨是统一的。在当今中国，这些集中体现在共产党人要团结带领人民群众为实现“两个一百年”的奋斗目标以及中华民族伟大复兴的中国梦而奋斗。

（三）初心不改，践行党的使命

不忘初心、牢记使命是对历史规律的自觉遵循和践行。1840年鸦片战争之后，中国沦为半殖民地半封建社会，内忧外患，中国人民受尽了

---

①《习近平谈治国理政》第1卷，外文出版社2018年版，第41页。

② 习近平：《在庆祝中国共产党成立100周年大会上的讲话》，人民出版社2021年版，第15页。

③《习近平谈治国理政》第1卷，外文出版社2018年版，第36页。

苦难。为了民族独立和人民解放，无数仁人志士抛头颅、洒热血，但最终都以失败而告终，中国革命迫切需要新的思想引领，迫切需要新的组织凝聚力量。中国共产党就是在这样的历史大背景、大环境下应运而生的。中国共产党自成立以来，就自觉担负起实现民族独立、人民解放和国家富强、人民幸福的历史使命。100 多年来，中国共产党是这样承诺的，也是这样做的。从 1921 年开始，无数中国共产党人在领导人民进行新民主主义革命、社会主义革命和建设、改革开放及建设和发展中国特色社会主义的伟大斗争中献出了宝贵的生命，为的就是践行中国共产党人的初心和使命。党的十八大以来，面对新的发展环境和新的风险挑战，习近平总书记指出：“只有回看走过的路、比较别人的路、远眺前行的路，弄清楚我们从哪儿来、往哪儿去，很多问题才能看得深、把得准。”[①]可见，不管社会条件和发展环境如何变化，中国共产党人的初心和使命都没有改变。鸦片战争后的 180 多年来，尤其是中国共产党成立 100 多年来，中华民族发生了翻天覆地的变化。从民族危亡到民族独立，从“吃不饱”“穿不暖”到“两不愁三保障”，再从“精准脱贫”到全面建成小康社会的历史轨迹，无不体现出中国共产党践行初心使命的决心和智慧。同时，中国共产党人从来不否认，我国目前的发展水平离实现共产主义还相当遥远，但是，只要全党全国人民一起努力，一步一个脚印，共产主义的最终目标必定会实现。诚如马克思所说，工人阶级的革命事业要“经常自己批判自己，往往在前进中停下脚步，返回到仿佛已

① 《习近平在学习贯彻党的十九大精神研讨班开班式上发表重要讲话强调　以时不我待只争朝夕的精神投入工作　开创新时代中国特色社会主义事业新局面》，《人民日报》2018 年 1 月 6 日。

经完成的事情上去，以便重新开始把这些事情再做一遍”[①]。今天，中国共产党人的初心使命不仅仅是一种承诺，更是一种催人奋进的奋斗力量。所以，中国共产党人要把初心使命作为工作中的一杆秤，在前进的过程中，时刻不忘“称一称”自己，看看自己是否被沿途的风景迷惑，被眼前的艰险吓倒。

为中华民族谋复兴的根本目的是为中国人民谋幸福。翻开党的一大通过的《中国共产党第一个纲领》，我们会发现党的初心使命依然充满力量，“革命军队必须与无产阶级一起推翻资本家阶级的政权”，“承认无产阶级专政，直到阶级斗争结束，即直到消灭社会的阶级区分”[②]。再到党成立近百年时，中国共产党第十九次全国代表大会重提初心使命，同样显得铿锵有力：“党的一切工作必须以最广大人民根本利益为最高标准。我们要坚持把人民群众的小事当作自己的大事，从人民群众关心的事情做起，从让人民群众满意的事情做起，带领人民不断创造美好生活！”[③]从党的一大到党的二十大，我们可以看到，不论时代如何发展变化，也不论党不同阶段的奋斗目标如何演变，亦不论奋斗的措施和方法如何变化，中国共产党为人民谋幸福的初心和使命是永恒不变的。现如今，“十四五”规划的航船已经启航，中国共产党要以新的姿态，始终坚持为人民谋幸福的初心和使命，坚持为人民办实事、谋幸福，不断带领人民群众创造更加幸福美好的生活。

为中国人民谋幸福的实现路径是为中华民族谋复兴。实现中华民族

---

① 《马克思恩格斯选集》第1卷，人民出版社1995年版，第587页。

② 《建党以来重要文献选编（1921—1949）》第1册，中央文献出版社2011年版，第1页。

③ 《十九大以来重要文献选编》上，中央文献出版社2019年版，第35页。

伟大复兴是鸦片战争以来全体中华儿女最伟大的梦想。从1840年开始，无数中华儿女为了实现民族复兴抛头颅、洒热血。从一开始的地主阶级改良，到农民阶级战争，再到资产阶级改良和革命，虽然一系列抗争最后都未能取得反帝反封建革命的胜利。但是，不可否认的是，他们所做的抗争粉碎了西方列强瓜分、灭亡中国的图谋，为中国新民主主义革命的开展和胜利积累了丰富经验，都在一定程度上为实现中华民族伟大复兴作出了贡献。直到中国共产党的成立，让中国人民看到了民族复兴的希望和未来。中国共产党一开始就自觉肩负起实现民族独立、人民解放和国家富强、人民幸福的历史使命。然而，翻开历史的篇章，我们不难发现：实现中华民族伟大复兴的中国梦是绝不会从天而降的，它要靠全体中华儿女的共同努力。因此，中国共产党人要在奋斗的征程中找到中华民族团结奋斗的最大公约数和最大同心圆，找到提振精神、凝聚力量、熔铸共识的价值共振点。回望中国共产党的百年奋斗路，无不体现出这样一个道理：没有哪一个时期，也没有哪一件事情，党领导的民族复兴事业能离开人民的支持。我们党靠人民支持拥护而执政，理应把为人民谋幸福作为最大追求。人民群众之所以支持我们党，是因为信任我们党，知道党是为人民服务的政党，是为人民打天下谋幸福的政党。[①]以史为镜，实现中华民族伟大复兴的中国梦，必须紧紧依靠广大人民群众的力量，心怀对人民群众无比的崇敬之心，充分调动人民群众的积极性、创造性，激励人民群众谱写出民族复兴的时代华章。

---

①　李永胜：《人民幸福：初心和使命的价值真谛》，《中国教育报》2019年7月11日。

"初心易得，始终难守。"[1]中国共产党的初心是为中国人民谋幸福，为中华民族谋复兴，同时这也是我们党一脉相承的奋斗目标。习近平总书记指出："唯有不忘初心，方可告慰历史、告慰先辈，方可赢得民心、赢得时代，方可善作善成、一往无前。"[2]回望过去的路，不难发现，中国共产党人的初心和使命总是紧密相连的；一代人有一代人的使命，每一代中国共产党人的使命最终都可以归结为"为人民谋幸福"。如今，党的第一个百年奋斗目标已经实现，实现第二个百年奋斗目标的新征程已经开启，全党全国人民已经走在实现全面建设社会主义现代化国家的道路上。面对世界百年未有之大变局，实现中华民族伟大复兴的艰巨任务，需要"不断提高党的建设质量，把党建设成为始终走在时代前列、人民衷心拥护、勇于自我革命、经得起各种风浪考验、朝气蓬勃的马克思主义执政党"[3]，始终把增进民生福祉作为发展的根本目的，积极探索破解发展不平衡不充分难题的对策，努力开创高质量发展新局面，在发展中补齐民生短板，不断促进人的全面发展，实现全体人民共同富裕。

（四）铁的纪律，严守党的规章纪律

党的十八大以来，以习近平同志为核心的党中央在全面从严治党的战略部署下，不断丰富党的纪律建设的内容。党的十九大报告更是把党

---

① 习近平：《在庆祝中国共产党成立100周年大会上的讲话》，人民出版社2021年版，第14页。

② 《习近平在瞻仰中共一大会址时强调　铭记党的奋斗历程时刻不忘初心　担当党的崇高使命矢志永远奋斗》，《人民日报》2017年11月1日。

③ 《十九大以来重要文献选编》上，中央文献出版社2019年版，第43—44页。

的纪律细化为政治、组织、廉洁、群众、工作以及生活六大纪律，明确提出要以党的政治纪律建设为核心，强化其他五大纪律建设，推动党的纪律建设向常态化发展。

1. 把党的政治纪律放在首位

习近平总书记明确指出：“政治纪律是各级党组织和全体党员在政治方向、政治立场、政治言论、政治行为方面必须遵守的规矩，是维护党的团结统一的根本保证。”[①]党的政治建设一直是党团结带领中国人民取得革命、建设和改革伟大胜利的重要保障。总结党的十八大以来党加强政治纪律的成效和经验，党的十九大再一次对党章进行了修改，进一步强调了党的政治建设的重要意义。因此，面对前进道路上的诸多诱惑，全体党员务必坚持党中央权威和集中统一领导，坚决做到“两个维护”，自觉拥护“两个确立”，自觉维护党中央权威和党的团结统一。在实现中华民族伟大复兴的征程中，始终坚定党性意识，自觉遵守党的政治纪律和国家法纪法规，自觉接受人民群众的监督，时刻保持政治上的高度清醒，做政治上的明白人。

2. 严明党的组织纪律

“党的力量来自组织，组织能使力量倍增。”[②]从中国共产党第一次全国代表大会开始，党的组织纪律一直是党强调的重点，也是党发展壮大，富有战斗力的重要保障。党的十八大以来，为了继续深化党的组织建设，习近平总书记提出了两点要求：一是坚持民主集中制的重要意义。自中

① 《习近平关于严明党的纪律和规矩论述摘编》，中央文献出版社、中国方正出版社 2016 年版，第 13 页。

② 《习近平关于严明党的纪律和规矩论述摘编》，中央文献出版社、中国方正出版社 2016 年版，第 36 页。

国共产党成立以来，民主集中制就成为党内的根本组织原则和组织制度，也是发扬党内政治民主的重要保障。如今，党发展环境更加复杂，更要充分发挥民主集中制，才能让党的决策更加合理、更加科学。二是认真落实请示报告制度。请示报告制度一方面有利于促进党内的民主集中制，另一方面也是党的组织建设的一个重要方面。因此，党员领导干部要始终牢记党的组织观念和组织程序，在作出事关党和人民根本利益、前途命运等重大决策时，及时向党组织请示报告，只有这样，党组织的决定才能更加具有可执行性。

3. 强化党的廉洁纪律

“我们党历经千锤百炼而朝气蓬勃，一个很重要的原因就是我们始终坚持党要管党、全面从严治党，不断应对好自身在各个历史时期面临的风险考验，确保我们党在世界形势深刻变化的历史进程中始终走在时代前列”[①]。反腐倡廉，维护政治清明也是我们党始终坚持的根本立场。一直以来，中国共产党都非常重视党的廉洁纪律建设。回顾过去，以毛泽东同志为主要代表的中国共产党人就特别重视党的廉洁纪律，新中国成立初期严惩刘青山、张子善就是一个典型的例子。党的十八大以来，中国共产党更加高度重视廉洁纪律建设，从一开始打掉一批“大老虎”，再到拍除后来的“小苍蝇”、海外“猎狐”等，都表明了新时代党加强廉洁纪律的决心和勇气。但是，党内廉洁纪律建设仅仅依靠党的纪律约束是远远不够的，必须扎牢廉洁纪律的“笼子”。正如习近平总书记所说，反腐倡廉建设要“善于用法治思维和法治方式反对腐败，加强

① 习近平：《在庆祝中国共产党成立100周年大会上的讲话》，人民出版社2021年版，第23页。

反腐败国家立法，加强反腐倡廉党内法规制度建设，让法律制度刚性运行”[①]。要把依法治国、以德治国和依规治党相结合，让党员领导干部坚持道德和法律的底线。

4. 坚守党的群众纪律

“人民拥护和支持是党执政最牢固的根基。人民群众中蕴藏着治国理政、管党治党的智慧和力量，从严治党必须依靠人民。”[②]回首来时路，我们可以发现：从新民主主义革命时期的北伐战争、土地革命战争，到后来的抗日战争和解放战争，再到新中国成立后的社会主义革命和社会主义建设、改革开放、开创中国特色社会主义新时代，党引领中华民族伟大复兴事业都离不开广大人民群众的支持和拥护。如今，实现中华民族伟大复兴的中国梦进入关键时期，更需要广大人民群众的力量。诚如习近平总书记所说，“水能载舟，亦能覆舟”，“共产党打江山、守江山，守的是人民的心”[③]。所以说，党的群众纪律建设，最重要的就是要把人民群众的根本利益作为全部工作的出发点和落脚点，这也是党的群众纪律最本质的要求。同时，党的形象也关乎群众纪律建设的成效。因此，更重要的是要抓好作风建设，党的作风建设是事关人心向背以及党的执政根基的根本问题，党员干部要践行群众路线、密切联系群众、虚心向群众学习。当然，党的群众纪律的建设，也要强化党员干部的责任意识，深入群众，自觉面对广大人民群众反映的突出问题并妥善解决。另外，

① 《习近平关于党风廉政建设和反腐败斗争论述摘编》，中央文献出版社、中国方正出版社 2015 年版，第 130 页。

② 《十八大以来重要文献选编》中，中央文献出版社 2016 年版，第 101 页。

③ 《中国共产党一百年大事记（1921 年 7 月—2021 年 6 月）》，人民出版社 2021 年版，第 246 页。

对损害群众利益的违纪违法行为，要严肃查处。

5. 加强党的工作纪律

严明党的工作纪律是全面从严治党的内在要求。党的十八大以来，针对党内的工作纪律存在的多方面问题，习近平总书记作出了诸多重要论述，提出了非常明确的要求。一是要严格落实责任制度，进一步明确各级党组织及其党员领导干部自己的职责定位，只有这样，党的方针政策才能有效贯彻落实到实际行动中，规章制度才能更好地发挥其存在的意义；二是要深入领会党的主体责任、领导责任、监督责任的内涵和联系，进一步明确责任的分解；三是要坚持严格的责任考核机制，做到责权统一，真正将责任落实到位，守好自己的责任田。新修订的《中国共产党纪律处分条例》明确界定了三类违纪行为，即严格禁止滥用职权或玩忽职守；严格禁止失密泄密行为；严格禁止违反外事工作纪律。[①]这也是从党内法规层面对于党的工作纪律作出的明确规定。

6. 强化党的生活纪律

党的十九大新修订的党章明确提出，共产党员及其领导干部务必切实履行“发扬社会主义新风尚，带头实践社会主义荣辱观，提倡共产主义道德”[②]的义务。严明党的生活纪律不仅直接关系着党员个人的形象，也是影响党的人心向背，衡量政党形象好坏的重要标准。党员及其领导干部要在日常生活中严格要求自己的言语行为，坚决反对“四风”，要在生产生活和工作学习等各方面起到先锋模范作用。

---

① 《中国共产党廉洁自律准则　中国共产党纪律处分条例》，人民出版社 2015 年版，第 39—42 页。

② 《中国共产党章程》，人民出版社 2017 年版，第 19 页。

（五）一以贯之，传承党的历史和传统

理论联系实际、密切联系群众、批评与自我批评是中国共产党在长期的革命实践中形成并在建设、改革中弘扬的三大优良作风。这是我们党的宝贵精神财富与巨大政治优势，也是保证我们党发展壮大、推动中国革命和建设事业取得胜利的强大动力。

习近平总书记指出：“要把党的历史经验作为加强党性修养的重要指引，善于运用贯穿其中的马克思主义立场、观点、方法，改造主观世界，坚定理想信念，不断提高广大党员、干部特别是领导干部的政治觉悟、思想境界、道德水平。”①从 1921 年开始，中国共产党的历史和传统伴随着中国共产党的诞生而开始。从那时起，中国共产党为了拯救中华民族于积贫积弱、拯救中国人民于水深火热之中，团结带领中国人民开始了不屈不挠的艰苦奋斗。党的历史可以概括为 4 个历史阶段：一是带领中国人民完成新民主主义革命，取得民族独立和人民解放。从 1921 年 7 月中国共产党成立到 1949 年 10 月新中国成立，在这 28 年的时间里，中国共产党带领中国人民百折不挠、浴血奋战，推翻了长期压迫中国人民的“三座大山”。这一时期，完成新民主主义革命，夺取了政权，建立了新中国，为实现中华民族伟大复兴创造了根本社会条件。二是社会主义革命和建设时期。从 1949 年 10 月到 1978 年 12 月，中国共产党团结带领中国人民完成了社会主义改造，确立了社会主义基本制度，推进社会主义建设，为实现中华民族伟大复兴奠定根本政治前提和制度基础。三

---

①　习近平：《以史为鉴、开创未来　埋头苦干、勇毅前行》，《求是》2022 年第 1 期。

是党的十一届三中全会到党的十八大，中国共产党团结带领中国人民实行改革开放，克服了许多困难，战胜了许多风险挑战，开创、捍卫、坚持和发展了中国特色社会主义，解放和发展社会生产力，使人民摆脱贫困、尽快富裕起来，为实现中华民族伟大复兴提供了充满新的活力的体制保证和快速发展的物质条件。四是党的十八大以来，推进中国特色社会主义进入新时代，团结带领人民实现第一个百年奋斗目标，开启实现第二个百年奋斗目标新征程，朝着实现中华民族伟大复兴的宏伟目标继续前进。

习近平总书记强调：“党的历史是最生动、最有说服力的教科书。”① 中国共产党带领中国人民走过了苦难辉煌的100年，取得了举世无双的成绩，给全党留下了宝贵的历史经验。如今，世界潮流，浩浩荡荡，我国正处于“两个一百年”奋斗目标历史交汇的关键节点，在全党集中开展党史学习教育“正当其时，十分必要”。

“坚定历史自信，自觉坚守理想信念。”② 中国共产党区别于其他任何政党的显著标志是“三大优良作风”，也就是理论联系实际、密切联系群众、批评与自我批评。理论联系实际，反映的是中国共产党对待马克思主义理论的态度。从1919年五四运动开始，中国早期的马克思主义分子就开始注重将马克思主义理论与中国实际相结合来解决中国的革命问题，并取得了显著的理论成果。其中，马克思主义中国化的第一个理论成果是形成和发展于新民主主义革命、社会主义革命和建设时期

---

① 习近平：《在党史学习教育动员大会上的讲话》，人民出版社2021年版，第2页。

② 邓一非：《树立坚定的历史自信》，《解放军报》2022年1月6日。

的毛泽东思想；二是形成于改革开放和社会主义现代化建设新时期的邓小平理论、“三个代表”重要思想和科学发展观等中国特色社会主义理论体系；三是形成于新时代的习近平新时代中国特色社会主义思想。“实践是检验真理的唯一标准”，过去的历史实践告诉我们，这些与时俱进的马克思主义中国化的理论成果，指导中国人民取得了新民主主义革命、社会主义革命和建设、改革开放的伟大胜利。密切联系群众，反映的是中国共产党对待群众的态度。中国共产党自成立以来，就特别注重与人民群众的联系，注重发挥人民群众在革命、建设和改革中的力量。如今，实现中华民族伟大复兴的中国梦，更加需要发挥人民群众的力量，激发人民群众的干劲。批评与自我批评，反映的是共产党人对待自己和他人的态度。批评与自我批评是中国共产党一直以来的优良作风，也是保证党内纯洁的重要手段。如今，面对更为复杂的发展环境，更加需要发挥批评与自我批评的优良作风，促进党内的民主化、透明化，及时发现党员同志的缺点和不足，始终保证党组织的创造力、凝聚力和战斗力。

密切联系群众是中国共产党赢得群众和民心的重要手段。毛泽东指出：“真正的铜墙铁壁是什么？是群众，是千百万真心实意地拥护革命的群众。这是真正的铜墙铁壁，什么力量也打不破的，完全打不破的。”①回顾党的百年奋斗历史，中国共产党之所以能焕发出无穷无尽的力量，取得革命、建设和改革的伟大胜利，根本原因在于赢得了人民群众的拥护和爱戴。如今，实现中华民族伟大复兴的中国梦正处在关键时期，必须汇聚更广大的民心和民力，只有这样，才能获得取之不尽、用之不竭

① 《毛泽东选集》第1卷，人民出版社1991年版，第139页。

的力量源泉。

批评与自我批评的作风是解决党内矛盾、保持党的生机与活力的有效方法。中国共产党作为一个百年大党，之所以能始终保持生机活力，表现出强大的战斗力，一个重要的原因是秉承了批评与自我批评的优良作风。在党的历史上，面对党内出现的各种问题，中国共产党都能化险为夷，绝大多数时候也是通过批评与自我批评的优良作风实现的。现阶段，面对党内出现的新问题，更要通过批评与自我批评的优良作风实现内部消化，避免问题的扩大，影响党的决策。因此，必须把党的批评与自我批评落到实处，而不是泛泛而谈、浮在表面的形象工程，务必要点准穴位、打准靶子。

把人民群众放在心中最高位置。中国共产党的群众路线，表现为：密切联系群众，一切为了群众、一切依靠群众和从群众中来、到群众中去。历史经验告诉我们，谁赢得群众，谁就赢得了天下。而要赢得群众，就要把人民群众放在心中最高的位置。中国共产党为什么能带领中国人民实现民族独立和人民解放？毛泽东给出了答案。他在开国大典上喊出了“人民万岁”的口号，这在中国历史上是史无前例的。现在，离开国大典已经过去 70 多年，如何体现人民群众路线？习近平总书记给出了第二个答案，“我们的人民热爱生活，期盼有更好的教育、更稳定的工作、更满意的收入、更可靠的社会保障、更高水平的医疗卫生服务、更舒适的居住条件、更优美的环境，期盼着孩子们能成长得更好、工作得更好、生活得更好；人民对美好生活的向往，就是我们的奋斗目标”[①]。这实际上就是新时代中国共产党践行群众路线的最好的答案，即要满足人民群

---

① 《十八大以来治国理政新成就》上册，人民出版社 2017 年版，第 199 页。

众对美好生活的需要。

三、党性教育的重大举措

党的十八大以来，习近平总书记不仅对加强党性教育的重要性和主要内容进行了深入阐述，而且就如何加强党性教育作出了系列重要论述。

（一）夯实常规化教育

1. 强化党员理论教育

加强党的思想理论教育，必须把理想信念教育作为党性教育的首要任务。“坚定理想信念，坚守共产党人精神追求，始终是共产党人安身立命的根本。对马克思主义的信仰，对社会主义和共产主义的信念，是共产党人的政治灵魂，是共产党人经受住任何考验的精神支柱。形象地说，理想信念就是共产党人精神上的‘钙’，没有理想信念，理想信念不坚定，精神上就会‘缺钙’，就会得‘软骨病’。”[①]

习近平总书记强调，“坚定的理想信念，必须建立在对马克思主义的深刻理解之上”[②]。在中国共产党百年自身建设历程中，党性教育一直都是管党治党的内在要求，是党的建设的一项重要内容。尽管不同历史时期党性教育针对的问题不同，但无论在哪一时期哪一阶段，党性教育的基本内容是不变的。其中，马克思主义理论是党性教育永恒的内容。

① 《习近平关于全面从严治党论述摘编》，中央文献出版社 2016 年版，第 57 页。

② 《习近平关于全面从严治党论述摘编》，中央文献出版社 2016 年版，第 70 页。

习近平总书记指出：“政治上的坚定、党性上的坚定都离不开理论上的坚定。干部要成长起来，必须加强马克思主义理论武装。”[①] 因此，党性教育必须高举马克思主义的伟大旗帜，不仅要学习马克思主义的经典思想，更要学习马克思主义中国化时代化的理论成果，并从中汲取奋进力量。同时，理论必须指导实践才能突出理论的时代价值，广大党员干部不仅要深入学习马克思主义理论，更重要的是要用理论武装自己的头脑。

2. 严格组织生活教育

“党内生活是锻炼党性、提高思想觉悟的熔炉。如果炉子长期不生火，或者生了火却没有足够的温度，那是炼不出钢来的。”[②] 中国共产党经过长期的发展，已经形成相对稳定的组织生活制度。一是严格“三会一课”制度。要严格把支部党员大会、支部委员会、党小组会和党课的基础性工作落实到位。只有这样，才能保证各级党组织始终充满生机与活力，并表现出强大的时代战斗力。二是严格民主生活会和组织生活会制度。充分发挥党内的监督作用，始终保持各级党组织的正确发展方向。三是坚持谈心谈话制度。认真开展提醒诫勉谈话，及时发现广大党员领导干部苗头性问题，及时纠正错误的思想和风气。

3. 建立考评机制

考核评估是激发党员干部学习内生动力的有效手段。通过加强对党员干部党性教育的成效进行考核评估，积极肯定教育活动的成绩，能够

---

① 《习近平谈治国理政》第 3 卷，外文出版社 2020 年版，第 518 页。

② 《习近平关于全面从严治党论述摘编》，中央文献出版社 2021 年版，第 92 页。

产生巨大心理效应，强化更加努力的动机。同时，发挥考核评估的约束作用，及时纠正党员干部学习中的错误倾向，有利于努力将学习教育活动引向既定目标。习近平总书记指出，党性教育方面的课程，不能讲讲听听就完了，而是要有检查学习成效的手段。党校要有一套检查的办法，各级党委和组织部门也要拿出考核检验的办法，努力使党校党性教育不仅能够震撼一瞬间、激动一阵子，而且能够铭记一辈子、影响一辈子。[①]考核的办法各种各样，课堂考试是考核，平时表现和实际工作也是考核。“讲实话、干实事最能检验和锤炼党性。”[②]要建立和完善党性教育跟踪评价机制，把学习行为与日常表现联系挂钩，不断提高党性教育的针对性和实效性。

（二）创新新媒体教育

党性教育能否触动干部思想、洗涤心智，震撼心灵、触及灵魂，很大程度上取决于教育的内容方法是否能够吸引人、感染人。21 世纪以来，随着互联网的飞速发展，信息传播的方式、途径呈现多元化趋势，抖音、微信、微博等媒介成为了思想舆论争夺的重要阵地，一方面，互联网的发展给新时代党性教育开辟了新的阵地；另一方面，由于互联网的虚拟性，各种话语层出不穷，这也给新时代党性教育带来了巨大的挑战。在这种情况下，充分发挥互联网的优势，运用图文、音视频等各种媒体表现手段开展党性教育显得尤为重要。

---

① 习近平:《在全国党校工作会议上的讲话》，人民出版社 2016 年版，第 19 页。

②《中共中央政治局召开民主生活会　习近平主持会议并发表重要讲话》,《人民日报》2016 年 12 月 28 日。

1. 大力运用新媒体开展党性教育

互联网时代背景下，人们工作与生活的节奏不断加快，对获取信息的速度和便捷程度的要求也更高，5G 已经融入人们的日常生活。所以，第一，必须抢占先机。充分利用互联网强大的数据功能和共享性、即时性、开放性、便利性等特点，开展形式多样、内容丰富的党性教育活动。如：推送党史纪录片、讲党史故事、开展“虚拟”党性博物馆等。另外，各级党组织要行动起来，在深入挖掘当地红色教育资源的基础上，搭建互联网党性教育平台，如：微博、抖音、微信公众号等，让更多的党员干部、人民群众更加便捷地参与党性教育。第二，加强平台建设。利用新媒体平台具备的大数据功能，通过建立网上党校、党性教育专题网站及党性教育主题微博、微信、手机报等新媒体平台，使其教育载体具有生动性、集成性和交互性。第三，加快党性教育师资库、信息库建设。提高干部党性教育“大数据”整合分析能力，广泛运用远程培训、电化教育、网络互动等，提升干部党性教育管理服务的信息化水平。第四，增强教育内容的服务性。党性教育的内容必须紧跟时代的发展步伐，不仅要分析互联网不同的受众群体，贴近干部的日常生活、工作，立足干部需求，而且还要聚焦干部关注的热点难点问题和各种困惑，通过形象生动的典型事例耐心细致地进行教育，以使干部在心理上更容易接受，让干部学习成为一种自觉行为。

2. 创建新媒体教育与传统干部教育互补的“全媒体”教育格局

加强新媒体环境下的党性教育并不是要抛弃传统的党性教育方式和手段，而是要在继承传统党性教育的基础上，进一步创新党性教育的内涵，丰富党性教育的内容和途径，努力构建传统党性教育与互联网党性教育相互配合的党性教育新格局。一是通过传统党性教育方式提升干部新媒体素养。一方面，在抓好传统党性教育的同时，注重运用新媒体的教育方式，把新媒体教育与传统党性教育结合起来；另一方面，在互联网飞速发展的大背景下，要注重继续发挥传统党性教育的实效性。如今，互联网使信息获得的方式更加快捷、便利，但是，现实中有不少党员干部热衷于通过新媒体了解、转发各种信息，而对传统的党性教育方式不屑一顾，这难免会让部分党员干部的价值取向出现偏差。因此，在党性教育过程中，要教育引导干部正确认识传统教育方式和互联网教育的特点和作用，把握互联网沟通特征和传播规律，提升舆情敏锐性和鉴别力，规范和引导干部新媒体表达内容与方式。二是抓好传统教育与新媒体教育的融合互补。通过将干部教育内容置于新媒体，增强日常党性教育的开放性，利用新媒体开展好党性教育工作，拓展党内生活的开展阵地，增强党性教育效果。

（三）开展集中性教育

党的十八大以来，以习近平同志为核心的党中央在加强经常性党性教育的同时，通过开展一系列集中性学习教育增强了中国共产党党员的党性修养。

1. 党的群众路线教育实践活动

党的群众路线从党的百年历史中走来，历史和实践证明了党的群众路线的科学性，也表明了党的群众路线所焕发出的强大战斗力。党的十八大以来，中国共产党重新审视当前党自身的建设情况，决定以保持党的纯洁性和先进性为根本出发点，在全党上下开展主题为“为民、务实、清廉”的群众路线教育实践活动。这一教育实践活动极大地整改了广大党员干部在实际工作生活中存在的突出问题，进一步提高了广大党员干部为人民服务的本领和能力。开展党的群众路线教育实践活动，是党在新形势新任务下，加强自我建设和自我完善的重要途径，为继续深化改革，夺取中华民族伟大复兴的伟大胜利而进行的自我革命。

开展党的群众路线教育实践活动，实际上是要在新时代的发展实践中更加突出人民群众的力量，突出党的作风建设，引导广大党员干部在工作中树立群众观点和为民意识。在实际工作中更加自觉主动解决人民群众特别关注的问题，为人民群众办实事。历史和实践告诉我们，人民群众是历史的创造者、是真正的英雄。深化改革的目标要持续推进，首要的任务是深入群众，了解人民群众的思想，坚持以人为本、人民至上；其次就是回到群众中去，改革的成果是广大人民群众艰苦奋斗得来的，必须让改革的红利惠及全体人民；最后要求真务实、真抓实干，善于从人民群众中汲取奋进力量，充分调动广大人民群众的积极性，只有这样，改革才会获取源源不断的动力，才能继续发展。

2.“三严三实”专题教育

2014 年 3 月 9 日，习近平总书记在参加十二届全国人大二次会议安徽代表团审议时，提出“既严以修身、严以用权、严以律己，又谋事要实、创业要实、做人要实”[①]的重要论述，后被归纳为“三严三实”。这一重要论述深刻阐述了党员领导干部修身之本、为政之道、成事之要的核心理念。这一重要论述的提出，为中国共产党在新时代加强党风建设提供了新的指向标，同时，为解决一系列新的现实问题提供了强有力的

① 《习近平关于全面从严治党论述摘编》，中央文献出版社 2021 年版，第 318 页。

思想和理论保证。“三严三实”专题教育，是中国共产党在新的历史时期继续保持和发扬党的优良传统的重要体现，同时，也是党在新的历史时期继续保持纯洁性的重要举措。

不同的历史时期党的作风建设有着不同的历史内涵，具有较强的针对性。在中国共产党的百年历史进程中，中国共产党始终善于从自身实际情况和社会发展的客观规律出发，全面分析世情、国情、党情的变化趋势。苏联解体后，以美苏为主的冷战格局宣告结束，国际社会关系和国际环境出现了新的巨大的变化，世界多极化和经济全球化趋势势不可当。进入新时代，肩负着引领中华民族伟大复兴的中国共产党必须清醒地认识到：国际环境日趋复杂，国内改革开放进入攻坚阶段，机遇前所未有，挑战也前所未有。因此，中国共产党必须紧紧依靠人民群众，不断提升自身执政能力。面对新的世情、国情和党情，以“三严三实”为核心内容的作风建设，对于中国共产党执政地位的稳固和成功应对新考验有着重要的现实价值。

“三严三实”作为方法论和世界观的重要整合体——“三严”明确了主观世界改造的重要地位，为“三实”的顺利实现奠定了坚实的基础；而“三实”表达的是典型的行为取向。“三严三实”是中国共产党在新的历史时期进一步加强作风建设的重要举措，也同样是全体党员干部不断完善自我、提升自我的要求所在，为广大党员干部明确为政之道、修身之本提供了全新的思路和视角。“三严三实”体现着共产党人的价值追求和政治品格，明确了领导干部的修身之本、为政之道、成事之要。开展专题教育，目的是推动领导干部自觉践行“三严三实”，深化“四风”整治，巩固和拓展了党的群众路线教育实践活动成果。

3.“两学一做”学习教育

2016年，党中央在全党上下开展以“学党章党规、学系列讲话，做合格党员”为主要内容的“两学一做”学习教育。这是中国共产党加强党的作风建设工作中的一大创举，是对党的群众路线教育实践活动和“三严三实”专题教育的继承和发展，是推动党内教育从“关键少数”向广大党员拓展、从集中性教育向经常性教育延伸的重要举措。“两学一做”学习教育，是共产党员加强党性修养、践行党的宗旨、严肃党内政治生活的重要实践，也体现了党推进全面从严治党的坚定决心和政治定力。

加强思想政治建设是党的根本建设，是保持马克思主义政党特质的决定性因素。“两学”是思想政治建设的核心内容，是全体党员立身之本。一要学党章党规。中国共产党之所以能在不同的历史时期始终保持强大的战斗力，是因为党章这一党内根本大法。一方面，学习党章是开展党建工作乃至于各项工作的重要基础和前提；另一方面，学习党章也是有效激发广大党员群众党章意识、党员纪律的重要法宝，理应得到肯定和重视。通过学习和领悟党章，党员进一步明确了学习、工作和生活的红线和底线。同时，2016年10月，党的十八届六中全会制定和修订的《中国共产党廉洁自律准则》明确了崇德向善的高标准，《中国共产党纪律处分条例》划出了不可触碰的严底线。这两个文件秉持了中国共产党“思想建党”的传统，同时又确立了“制度治党”的规矩，体现了新时期党对全面从严治党的新认识。二要学系列重要讲话。习近平总书记高屋建瓴的系列讲话，值得每一名党员深入学习。学习过程中，党员同志“要突出问题导向，学要带着问题学，做要针对问题改，把合格的标尺立起来，把做人做事的底线划出来，把党员的先锋形象树起来，用行动体现信仰信念的力量”[①]。

基础在学，关键在做。坚持以正面教育为主，用科学理论武装头脑；坚持学用结合，知行合一；坚持问题导向，注重实效；坚持领导带头，以上率下；坚持从实际出发，分类指导。“两学”打造“从严炉”，“一做”炼出“合格钢”。教育引导党员自觉按照党员标准规范言行，进一步坚定理想信念，提高党性觉悟；进一步增强政治意识、大局意识、核心意识、看齐意识，坚定正确政治方向；进一步树立清风正气党内政治生态，严守政治纪律和政治规矩；进一步强化宗旨观念，勇于担当作为，在生产、工作、学习和社会生活中起先锋模范作用，为党在思想上政治上行动上的团结统一夯实基础，为协调推进“四个全面”战略布局、贯彻落实五大发展理念提供坚强组织保证。

“学”要带着问题学，“做”要针对问题改。着力解决一些党员理想信念模糊问题，主要是对共产主义缺乏信仰，对中国特色社会主义缺乏信心，精神空虚，推崇西方价值观念，热衷于组织、参加封建迷信活动等；着力解决一些党员在党意识淡化的问题，主要是看齐意识不强，不守政治纪律和政治规矩，在党不言党、不爱党、不护党、不为党，组织纪律散漫，不按规定参加党的组织生活，不按时交纳党费，不完成党组织分配的任务，不按党的组织原则办事等；着力解决一些党员宗旨观念淡薄的问题，主要是利己主义严重，漠视群众疾苦、与民争利、执法不公、吃拿卡要、假公济私、损害群众利益，在人民群众生命财产安全受到威胁时临危退缩等；着力解决一些党员精神不振的问题，主要是工作消极懈怠，不作为、不会为、不善为，逃避责任，不起先锋模范作用等；

---

① 《习近平谈治国理政》第 2 卷，外文出版社 2017 年版，第 173 页。

着力解决一些党员道德行为不端的问题，主要是违反社会公德、职业道德、家庭美德，不注意个人品德，贪图享受、奢侈浪费等。持之以恒纠正“四风”，抓好不严不实突出问题整改，推动党的作风不断好转。

4.“不忘初心、牢记使命”主题教育

2017 年 10 月，党的十九大提出了在全党开展“不忘初心、牢记使命”主题教育的要求。2019 年 5 月，中共中央政治局会议决定从 6 月开始在全党范围内开展“不忘初心、牢记使命”主题教育，采取自上而下分两批的方式进行，活动对象主要面向县处级以上的领导干部。在新时代开展“不忘初心、牢记使命”的主题教育，再次重申了中国共产党人的初心和使命，深刻警醒全体党员干部要时刻牢记自己的初心和使命，自觉承担起共产党员的责任与使命，勇于承担中华民族伟大复兴的时代重任。

中国共产党人的“初心使命”就是为中国人民谋幸福，为中华民族谋复兴。中国共产党从 1921 年开始，一路走来，从最初的年幼弱小，到现在成为拥有 9800 多万名党员的大党；不论是在革命、建设时期，还是在改革开放新时期和中国特色社会主义新时代，中国共产党人的初心从未改变，一直被镌刻在中国共产党人的骨子里。

“守初心、担使命，找差距、抓落实”是新时代“不忘初心、牢记使命”主题教育的总体要求。习近平总书记指出：“要教育引导各级党组织和广大党员、干部经常进行思想政治体检，同党中央要求‘对标’，拿党章党规‘扫描’，用人民群众新期待‘透视’，同先辈先烈、先进典型‘对照’，不断叩问初心、守护初心，不断坚守使命、担当使命，始终做到初心如磐、使命在肩。要以党的创新理论滋养初心、引领使命，从党的非凡历史中找寻初心、激励使命，在严肃党内政治生活中锤炼初心、体悟使命，把初心和使命变成锐意进取、开拓创新的精气神和埋头苦干、真抓实干的原动力。”[①]要实现这一总要求，必须进一步明确一些具体要求：一是各级党委党组织要主动承担责任。中国共产党作为中国特色社会主义事业的领导核心，理应承担起改革开放的主要责任，特别是主要领导同志，更要做好“领头羊”的角色，带头行动起来，埋头苦干，自觉为人民群众谋福利。同时，自觉找差距，抓落实，积极引导带动其他部门和组织的同志参与进来，积极践行主题教育活动的精神实质。二是要加强对主题教育活动的监督指导。“不忘初心、牢记使命”主题教育的最终目的是调动广大党员干部为人民谋福利的积极性，如果主题教育活动的实效没能真正落到具体的实际行动中，而是停留在表面的“形象工程”，挫伤的一定是广大人民群众的积极性，损坏的一定是中国共产党的形象。因此，各级党委要加强监督考察，保证“不忘初心、牢记使命”主题教育落地落实。另外，要抓好典型，宣传先进人物、先进事迹，在党内带动一片、影响一群人，最大限度地发挥主题教育活动的功效。三是各部门要把主题教育实践活动与实际工作结合起来，协调推进与发展。在实际活动中，不能因为主题教育活动的开展而忘记自己的本职工作，耽误自己的工作进程；也不能因为忙于日常工作，而不参加主题教育实践活动，不参与或敷衍主题教育。在主题教育实践活动中，广大党员干部在实际工作中主动找差距，找突出问题，积极主动地抓落实，促实效，极大地促进了本地区本部门日常工作的开展。

① 习近平：《在“不忘初心、牢记使命”主题教育总结大会上的讲话》，《人民日报》2020 年 1 月 9 日。

5. 党史学习教育

2021年2月20日，习近平总书记在党史学习教育动员大会上指出：“在全党开展党史学习教育，是党中央立足党的百年历史新起点、统筹中华民族伟大复兴战略全局和世界百年未有之大变局、为动员全党全国满怀信心投身全面建设社会主义现代化国家而作出的重大决策。”[①]中国共产党作为一个百年大党，有着光荣的历史传统和宝贵经验。面向未来，如何更好地应对前进道路上可以预见和难以预见的风险和挑战？必须加强党史学习教育，从党史中寻求“破冰”的历史智慧和经验。习近平总书记强调：“要教育引导全党从党史中汲取正反两方面历史经验，坚定不移向党中央看齐，不断提高政治判断力、政治领悟力、政治执行力，切实增强‘四个意识’、坚定‘四个自信’、做到‘两个维护’，自觉在思想上政治上行动上同党中央保持高度一致。”[②]

学党史，悟思想。“一个民族要走在时代前列，就一刻不能没有理论思维，一刻不能没有思想指引。”[③]自1840年鸦片战争以来，中国人民遭受了西方列强史无前例的掠夺和劫难，在这种危急的历史关头，中国各革命阶级和仁人志士进行了不懈探索，但都以失败告终。直到中国先进分子找到了马克思列宁主义，并坚持把马克思列宁主义与中国工人运动相结合，产生了中国共产党，才使中国革命事业找到了光明的道路。历

① 习近平：《在党史学习教育动员大会上的讲话》，人民出版社2021年版，第2页。

② 习近平：《在党史学习教育动员大会上的讲话》，人民出版社2021年版，第23页。

③ 习近平：《在党史学习教育动员大会上的讲话》，人民出版社2021年版，第11页。

史和实践证明，马克思主义是我们认识世界、把握规律、追求真理、改造世界的强大思想武器，是我们党和国家必须始终遵循的指导思想。[①] 马克思列宁主义指引中华民族获得了拯救，中国共产党的百年奋斗史也丰富和发展了马克思列宁主义，为中国共产党革命、社会主义建设、改革开放事业提供了科学的理论指导。正如习近平总书记指出：“我们党的历史，就是一部不断推进马克思主义中国化的历史，就是一部不断推进理论创新、进行理论创造的历史。”[②]党史学习教育就是要从党的百年奋斗历史中领悟马克思列宁主义是如何深刻改变中国、改变世界的，进而从中领悟中国共产党新时期治国理政的政治智慧。

“理想信念是立党兴党之基，也是党员干部安身立命之本。”[③]中国共产党成立 100 多年来，无数的党员干部用鲜血乃至生命诠释了中国共产党人的理想信念，锻造了伟大建党精神，即：坚持真理、坚守理想，践行初心、担当使命，不怕牺牲、英勇斗争，对党忠诚、不负人民。在新的历史时期，中华民族伟大复兴的事业依然任重道远，需要广大党员干部继续发扬革命战争年代的光荣传统，坚定理想信念，继续接好坚持马克思主义信仰、为共产主义远大理想和中国特色社会主义共同理想而奋斗的班。习近平总书记指出：“党员干部只有胸怀天下、志存高远，不忘初心使命，把人生理想融入党和人民事业之中，把为人民幸福而奋斗

① 习近平:《在党史学习教育动员大会上的讲话》，人民出版社 2021 年版，第 12 页。

② 习近平:《在党史学习教育动员大会上的讲话》，人民出版社 2021 年版，第 12 页。

③《习近平在中央党校（国家行政学院）中青年干部培训班开班式上发表重要讲话强调　筑牢理想信念根基树立践行正确政绩观　在新时代新征程上留下无悔的奋斗足迹》，《人民日报》2022 年 3 月 2 日。

作为自己最大的幸福，才能拥有高尚的、充实的人生。”[①]中国近代以来跌宕起伏的历史，充分证明了只有马克思主义才能救中国，只有中国共产党才能带领中国人民实现伟大复兴的中国梦。因此，新时代的党员干部必须认真学习马克思主义，正所谓“坚定理想信念，必先知之而后信之，信之而后行之”[②]。只有认真学习马克思主义，理解马克思主义，才能信仰马克思主义，并践行马克思主义。也只有信仰马克思主义，党员干部才能在前进道路上获得源源不断的力量，才能解决前进道路上的“拦路虎”“绊脚石”。

坚定理想信念，牢记初心使命，正确对待权力，时刻自重自省，严守纪法规矩，扣好廉洁从政的“第一粒扣子”。对党忠诚，是对每一个党员最基本的要求，也是坚定理想信念的前提。在革命战争年代，无数党员干部为了这一基本的要求，有的表现为“誓死不从”，如杨靖宇、江姐等；有的表现为隐姓埋名，如黄旭华等老一辈科学家，这是老一辈中国共产党人对理想信念的认识和坚守。新时代，作为中国特色社会主义事业的领导核心，广大党员干部必须认清现实，果断拒绝诱惑，养成正确的权力观，时刻保持自重自省，扣好理想信念的“第一粒扣子”。正如习近平总书记指出：“年轻干部是党和国家事业发展的希望，必须筑牢理想信念根基，守住拒腐防变防线，树立和践行正确政绩观，练就过

---

① 《习近平在中央党校（国家行政学院）中青年干部培训班开班式上发表重要讲话强调　筑牢理想信念根基树立践行正确政绩观　在新时代新征程上留下无悔的奋斗足迹》，《人民日报》2022年3月2日。

② 《习近平在中央党校（国家行政学院）中青年干部培训班开班式上发表重要讲话强调　筑牢理想信念根基树立践行正确政绩观　在新时代新征程上留下无悔的奋斗足迹》，《人民日报》2022年3月2日。

硬本领，发扬担当和斗争精神，贯彻党的群众路线，锤炼对党忠诚的政治品格，树立不负人民的家国情怀，追求高尚纯粹的思想境界，为党和人民事业拼搏奉献，在新时代新征程上留下无悔的奋斗足迹。”①作为执政党，广大党员干部必须练就过硬的本领，锤炼过硬的政治品格，以提升为人民服务的能力。

“在全党开展党史学习教育，是坚定信仰信念、在新时代坚持和发展中国特色社会主义的必然要求。”②在新的历史时期，党中央决定在全党开展党史学习教育，意义非凡。广大党员干部紧紧把握党史学习教育这一契机，在学习领悟中坚定理想信念，在奋发有为中践行初心使命。③100年来，中国共产党在带领中国人民争取民族独立、人民解放和实现国家富强、人民幸福的道路上，留下了许多宝贵的精神财富，这些宝贵精神财富跨越时空、历久弥新，集中体现了党的坚定信念、根本宗旨、优良作风，凝聚着中国共产党人艰苦奋斗、牺牲奉献、开拓进取的伟大品格，深深融入我们党、国家、民族、人民的血脉之中，为我们立党兴党强党提供了丰厚滋养。④作为新时代的党员干部，要善于从党的百年历史中汲取丰厚营养，增强政治品质，坚决抵制不良作风的诱惑，

---

① 《习近平在中央党校（国家行政学院）中青年干部培训班开班式上发表重要讲话强调　筑牢理想信念根基树立践行正确政绩观　在新时代新征程上留下无悔的奋斗足迹》，《人民日报》2022 年 3 月 2 日。

② 习近平：《在党史学习教育动员大会上的讲话》，人民出版社 2021 年版，第 8 页。

③ 习近平：《在党史学习教育动员大会上的讲话》，人民出版社 2021 年版，第 8 页。

④ 习近平：《党的伟大精神永远是党和国家的宝贵精神财富》，《求是》2021 年第 17 期。

不断提高为人民服务的能力。不同的历史时期，党和国家事业发展对党的执政能力要求也有差别。在革命战争年代，中国共产党作为革命的政党，对党员干部的要求是对党忠诚，坚定理想信念，努力带领中国人民取得民族独立和人民解放；新中国成立后，中国共产党作为执政党，对党员干部的要求是“戒骄戒躁”，团结带领广大人民群众恢复战争带来的创伤，同时建设好社会主义事业；在改革开放时期，对党员干部的要求是努力带领广大人民群众实行改革开放，开创、捍卫、坚持和发展中国特色社会主义，解放和发展社会生产力，使人民摆脱贫困、尽快富裕起来；新时代，党领导人民开创中国特色社会主义新时代，实现第一个百年奋斗目标，开启实现第二个百年奋斗目标新征程，引领中华民族朝着伟大复兴的宏伟目标继续前进，要求广大党员干部“防腐拒变”，不断提升为群众办实事的能力。作为党员干部，要带头坚定理想信念，从理想信念中获得察大势、应变局、观未来的指路明灯，获得奋斗不止、精进不怠的动力源泉，获得辨别是非、廓清迷雾的政治慧眼，获得抵御侵蚀、防止蜕变的强大抗体。

第五章 思想建党和制度治党相统一

2017年10月，党的十九大报告指出：“必须以党章为根本遵循，把党的政治建设摆在首位，坚持思想建党和制度治党同向发力。”[①]2018年1月，习近平总书记在十九届中央纪委二次全会上把“坚持思想建党和制度治党相统一”作为全面从严治党的6条经验之首提了出来，强调要坚持思想建党和制度治党相统一，既要解决思想问题，也要解决制度问题，要尊崇党章、依规治党，把制度建设贯穿到党的各项建设之中，不断扎紧制度笼子[②]。2022年10月，党的二十大报告再次指出，“以党的政治建设统领党的建设各项工作，坚持思想建党和制度治党同向发力”[③]。坚持思想建党和制度治党相统一，

---

① 《十九大以来重要文献选编》上，中央文献出版社2019年版，第18页。

② 《十九大以来重要文献选编》上，中央文献出版社2019年版，第188、第189页。

③ 习近平：《高举中国特色社会主义伟大旗帜　为全面建设社会主义现代化国家而团结奋斗》，人民出版社2022年版，第13页。

是党的十八大以来以习近平同志为核心的党中央全面从严治党的重要经验总结，推动了党的建设的实践发展，丰富了马克思主义建党学说。

一、思想建党和制度治党的辩证关系

始终坚持思想建党和制度治党相结合，是中国共产党加强自身建设的优良传统和鲜明特色。思想建党主要通过提高党员干部的思想理论水平来增强党员干部的理论自觉性和对社会主义、共产主义信仰的坚定性，是党的建设的根本，为制度治党提供基础。制度治党主要通过系列制度和规定要求来规范党员干部的行为，进而增强党的凝聚力，是党的建设的关键，为思想建党提供保障。思想建党和制度治党是党建设伟大工程的两个不可分割的重要方面，两者相辅相成，相互促进，辩证统一于党的建设伟大工程。

（一）制度建设贯穿党的各项建设

在党的建设整体布局中，更具有根本性、全局性、长期性、稳定性的建设是制度建设。因此，持之以恒加强制度建设，对于巩固党的执政地位以及保持党的先进性和纯洁性意义十分重大。党的十九大报告明确指出，新时代党的建设，要“全面推进党的政治建设、思想建设、组织建设、作风建设、纪律建设，把制度建设贯穿其中，深入推进反腐败斗争，不断提高党的建设质量”[①]。党的二十大报告再次强调了新时代党的建设的总要求和总体布局。将制度建设贯穿于党的各项建设，是一个重大理论和实践创新，体现了以习近平同志为核心的党中央在管党治党方

① 《十九大以来重要文献选编》上，中央文献出版社2019年版，第43—44页。

面的政治智慧，对新时代全面从严治党和加强党的建设具有重要意义。

将制度建设贯穿于党的各项建设，丰富和发展了党的建设理论。在我们党管党治党和加强自身建设的实践中，其中一个重要的特点就是重视制度建设。党的制度建设的起点可以追溯到党的一大，会上认真讨论了党的组织原则和组织机构等重要问题，并且通过了两个在党的建设历史上具有里程碑意义的重要文件，即《中国共产党第一个纲领》和《中国共产党第一个决议》。100 多年来，我们党不断总结经验，确立了党的领导、纪律、监督等一系列制度，制定和逐步完善了党的章程。党的十七大报告首次提出党的“五大建设”，其中就包括制度建设。党的十八大报告将制度建设摆在更加突出的位置，并且把“五大建设”写入了党章。党的十九大报告明确各项建设都必须紧密结合制度建设进行和展开，要求制度建设贯穿党的各项建设之中，各项建设都必须落实到具体制度建设。制度建设的重要作用就如同疏通经络、滋养血脉，通过把制度建设贯穿于党的各项建设，以有效衔接、相互配合的制度体系保障党的各项建设形成合力，从而共同发挥作用，有效增强党的建设系统性和实效性。这体现了以习近平同志为核心的党中央对管党治党规律的深刻把握，对提高管党治党科学化水平具有重大指导意义。

把制度建设贯穿各项建设之中，是新时代推进党的建设的重要保障。制度带有根本性、全局性、稳定性、长期性。没有规矩，不成方圆。尤其对我们这样一个拥有 9800 多万名党员、在一个 14 亿多人口大国长期执政的党来说，加强党的建设，必然需要制度建设作为重要保障。党内法规是制度建党的重要载体。党的十八大以来，党中央修订颁布了多部党内法规，不仅有效地推动了党内法规体系建设，还为党的各项建设提供了有力保障。比如，《关于新形势下党内政治生活的若干准则》内容涵盖政治建设、思想建设、组织建设、作风建设、纪律建设等各方面，对全面从严治党作出了系统性的部署。《中国共产党党组工作条例（试行）》的制定，为党员干部确立了高标准、划出不可触碰的底线，使党执政治国的组织制度基础更完备等。党的二十大对党的十八大以来的10年管党治党的实践进行了总结，将重要经验、重大创新成果上升到党内法规的高度，为新时代新征程推进党的各项建设提供了根本遵循，使我们党在新时代加强制度建设有了根本依据。因此，制度持久发挥作用对党的其他各项建设有重要意义，只有织密扎牢制度笼子，使党内法规以及各项制度系统配套，才能更好推进党的建设新的伟大工程。

把制度建设贯穿各项建设之中，推动党的建设常态化长效化。党的建设新的伟大工程是一项系统性长期性工程，必须对党的各项建设中形成的重要经验进行总结，使之形成制度。如果不把好的经验做法固定下来，形成法规制度，就很可能出现“抓一抓就紧、放一放就松”的情况。在推进党的各项建设过程中，既要坚持实践探索在前、总结提炼在后，及时把好的经验做法上升为制度规定，把管党治党规律体现在其中，更要狠抓制度执行，防止制度成为“稻草人”。只有通过把尊崇党章、依规治党落实在党的建设各个方面，才能使党的建设行稳致远，把党建设得更加坚强有力。

（二）思想建党为制度治党奠定基础

“思想建设是党的基础性建设。”[①] 中国共产党历来重视从思想上建

---

① 《中国共产党第十九次全国代表大会文件汇编》，人民出版社2017年版，第51页。

党，思想建党是中国共产党的优良传统和党的建设的显著特色。从诞生之日起，中国共产党就高度重视自身的思想建设。历经革命、建设、改革开放各个时期，中国共产党始终将思想建设摆在重要位置。习近平总书记指出：“思想就是力量。一个民族要走在时代前列，就一刻不能没有理论思维，一刻不能没有思想指引。”[①]新民主主义革命时期，毛泽东率先提出思想建党的基本原则。1929 年 12 月，在古田会议上，毛泽东确立了思想建党的基本原则，着重从思想上建党，强调要用无产阶级思想克服各种非无产阶级思想，为以后加强党的思想建设奠定了基础。他曾指出：“有许多党员，在组织上入了党，思想上并没有完全入党，甚至完全没有入党。……需要展开一个无产阶级对非无产阶级的思想斗争。”[②]正是因为不断加强党的思想建设，推动党的建设伟大工程的发展，党才成为一个具有高度凝聚力的革命政党，才领导全国各族人民取得了民主革命的伟大胜利。新中国成立后尤其是改革开放以后，党依然高度重视思想建设。以邓小平同志为核心的党中央科学地评价了毛泽东同志和毛泽东思想的历史地位，在改革开放的历史进程中始终强调党的思想建设的重要性。邓小平指出，“改善党的领导，其中最主要的，就是加强思想政治工作”[③]，“要通过思想政治工作，加强全党的组织性、纪律性”[④]。江泽民多次强调，加强党的建设，首先就要切实加强思想建设，必须把党的思想建设摆在更加突出的位置，坚持用马克思列宁主义、毛泽东思想和

① 习近平：《在党史学习教育动员大会上的讲话》，人民出版社 2021 年版，第 15 页。

② 《毛泽东选集》第 3 卷，人民出版社 1991 年版，第 875 页。

③ 《邓小平文选》第 2 卷，人民出版社 1994 年版，第 365 页。

④ 《邓小平文选》第 2 卷，人民出版社 1994 年版，第 366 页。

邓小平理论武装全体党员[①]。在党的十七大报告中，胡锦涛指出："思想理论建设是党的根本建设，党的理论创新引领各方面创新。"[②]他还指出，要坚持把思想建设放在首位，提高全党的马克思主义水平，始终坚持以思想建设为根本，坚持解放思想、实事求是、与时俱进，着力用马克思主义中国化最新成果武装全党。正如习近平总书记指出："回顾党的奋斗历程可以发现，我们党之所以能够不断历经艰难困苦创造新的辉煌，很重要的一条就是我们党始终重视思想建党、理论强党，坚持用科学理论武装广大党员、干部的头脑，使全党保持统一的思想、坚定的意志、强大的战斗力。"[③]总结党的百年历史经验，可以发现：从思想上建党始终是保持党的先进性和活力的思想源泉，是党的建设伟大工程的重要内容。

"只有理论上清醒才能有政治上清醒，只有理论上坚定才能有政治上坚定。"[④]党的思想建设实际上就是用马克思列宁主义、毛泽东思想、中国特色社会主义理论体系、习近平新时代中国特色社会主义思想武装全党，对党员进行党的基本理论、基本路线、基本纲领教育，其实质就是坚持以马克思主义及其中国化理论成果为指导，确保全体党员能够在思想上和政治上同党中央保持高度一致，形成强大的凝聚力和向心力，进而永葆党的先进性和纯洁性。

邓小平指出："过去我们党无论怎样弱小，无论遇到什么困难，一

---

① 《十六大以来重要文献选编》上，中央文献出版社 2005 年版，第 38 页。

② 《十七大以来重要文献选编》上，中央文献出版社 2009 年版，第 38 页。

③ 《习近平关于"不忘初心、牢记使命"论述摘编》，党建读物出版社、中央文献出版社 2019 年版，第 48 页。

④ 《习近平关于协调推进"四个全面"战略布局论述摘编》，中央文献出版社 2015 年版，第 137 页。

直有强大的战斗力，因为我们有马克思主义和共产主义的信念。有了共同的理想，也就有了铁的纪律。”[①]习近平总书记也强调，“中国共产党人的理想信念，建立在马克思主义科学真理的基础之上”[②]。党的历史和实践证明，只有思想上高度统一，才能有行动上的高度统一。只有加强党的思想建设，对广大党员干部进行思想引领，不断提高党员、干部的马克思主义理论水平，才能树牢理想信念，进而坚定政治信仰，凸显制度的刚性和约束力。

党的思想建设是党的其他方面建设的基础和前提。制度建设的主体是全体党员、干部，制度最终要靠党员、干部来贯彻和落实。因此，在很大程度上，制度执行力和贯彻力的大小以及制度的执行效果由作为执行者的党员、干部的素质和水平决定。制度、法律和法规都是由人制定的，其执行者和发生作用的对象也是人。因此，人的思想非常重要，如果人的思想发生“脱轨”，即使制度和法律很完善，也会有人违反。总之，党的思想建设是制度建设的基础，加强党的制度建设离不开思想建设，制度建设必须同思想建设结合起来。要使制度得到很好的贯彻落实，就必须不断提高党员的思想觉悟。

（三）制度治党为思想建党提供保障

中国共产党自身建设历史进程中的一条基本经验，就是加强制度建设，强调以规范的制度作为党的建设的重要保障。制度建设对于维护党员权利和保障党的领导具有重要作用。在党的建设的总体布局和历史

---

① 《邓小平文选》第3卷，人民出版社1993年版，第144页。

② 《习近平谈治国理政》第2卷，外文出版社2017年版，第50页。

进程中，制度建设更具有根本性、全局性、长期性和稳定性。邓小平指出："从遵义会议到社会主义改造时期，党中央和毛泽东同志一直比较注意实行集体领导，实行民主集中制，党内民主生活比较正常。可惜，这些好的传统没有坚持下来，也没有形成严格的完善的制度。"[①]在新时代，习近平总书记也强调要坚持思想建党和制度治党紧密结合[②]。可见，党的制度建设对党长远发展有着重要影响。

党的十一届三中全会后，党深刻把握新时期自身历史方位的变化，通过全面总结历史上正反两方面经验深刻认识到，在长期执政的历史条件下，必须通过制度治党这一科学路径来提高党的执政能力和加强党的先进性建设。1980 年 8 月，邓小平在《党和国家领导制度的改革》中指出："我们过去发生的各种错误，固然与某些领导人的思想、作风有关，但是组织制度、工作制度方面的问题更重要。……领导制度、组织制度问题更带有根本性、全局性、稳定性和长期性。这种制度问题，关系到党和国家是否改变颜色，必须引起全党的高度重视。"[③]党的十三届四中全会以后，以江泽民同志为主要代表的中国共产党人继承和发展了邓小平关于制度治党的思想，更加明确地将制度建设作为党的建设的重要内容之一。江泽民指出："一定要把思想建设、组织建设和作风建设有机结合起来，把制度建设贯穿其中，既立足于做好经常性工作，又抓紧解决存在的突出问题。"[④]进入 21 世纪以后，以胡锦涛同志为主要代

---

① 《邓小平文选》第 2 卷，人民出版社 1994 年版，第 330 页。

② 习近平：《在党的群众路线教育实践活动总结大会上的讲话》，人民出版社 2014 年版，第 16 页。

③ 《邓小平文选》第 2 卷，人民出版社 1994 年版，第 330 页。

④ 《十六大以来重要文献选编》上，中央文献出版社 2005 年版，第 38 页。

表的中国共产党人强调不断推进党的制度建设创新，推进党的建设科学化、制度化、规范化。他指出：“保持党员队伍的先进性，关键在于完善制度和机制，把党的先进性要求转化为党员自觉遵守的行为准则。”①新时代，习近平总书记把党的制度建设推向了新的高度。他指出：“制度不在多，而在于精，在于务实管用，突出针对性和指导性。……要增强制度执行力，制度执行到人到事，做到用制度管权管事管人。制定制度要广泛听取党员、干部意见，从而增强对制度的认同。”②习近平总书记一方面强调了制度对管党治党的重要性，另一方面也强调了要让制度得到广大党员干部的认同。

党的制度建设，指的是全体党员、干部都必须遵守的党内法规、条例等制度的建构与执行。党的制度建设有两层含义：一是制度建设的基本前提，即关于党的建设的一系列制度和规范的制定与完善；二是制度建设的关键，即关于党的建设的一系列制度和规范的贯彻和执行。党的制度建设贯穿于党的各项建设中，在党的建设中具有重要作用，是党的建设的一条鲜明主线。习近平总书记指出：“思想教育要结合落实制度规定来进行，抓住主要矛盾，不搞空对空。要使加强制度治党的过程成为加强思想建党的过程，也要使加强思想建党的过程成为加强制度治党的过程。”③党的各项建设都离不开制度建设的规范作用，党的制度建设是党的其他方面建设的重要保障和支撑。制度作为一种刚性的外在约束力，

---

① 《十六大以来重要文献选编》下，中央文献出版社2008年版，第530页。

② 习近平：《在党的群众路线教育实践活动总结大会上的讲话》，人民出版社2014年版，第18页。

③ 习近平：《在党的群众路线教育实践活动总结大会上的讲话》，人民出版社2014年版，第18页。

对党员、干部的行为有着硬性要求。因此，全党思想的高度统一离不开党的制度的规范和约束，党的制度建设是党的思想建设的根本保障。党内的制度越健全，组织也就越健全，在一定条件下，制度是组织的保护力量；更为重要的是，制度的健全将给组织带来更多生机与活力。

（四）思想建党和制度治党统一于党的建设伟大工程

中国共产党在长期革命、建设、改革的实践中，坚持把马克思列宁主义党建学说同自身建设的具体实际结合起来，创造性地提出了思想建党和制度治党相结合的党建思想。始终坚持把思想建党和制度治党相结合，这是中国共产党加强党的自身建设的宝贵经验之一。早在民主革命时期，毛泽东就提出了思想建党原则，同时他没有忽视制度治党的有效作用。1929 年 12 月，他在《关于纠正党内的错误思想》中批评了党内各种非无产阶级错误思想，还提出了肃清这些错误思想的方法，即思想教育和健全制度相结合的方法。例如，针对“单纯军事观点”的错误思想，他指出要从教育上提高党内的政治水平，肃清单纯军事观点的理论根源①，同时提出“编制红军法规，明白地规定红军的任务，军事工作系统和政治工作系统的关系”②。针对“盲动主义”的错误思想，他指出：“（一）从思想上肃清盲动主义。（二）从制度上和政策上纠正盲动的行为。”③党的十一届三中全会以后，邓小平多次强调要把思想建党和制度治党统一起来，他指出：“必须从根本上改变这些制度。当然，官僚主

① 《毛泽东选集》第 1 卷，人民出版社 1991 年版，第 87 页。
② 《毛泽东选集》第 1 卷，人民出版社 1991 年版，第 88 页。
③ 《毛泽东选集》第 1 卷，人民出版社 1991 年版，第 95 页。

义还有思想作风问题的一面，但是制度问题不解决，思想作风问题也解决不了。……解决以上所说的制度问题，要进行大量的工作，包括进行教育和思想斗争，但是非做不可。”[①]党的十三届四中全会后，江泽民也多次提出将思想建党和制度治党紧密结合起来，他指出，建立健全党内规章制度，以规范党内同志的行为，是完全正确的，但是，制度建设必须同思想建设结合起来，只有提高大家的思想觉悟，加强党性修养，好的制度才能得以贯彻执行。思想建党和制度治党是相互联系且相辅相成的。党的十六大以后，胡锦涛也强调要加大教育、监督、改革、制度创新力度，一方面加强廉洁从政教育以及廉政文化建设，另一方面要健全权力制约和监督机制，坚持用制度管权、管事、管人。党的十八大以来，习近平总书记更加注重依法治国和依规治党，强调党的思想建设也要制度化。2014 年 10 月，习近平总书记在党的群众路线教育实践活动总结大会上提出了坚持思想建党和制度治党紧密结合的建党治党原则，强调：“从严治党靠教育，也靠制度，二者一柔一刚，要同向发力、同时发力。……思想教育要结合落实制度规定来进行，抓住主要矛盾，不搞空对空。”[②]

在党的建设整体布局中，思想建党处于基础性地位。思想建设能够不断推进马克思主义中国化、时代化、大众化，引导教育党员干部坚定理想信念，并且牢固树立正确的世界观、权力观、事业观。在本质上，党的思想建设就是通过加强思想道德的内在教化，形成约束党员干部的

---

① 《邓小平文选》第 2 卷，人民出版社 1994 年版，第 328 页。

② 习近平：《在党的群众路线教育实践活动总结大会上的讲话》，人民出版社 2014 年版，第 16 页。

"软力量"。加强党的思想建设有利于增强党员干部自我净化、自我完善、自我革新、自我提高的能力，实现党员干部对党的基本理论的认同，进而永葆党的先进性和纯洁性。在党的建设中，制度建设具有重要的保障作用和统领全局的关键作用。党的制度建设贯穿于党的思想建设、组织建设、作风建设、纪律建设、反腐倡廉建设的全过程，覆盖党的建设各个方面。它通过构建内容完备、结构合理、功能健全、科学管用的制度体系，保证党的路线方针政策的贯彻执行，维护党的团结和统一，进而永葆党的先进性和纯洁性。从本质上看，制度治党是通过制度建设形成约束党员干部的"硬力量"。

在党的建设伟大工程中，思想建党是"软力量"，制度治党是"硬力量"，两者辩证统一于党的建设伟大工程之中。在党的建设实践中，两者紧密联系，互为补充，互相促进，相得益彰。在新时代，中国共产党推进党的建设新的伟大工程以及应对外部挑战，必须始终坚持思想建党和制度治党相结合。

（五）思想建党与制度治党相统一的内在逻辑

思想建党与制度治党相统一，就是要坚持马克思主义的指导地位，强化对全体党员的理论素养和精神价值的内在引导，并从党的建设长期性出发，构建制度化体系。新时代推进全面从严治党，要求思想建党与制度治党有机统一、相互促进。思想建党作为我们党的建设工作的重要抓手，是经过长期历史检验证明符合我们党的实际的重要党建方式。社会现实的客观发展迫切要求制度治党的跟进，伴随市场经济的深入发展，经济因素逐渐成为诱发党员干部腐败和犯错误的主要因素。与此同时，"任人唯亲、跑官要官、买官卖官、拉票贿选现象屡禁不止，滥用权力、贪污受贿、腐化堕落、违法乱纪等现象滋生蔓延”[①]，也成为一些党员干部出现问题的突出表现。这些问题的出现，使制度治党与思想建党协调统筹的必要性进一步提升。

第一，思想建党和制度治党的结合是自律与他律的结合。强大的思想力量不会自然凝聚，一个组织内在约束力的形成往往需要有外在约束力作保障。思想建党的指引功能，通过对党员干部的思想教育、目标引领、价值观培育等思想教育活动来实现，通过明确化、规范化和制度化的形式加以固定。同时，制度治党通过对思想建党履行不足和个人行为越轨等进行刚性约束，有效促进外在约束向内在自律转化。因此，习近平总书记指出：“思想教育要结合落实制度规定来进行，抓住主要矛盾，不搞空对空。”[②]思想建党是治党之“软约束”，更注重党员的自律自觉性，而制度治党是治党之“硬约束”，更强调对党员思想行为的制度规范，只有两者结合才能相得益彰。思想教育的根本目的是把思想建党的内容要求传递给广大党员，使其思想行为更加符合党纪党规。但是，党员个体之间具有差异性，他们在认知水平、成长环境和价值观等方面的水平参差不齐，从而导致全体党员很难保持思想水准的统一。这就要求我们党在强化思想教育“软约束”的同时，要通过制度化建设的“硬约束”，将党的理念、经验和成果进行不断固化，并将其上升到制度的层面。党的十八大以来，党中央出台了一系列制度化举措，扎实推进全面从严治党，将思想建党等经验和成果进一步制度化。

① 《关于新形势下党内政治生活的若干准则》，人民出版社2016年版，第2页。

② 《十八大以来重要文献选编》中，中央文献出版社2016年版，第95页。

第二，思想建党和制度治党的结合是内因与外因的结合。思想建党更侧重党员干部思想的积极健康，制度治党更强调党内制度的科学规范。早在 2008 年 2 月，习近平同志在全国组织工作会议上就强调：“思想理论建设是党的根本建设，党在思想理论上的提高是党和人民事业不断发展的重要保证。”①思想建党是党的建设的本源，决定着党的建设的性质和方向。思想建党与制度治党二者一内一外，实现了党的建设内容与形式的丰富和统一。在改革开放初期，邓小平指出：“政治路线确立了，要由人来具体地贯彻执行。由什么样的人来执行，是由赞成党的政治路线的人，还是由不赞成的人，或者是由持中间态度的人来执行，结果不一样。”②制度是由人制定的，最终也是由人来执行的，而这里的“人”主要是指党员干部，他们的思想觉悟和认知水平直接决定了制度治党的最终效果。因此，仅靠党内制度完备的“外因”，而不加强对党员干部的思想教育的“内因”，无法有效发挥思想建党和制度治党的结合功能与合力效应。

第三，思想建党和制度治党的结合是柔性与刚性的结合。在革命、建设和改革的很长时期，党的制度建设取得了一定成绩，但是仍存在一些“短板”。因此，我们党一直在加强制度建设，不断完善党内法规和制度。党的十八大以来，为有效净化党内政治生态、严肃党内政治生活、规范党员干部思想言行，制度治党步入新时代的新发展阶段。根据思想建党和制度治党相结合的党建原则，党结合新时代新形势所面临的新挑战与新要求，先后制定了与社会主义宪法法律相适应的尤其是

① 《十七大以来重要文献选编》上，中央文献出版社 2009 年版，第 206 页。

② 《十四大以来重要文献选编》中，人民出版社 1997 年版，第 1081 页。

与党的思想建设相匹配的一系列党内制度条例，为党的各方面建设提供了有效制度保障。习近平总书记明确指出：“党中央决定同时制定准则、修订条例，这是着眼于推进全面从严治党、坚持思想建党和制度治党相结合的一个重要安排。”[①]思想建党是党员内在思想教育的结果，而制度治党的外在属性要求其贯穿思想建党的全过程。因此，要推进思想建党和制度治党的有机结合，就必须把制度建设贯穿到党的各项建设之中，做到把解决思想的内在问题和解决制度的外在问题有机有序加以统一。

二、思想建党和制度治党相统一的重大意义

中国共产党是中国特色社会主义事业的开创者和核心领导力量，打铁还需自身硬，新时代推进党的建设，只有坚持思想建党与制度治党相结合，实现二者优势互补，才能够有效提高党的建设科学化水平。新时代坚持思想建党与制度治党相统一，是马克思主义执政党建设的内在要求，是加强党的全面领导的现实要求，是全面从严治党的必然要求。

（一）马克思主义执政党建设的内在要求

马克思恩格斯经过长期探索，认真总结经验，创立了无产阶级党建理论，其中有很多关于思想建党和制度治党的思想，为党的建设实践提供了理论基础和科学指南。

---

① 《习近平关于全面从严治党论述摘编》，中央文献出版社 2016 年版，第 15 页。

在思想建党方面，马克思恩格斯认为，无产阶级要想推翻资产阶级的剥削和压迫成为独立的政治力量，实现自身解放，必须有科学的革命理论作为指导，建立一个具有高度组织性和纪律性的无产阶级政党，让其成为革命的领导者和先锋。“共产主义革命就是同传统的所有制关系实行最彻底的决裂；毫不奇怪，它在自己的发展进程中要同传统的观念进行最彻底的决裂。”[①]思想只有在实践中不断革新，才能保持先进性。同样，理论的形成不是一蹴而就的。马克思恩格斯在长期的实践探索基础上，对无产阶级运动的背景条件、发展进程和一般结果有着深刻的了解与思想认知，并在《共产党宣言》中阐明了党的性质、纲领、组织原则，入党条件和国际主义等原则，形成了无产阶级党建理论，使党的思想理念得以规范化。列宁也强调了思想建设的重要性，指出：“没有革命的理论，就不会有坚强的社会主义政党。”[②]他提出用思想建设来确保党的战斗性、纯洁性和先进性，强调以马克思主义理论为指导，加强全党思想建设，保持党的先进性。

在制度治党方面，马克思恩格斯认为在无产阶级革命运动过程中，共产党仅仅成为无产阶级的领导者和先锋力量是远远不够的，还需要加强制度建设从而保持党的先进性和纯洁性。他们对无产阶级政党的制度建设进行了一系列的设想，形成了无产阶级政党制度建设的一般理论。在坚持工人阶级政党阶级地位独立的前提下，马克思恩格斯强调用暴力革命建立无产阶级政党制度，提出“用暴力推翻全部现存的社会制

① 《马克思恩格斯选集》第 1 卷，人民出版社 2012 年版，第 421 页。

② 《列宁全集》第 4 卷，人民出版社 1984 年版，第 161 页。

度”[1]。在政党建设初期，他们高度重视党的纪律建设，为共产主义者同盟制定了章程，并规定了严格的纪律，强调用铁的纪律保持政党的纯洁性。与此同时，马克思恩格斯提出一些重要的党的纪律规范和组织原则来推动党的制度建设，如民主集中制、选举制、密切联系群众制度等。列宁也十分重视制度建设在无产阶级政党建设中的作用，他强调加入党组织必须有严格的制度和程序。中国共产党是靠革命理想和铁的纪律组织起来的马克思主义政党，始终重视党的制度建设。毛泽东在《中国共产党在民族战争中的地位》中明确提出了“党内法规”的概念，强调用法规制度建党，起草了《关于建立报告制度》《关于健全党委制》，建立了党委制。邓小平对制度治党的概念作了进一步深化，指出要从国家制度和党的制度上对党员和党组织进行严格的监督和规定。基于今后社会主义现代化建设的需要，他强调了党规党纪建设在制度治党过程中的重要性，指出新时期在加强组织制度、工作制度等方面更为重要，并依据党章，围绕着民主集中制，对党内生活的各个方面进行了规定，进一步健全和完善了党的制度体系。

习近平总书记在继承和发展了马克思主义党建理论、总结我们党自身建设经验的基础上，对新时代党的建设提出了双重要求。第一，思想上要求具有先进性和纯洁性。习近平总书记指出：“信念是本，作风是形，本正而形聚，本不正则形必散。”[2]党的十八大以来，党中央在全党范围内扎实开展了党的群众路线教育实践活动、“三严三实”专题教育、

---

① 《马克思恩格斯文集》第 2 卷，人民出版社 2009 年版，第 66 页。

② 《习近平关于党风廉政建设和反腐败斗争论述摘编》，中央文献出版社、中国方正出版社 2015 年版，第 146 页。

“两学一做”学习教育、“不忘初心、牢记使命”主题教育、党史学习教育，加强了党的思想建设和作风建设，保障了党同人民群众的血肉联系。第二，制度上要求具有严格性、规范性。从从严治党到全面从严治党、依规治党，以习近平同志为核心的党中央，将党内法规与国家法律建设相联系，提出建设严密的党内法规体系，一方面强调用制度规范权力的运行，另一方面强调制度的顶层设计和长远目标，将以往的制度建设提升到新的高度。实践表明，新时代统筹推进思想建党和制度治党提高了党的执政能力和领导力，有效巩固了党的执政地位，是马克思主义执政党建设的必然要求和重要结论。

（二）加强党的全面领导的现实要求

党的领导源于马克思主义及其中国化理论的科学性、真理性、先进性。新时代坚持和加强党的全面领导，注重从思想上建党是基本前提。重视思想建党是中国共产党的传统和优势。自诞生之日起，中国共产党就将马克思主义作为自己的指导思想，并不断推动其创新发展。新时代加强党的全面领导，是对党组织管党治党不力、党员理想信念淡化、宗旨意识薄弱、党性修养弱化等问题的回应，反映了马克思主义政党加强思想建设的要求。习近平新时代中国特色社会主义思想是新时代党和国家必须长期坚持的指导思想，深入学习和领悟其内涵，将其融会贯通，用以指导实践进一步深化理解这一创新理论在新时代的现实意义，始终坚持旗帜鲜明讲政治，不断增强“四个意识”，始终坚定“四个自信”，真正做到“两个维护”，自觉拥护“两个确立”，以高度的政治自觉拧紧全党思想上的“总开关”，从根子上解决思想理论武器存在的问题。同时，还要切实提高广大党员干部的自觉性和坚定性，将创新理论更好地指导实践，进而提高党对各方面的领导能力，为实现中华民族伟大复兴锻造坚强的领导核心。

强化制度治党是确保党的全面领导坚强有力的重要保障。思想建党的经验和成果需要以制度形式予以固化，确保党的领导持续长久。党的十八大以来，党中央扎实推进党风廉政建设，聚焦反腐斗争，一系列腐败高官纷纷落马，许多案件都是“拔出萝卜带出泥”，出现“系统性腐败”“塌方式腐败”“利益集团”“圈子文化”“山头主义”等现象，一些企业党组织作用“弱化”，地位“边缘化”，党员干部管理教育“虚化”，党员先锋模范意识“淡化”等现象普遍存在。其原因在于缺少相关制度或者制度执行不到位，党内规章制度的落实还存在“上有政策、下有对策”“上级监督太远、同级监督太软、下级监督太难”，导致权力脱缰和监督机制失灵。新时代坚持和加强党的全面领导，从根本上彻底清除各种危害弱化党的领导的流毒，关键是要把权力关进制度的笼子，让权力在阳光下运行，不断规范和创新监察机制，强化制度的执行和落实，以制度的权威性和严格性来保障党的全面领导，实现“抓铁有痕、踏石留印”。

（三）全面从严治党的必然要求

思想建党和制度治党相统一，是全面从严治党的题中应有之义，深刻诠释了全面从严治党的丰富内涵。“全面”就是管全党，从党的自身建设来说，其总布局即政治建设、思想建设、组织建设、作风建设和、纪律建设和制度建设要实现全覆盖，尤其以思想建党和制度治党的协同推进来确保从严治党的各个方面的整体性和系统性；从内容看，党员、党组织，党的建设的各个领域、方面和部门都要管、要治。“从严”，一是思想上要从严，坚定理想信念，补足精神之“钙”，不得“软骨病”；二是制度上要从严，坚持严纪律、严措施，严肃党内政治生活，管党治吏真抓实管，严抓腐败，“老虎”“苍蝇”一起打，预防和严惩相结合，标本兼治。真正做到敢管敢严、真管真严、长管长严。“治”是管党治党，突出全面从严治党“治”的动态过程。在“治”的进程中，广大党员作为“治”的主要对象，思想建党为党员干部标出了精神上追求的高线，划出了思想上不可逾越的红线，增强了党员的政治意识和责任担当，保证了“治”的顺利推进；制度治党为广大党员划出了行动底线，标出了不可触碰的警戒线，使党员干部不踩线、不越界，全党行动统一、党纪严明。思想建党和制度治党是全面从严治党不可分离的两大抓手，将思想教育的“柔”与制度约束的“刚”有机结合，同时同向发力，为新时代全面从严治党开辟了一条崭新路径。

思想建党和制度治党相统一，有利于促进全面从严治党的开展。全面从严治党不仅要求在治党主体上做到全面，还要求在治党范围上做到全面，对党员干部标准和要求做到从严，不仅通过思想教育使党员干部提高政治站位和政治自觉，使他们提高思想认识，打消腐败的想法，而且有严格的规章制度来保证，使广大党员干部不敢腐、不能腐、不想腐。通过思想建党，党员可以审视自己政治立场是否变化、思想上是否滑坡、精神上是否动摇、个人行为作风与党的先进性是否背离，以提高自身的政治素质、精神境界和党性觉悟；通过制度建党，可以规范和约束党员干部的行为举止，以系统规范、科学合理的制度防止不正之风和权力滥用行为，让权力在阳光下运行，保证全面从严治党各项工作有序展开并得到落实，有效解决长期以来党的建设中存在的短板和弊病。

三、思想建党和制度治党相统一的实践要求

党的十九大报告指出，坚持全面从严治党，必须以党章为根本遵循，把党的政治建设摆在首位，思想建党和制度治党同向发力。[①]全面从严治党不仅要靠思想教育，也靠制度约束。思想建党和制度治党一柔一刚，同向发力、同时发力才能发挥自我革命和建设的功效。这一重大论断是以习近平同志为核心的党中央结合党的建设实际和时代特征作出的重大理论创新和实践创新，是对我们党从严管党治党历史经验的科学总结，是对马克思主义执政党建设规律的科学认识，体现了以习近平同志为核心的党中央全面从严治党的深谋远虑和坚定决心。新时代坚持思想建党与制度治党相统一，要做到坚持思想建党之基、扭住理想信念之魂、立足制度治党之根。

（一）坚持思想建党之基

只有思想上清醒，才能政治上坚定，组织上有凝聚力，行动上步调一致。回望党的百年奋斗历程，中国共产党遭遇了许多艰难险阻，但是并没有被困难打倒，而是于艰难困苦中奋起，不断发展壮大。中国共产党之所以能够完成近代以来种种政治力量不可能完成的艰巨任务，一个根本原因就在于高度重视思想建党，使全党始终保持思想统一和强大的凝聚力、战斗力。当前，面对国内外以及党内外形势的变化，必须坚持不懈加强理论武装，全面深化思想建党。

① 《十九大以来重要文献选编》上，中央文献出版社2019年版，第18页。

坚持思想建党，要全面普及和学习新思想。习近平新时代中国特色社会主义思想是马克思主义中国化时代化的最新理论成果，是当代中国的马克思主义、21世纪马克思主义，广大党员干部必须充分认识用习近平新时代中国特色社会主义思想武装全党的重大意义，深入学习、深刻领会、全面贯彻习近平新时代中国特色社会主义思想，在学懂弄通做实上狠下功夫，深刻把握习近平新时代中国特色社会主义思想的精髓和核心要义，坚持理论和实际相结合，在实践中学习、在学习中实践，让习近平新时代中国特色社会主义思想在实践中落地生根、开花结果。

坚持思想建党，要牢固树立“四个意识”。当前，中国经济发展进入新常态，经济发展减速和产业转型升级矛盾交织，党风廉政建设和反腐败任务空前艰巨。作为党员干部，必须牢固树立“政治意识、大局意识、核心意识、看齐意识”，持续在“严”上发力，在“实”字上下功夫，做到作风清廉正派，工作稳健踏实，业务创新求实，守好规矩和纪律底线，把思想建党摆在重要位置。

坚持思想建党，要发挥领导干部带头示范作用。一方面，思想教育要突出重点，加强党性和道德教育，引导党员、干部坚定理想信念，坚守共产党人精神追求。①要把学习贯彻习近平新时代中国特色社会主义思想作为重大政治任务，坚持不懈抓好理论武装、党性锤炼和道德教育，使领导干部筑牢信仰之基、补足精神之钙、把稳思想之舵。另一方面，要教育引导领导干部在真学、真懂、真信、真用马克思主义上充当表率，形成以上率下的带动作用和示范效应，营造风清气正的政治生态和从政

① 《习近平关于党风廉政建设和反腐败斗争论述摘编》，中央文献出版社、中国方正出版社2015年版，第147页。

环境，以实际行动让党员和群众感受到理想信念的强大力量。

（二）扭住理想信念之魂

坚定理想信念是党的思想建设的首要任务。习近平总书记指出：“理想信念坚定，是好干部第一位的标准，是不是好干部首先看这一条。”[①]坚定理想信念，坚守共产党人的精神追求，始终是共产党人安身立命的根本。随着物质生活的不断丰富，少数党员干部没能经得起考验，其根本原因是理想信念的缺失。理想信念是党员干部的“魂”，若丢了“魂”，就会偏离或背离宗旨和准则，甚至掉进腐败堕落的深渊，走向人民的对立面。中国共产党推进社会革命和自我革命，必须把坚定理想信念作为固本培元、凝魂聚气的战略工程抓紧抓实抓出成效，不断培育党员干部干事创业的信念大树。

加强理论武装，要不断夯实理想信念的理论基石。广大党员干部必须用科学的理论武装头脑，认真学习习近平新时代中国特色社会主义思想，学会运用马克思主义立场、观点和方法去分析问题、解决问题，做到对马克思主义理论自觉自主真学真信，用理论武装廓清思想迷雾、排除思想干扰、坚定理想信念，把理想信念建立在对科学理论的理解上，建立在对人类社会历史和发展规律的正确认识上。

加强党性锻炼，不断增强为党为民的家国情怀。党员干部要为党分忧、为民解难。江山就是人民，人民就是江山。中国共产党根基在人民、

① 《习近平关于全面从严治党论述摘编》，中央文献出版社2016年版，第123页。

血脉在人民、力量在人民。[①]人民群众永远是党的力量源泉，是党和国家事业兴旺发达的持久动力。全党必须永远保持同人民群众的血肉联系，站稳人民立场，坚持人民主体地位。[②]党员干部来自群众，广大党员干部要坚持从群众中来、到群众中去的思想理念，在工作中坚持群众路线，用群众观点思考问题和解决问题，做到勤恳踏实、清正廉洁，始终用群众实践的营养来滋养和支撑理想信念。

强化底线意识，不断敲响权力警钟。广大党员干部要坚持"吾日三省吾身"，定期给自己的思想来个"大扫除"，清除思想污垢、反思言行举止、祛除贪念恶念，做到对待权力有敬畏，慎独慎微慎言慎行，做到行得正、站得稳、端得平，以言行一致、表里如一的实际行动凝魂聚气，牢牢树起党员这面旗。

习近平总书记强调："对共产主义的信仰，对中国特色社会主义的信念，是共产党人的政治灵魂，是共产党人经受住任何考验的精神支柱。"[③]坚定的理想信念是共产党人的精神之"钙"。正是因为对马克思主义的坚定信仰，对社会主义和共产主义的坚定信念，中国共产党人才能经受住各种风浪考验。党员、干部有了坚定的理想信念，站位就高了，心胸就开阔了，就能坚持正确政治方向，做到"风雨不动安如山"，炼就金刚不坏之身。党员、干部只有做共产主义远大理想和中国特色社会

---

① 习近平：《在庆祝中国共产党成立100周年大会上的讲话》，人民出版社2021年版，第15页。

② 《中国共产党第十九届中央委员会第六次全体会议文件汇编》，人民出版社2021年版，第104页。

③ 习近平：《在党史学习教育动员大会上的讲话》，人民出版社2021年版，第12页。

主义共同理想的坚定信仰者和忠实实践者，才能不负党和人民的期望，为实现社会主义现代化强国的伟大目标、实现中华民族伟大复兴的中国梦不断贡献自己的力量。

（三）立足制度治党之根

制度治党既是全面从严治党的重要组成部分，又是全面从严治党的重要方法。作为全面从严治党的重要内容，制度治党要求在全面从严治党的过程中将制度建设放在与思想建设、组织建设、作风建设、反腐倡廉建设同等甚至更重要的位置，并将制度建设融入思想建设、组织建设、作风建设、反腐倡廉建设之中。作为全面从严治党的重要方法，制度治党要求依靠制度管权管事管人，维护制度的权威，使制度的硬性约束成为管党治党的有力保障。实践证明，只有坚持制度治党与思想建党同向发力、同时发力，在筑牢思想防线的同时筑牢制度防线，才能将全面从严治党落到实处。

坚持制度治党，首先要有制度可依。长期以来，我们党制定了不少管党治党的制度，但随着世情、国情、党情的深刻变化，党内制度体系与全面提高党的建设科学化水平的目标还存在不相适应的地方，亟待进一步健全完善。为此，需要对既有制度进行审查和评估，对需要修订的制度及时进行修订，对需要细化的制度尽快制定实施细则，对已过时的制度适时加以废止，使制度符合实际情况、解决实际问题。同时，应保证制度结构的完整性、保持制度规则的一致性，减少制度的自由裁量空间，减少制度的漏洞和空隙，使各项制度更加清晰具体、可操作性更强。

坚持制度治党，关键在于强化制度的执行力。全面从严治党必须注重提高制度的执行力，狠抓、真抓制度落实，决不能将制度束之高阁、使其名存实亡。提高制度的执行力，要加强对制度的学习，使广大党员、干部深入了解党章、准则、条例等党的规章制度；建立健全制度执行监督机制，对制度执行情况进行调研与评估，开展督促检查；建立健全责任追究机制，对执行制度不力的要严肃问责，对违反制度的要一视同仁、严肃查处，让制度成为带电的“高压线”。

坚持制度治党，必须突出重点、抓住关键。依规治党重点和关键是党的各级领导干部，高级干部又是重中之重。习近平总书记指出：“从严治党，关键是要抓住领导干部这个‘关键少数’，从严管好各级领导干部。从严管理干部，要坚持思想建党和制度治党紧密结合，既从思想教育上严起来，又从制度上严起来。”①“要坚持以严的标准要求干部、以严的措施管理干部、以严的纪律约束干部，使干部心有所畏、言有所戒、行有所止。”②只有抓住了领导干部这个“关键少数”，才能更好地引领普通党员这个“最大多数”。

四、思想建党和制度治党相统一的推进路径

在作用方式和功能定位上，思想建党和制度治党的优势有所区别，但是在价值定位和最终目标方面，两者具有高度一致性。所以，如何从新时代党和国家事业发展全局以及党的建设总体布局着眼，正确认识与运用思想建党和制度治党的作用、优势，并从两者价值定位和最终目标

① 《习近平关于全面从严治党论述摘编》，人民出版社2021年版，第264页。

② 习近平：《在党的群众路线教育实践活动总结大会上的讲话》，人民出版社2014年版，第22页。

上的一致性着手，在全面从严治党实践和党的建设伟大工程中有效推进思想建党和制度治党同时同向发力，使管党治党形成合力效应，是一个十分重要且亟待解决的课题。

（一）以党的政治建设统领思想建党和制度治党

在全面建设社会主义现代化国家的新征程上，必须不断推进国家治理体系和治理能力现代化，而推进国家治理体系和治理能力现代化，又必须坚持党的领导，必须坚持思想建党和制度治党同时同向发力。新时代，中国共产党加强自身建设不仅要抓好思想建设这一基础性建设，还要持续完善党的领导制度体系。2019 年 10 月，党的十九届四中全会明确提出，要健全总揽全局、协调各方的党的领导制度体系，把党的领导落实到国家治理各领域各方面各环节。[①]历史和实践证明，作为中国特色社会主义事业的开创者和领导者，中国共产党只有坚持把党的政治建设摆在首位，将思想建党和制度治党有机结合作为着力点，把党建设得坚强有力，提高党的领导力和领导水平、政府的执行力和贯彻落实水平，从而提高国家治理体系和治理能力现代化水平，为党和国家的事业提供可靠保障、为实现中华民族伟大复兴的目标注入强劲动力。

一方面，要站在国家治理现代化的高度，理解领会必须以政治建设统领党的建设、使思想建党与制度治党同向发力的战略性重要性。打铁还需自身硬，在党中央治国理政的理论框架中，全面从严治党已经成为一个基本方略，党的建设已经成为新时代国家治理体系的重要组成部分。

---

① 《中共中央关于坚持和完善中国特色社会主义制度　推进国家治理体系和治理能力现代化若干重大问题的决定》，《人民日报》2019 年 11 月 6 日。

国家治理体系和治理能力现代化是一种新的治国理政理念和战略，稳步推进国家治理体系现代化，必须把党的政治建设摆在首位，维护党中央权威和集中统一领导，坚持思想建党和制度治党有机统一、共同发力，提高党员、干部的政治站位和政治觉悟。做到这些，就能够有效凝聚共识和力量，在国家治理中发挥全党的集体智慧。这就要求坚定党员干部理想信念，充分调动广大党员干部特别是领导干部“不忘初心、牢记使命”的责任感和使命感，还必须完善担当作为的激励机制，促进各级领导干部增强学习本领、政治领导本领、改革创新本领、科学发展本领、依法执政本领、群众工作本领、狠抓落实本领、驾驭风险本领，发扬斗争精神，增强斗争本领①，从制度上对党员干部的工作能力进行规范并且调动其工作积极性和进取心，从而为推进国家治理体系和治理能力现代化提供可靠保障。

另一方面，要锚定国家治理现代化的宏伟目标，深刻认识坚持思想建党和制度治党相统一的重要地位。在党中央的治国理政实践中，实现国家治理体系和治理能力现代化既是战略目标也是战略任务。推进国家治理现代化，不仅要在思想上提高认识，还要在制度上进一步规范合理，同时坚持和加强党的全面领导，有效发挥党的政治建设的重要作用。坚持思想建党和制度治党同向发力，有利于加强党的政治建设，为其提供思想基础和制度基础；有利于推进国家治理体系和治理能力现代化，为其提供组织保障。因此，要把思想建党和制度治党同向发力的重要性与国家治理体系和治理能力现代化这一战略目标有机结合起来思考，才能

---

① 《中共中央关于坚持和完善中国特色社会主义制度　推进国家治理体系和治理能力现代化若干重大问题的决定》，《人民日报》2019年11月6日。

找到思想建党和制度治党相统一的着力点和发力点，从而进一步凝聚全党智慧和共识，带领全国各族人民为实现中华民族伟大复兴中国梦共同奋斗。

（二）推进常态化思想政治教育

党员思想政治教育是我们党意识形态建设的一项重要内容，是加强党的建设和推进自我革命的重要抓手。对于一个马克思主义执政党来说，思想政治教育是根本性的教育，直接影响思想建党和制度治党同向发力取得的效果，党的建设的成效也与其直接相关。所以，要想不断提升管党治党的科学化水平，使思想建党和制度治党同向发力、同时发力，就要使思想政治教育常态化，加强对广大党员干部的马克思主义基本理论、共产主义理想信念和党性纪律等方面的教育。

第一，要加强党员干部的思想理论教育。对于每一个共产党员来说，马克思主义理论是一门“必修课”，党员干部不仅要“常修”，还要“修好”。这就要求对党员干部开展常态化、长效化思想政治教育，不断提高他们的马克思主义理论水平。习近平总书记指出：“马克思主义就是我们共产党人的‘真经’，‘真经’没念好，总想着‘西方取经’，就要贻误大事！”[①]所以，党员干部要重视学习马克思主义理论，在思想上将其作为一项重要政治任务，在行动上将其作为一个日常习惯，学会使用马克思主义的立场观点方法来分析和解决问题。党的二十大报告指出：“加强理想信念教育，引导全党牢记党的宗旨，解决好世界观、人生观、

① 习近平：《在全国党校工作会议上的讲话》，人民出版社2016年版，第15页。

价值观这个总开关问题，自觉做共产主义远大理想和中国特色社会主义共同理想的坚定信仰者和忠实实践者。”①当前情况下，广大党员干部要努力学习贯彻习近平新时代中国特色社会主义思想，用其武装头脑、指导实践，坚持理论联系实际，坚持带着问题学、联系实际学，在学习中思考和研究各种现实问题。

第二，要加强党员干部的党性教育。习近平总书记指出：“必须毫不放松抓好思想政治建设，点亮党员、干部心中的明灯，教育引导党员、干部筑牢思想防线，坚持‘革命理想高于天’，保持蓬勃朝气、昂扬锐气、浩然正气。”②加强党的思想建设，推进思想建设与制度建设同向发力，需要对党员干部开展常态化长效化党性教育、党史学习教育，使广大党员干部坚定理想信念、牢记党的宗旨和优良传统作风，从党史中汲取智慧和力量，增强“四个意识”、坚定“四个自信”、做到“两个维护”，拥护“两个确立”。

第三，要加强党员干部的政治纪律教育。加强政治纪律和政治规矩教育，是制度治党的一个关键环节，也是思想建党的一项重要内容。习近平总书记指出：“干部出问题，都是因为纪律的突破。必须严明党的纪律，党的各项纪律都要严。”③党章是全党必须遵循的总章程，也是总规矩，政治纪律更是全党必须遵守的刚性约束，党在长期实践中形成的

---

① 习近平：《高举中国特色社会主义伟大旗帜　为全面建设社会主义现代化国家而团结奋斗》，人民出版社 2022 年版，第 65 页。

② 《习近平关于党风廉政建设和反腐败斗争论述摘编》，中央文献出版社、中国方正出版社 2015 年版，第 143 页。

③ 《习近平关于党风廉政建设和反腐败斗争论述摘编》，中央文献出版社、中国方正出版社 2015 年版，第 37 页。

优良传统和工作惯例也是重要的党内规矩[①]，必须加强以民主集中制为核心、以党章为根本遵循的党纪党规教育，教育广大党员干部自觉做到依纪依规用权、依纪依规办事。通过党内政治纪律和政治规矩教育，提高党员干部的纪律意识和规矩意识，对于提升思想建党和制度治党同时同向发力十分有益。

（三）强化基层党组织建设

要做到思想建党和制度治党同向发力，离不开基层党组织对党的政策的贯彻和落实。基层党组织做到和党中央思想统一、行动一致，就会形成强大的凝聚力和坚强的战斗力，为思想建党和制度治党同向发力提供坚实的组织基础。截至 2022 年 12 月 31 日，中国共产党党员总数为 9804.1 万名，党的基层组织总数为 506.5 万个。[②]作为世界上最大的马克思主义政党，中国共产党要团结和凝聚起来，达到思想统一、行动一致，做到步调一致，永葆先进性、纯洁性和战斗力，就必须坚持思想建党和制度治党同向发力，重视党的政治建设，推进全面从严治党，以伟大自我革命引领伟大社会革命。只有加强广大基层党组织建设，使其坚强有力，才能保证思想建党和制度治党同向发力得到贯彻落实，为党的建设和全面从严治党提供坚实的组织根基。

第一，要以解决基层党组织存在的现实问题为着力点。党的基层组织是党的战斗堡垒。加强思想建设并同制度治党相统一，必须改变基层

① 《习近平谈中共的纪律和规矩》，《人民日报（海外版）》2016 年 1 月 8 日。

② 中共中央组织部：《中国共产党党内统计公报》，《人民日报》2023 年 7 月 1 日。

党组织弱化、虚化和边缘化等问题，加强党的建设的力度，提高党的建设水平，不断创新活动方式，推进“三会一课”、支部活动常态化。

第二，要以提升能力为重点，加强基层党组织队伍建设。基层党的建设能否取得实效，思想建党和制度治党能否同向发力，与基层党组织带头人的学习力、执行力、宣传力、组织力、动员力等密切相关，必须有针对性地提升他们这些方面的能力。

第三，要以激发基层党组织活力为出发点，扩大党内基层民主。一个政党只有保持活力才能长盛不衰，而充分发扬民主，调动广大党员干部的积极性和创造性是激发一个政党活力的根本路径。新时代，中国共产党要激发自身尤其是基层党组织的活力，必须畅通党员监督党的干部尤其是领导干部以及向党组织建言献策的渠道，切实保证党员知晓和参与党内事务的权利，充分调动起基层党员政治参与和干事创业的热情，增强他们“不忘初心、牢记使命”的责任感和荣誉感。

结束语

长期以来，特别是党的十八大以来，习近平总书记关于中国共产党思想建设的重要论述，内涵丰富，思想深邃，体系完备，既丰富发展了马克思列宁主义、毛泽东思想和中国特色社会主义理论体系的党建学说，构成了习近平新时代中国特色社会主义思想的重要组成部分，又对中国共产党全面从严治党、纵深推进自我革命和中国特色社会主义胜利前进、中华民族伟大复兴、人类文明进步等都有着重大而深远的影响。从历史发展、时代背景和党的建设进程等方面看，习近平总书记关于党的思想建设的重要论述具有独特而显著的特征。

一、鲜明的问题导向

问题就是矛盾，就是自然界、人类社会发展过程中出现的需要人类认识、探讨并应对的矛盾和课题。马克思主义辩证唯物论认为，实践是认识的源泉、动力、目的、归宿和检验标准。因此，坚持问题导向是马克思主义的鲜明特点。习近平总书记指出："每个时代总有属于它自己的问题，只要科学地认识、准确地把握、正确地解决这些问题，就能够把我们的社会不断推向前进。"[①]党的十八大以来，以习近平同志为核心的党中央紧紧围绕新时代坚持和发展什么样的中国特色社会主义、怎样坚持和发展中国特色社会主义，建设什么样的社会主义现代化强国、怎样建设社会主义现代化强国，建设什么样的长期执政的马克思主义政党、怎样建设长期执政的马克思主义政党等重大时代课题，就新时代党和国家事业发展的一系列重大理论和实践问题进行了深邃思考和科学判断，提出了一系列原创性的治国理政新理念新思想新战略，形成和发展了习近平新时代中国特色社会主义思想。习近平总书记关于党的思想建设的重要论述同样是在深入回答新时代建设什么样的长期执政的马克思主义政党、怎样建设长期执政的马克思主义政党等重大时代课题时提出的。2012 年 11 月，习近平同志当选为十八届中央委员会总书记后首次同中外记者见面时就提出："新形势下，我们党面临着许多严峻挑战，党

① 中共中央宣传部编：《习近平新时代中国特色社会主义思想学习纲要》，学习出版社、人民出版社 2019 年版，第 248 页。

内存在着许多亟待解决的问题。尤其是一些党员干部中发生的贪污腐败、脱离群众、形式主义、官僚主义等问题，必须下大气力解决。”[1]2014年6月，习近平总书记在主持十八届中共中央政治局第十六次集体学习时的讲话中，认为当前党的建设形势总体是好的，但同时面临的难题不少，主要表现在4个方面，其中第一、第三方面都是思想建设问题，即“一是社会多样化发展使人民思想多元化、复杂性的特征越来越明显，这必然增加党内统一思想的难度，我们党是一个大党，统一思想历来不易”，“三是党内存在大量思想问题和利益矛盾，某些矛盾涉及党员、干部多，同其他社会矛盾错综交织，协调处理难度很大”[2]。之后，在2015年12月全国党校工作会议、2016年9月学习《胡锦涛文选》报告会、2016年10月十八届六中全会、2017年10月党的十九大、2018年1月十九届中央纪委第二次全体会议、2020年5月“不忘初心、牢记使命”主题教育工作会议、2021年2月党史学习教育动员大会等重要场合的讲话都明确强调要坚持问题导向，着眼于解决党内存在的政治、思想、组织、作风、纪律、制度和反腐败斗争等方面问题，不断推进党的思想理论、方针政策和体制机制等创新发展。其中，关于党的思想建设，习近平总书记反复指出，“加强党的理论教育，要坚持实事求是，坚持理论联系实际的马克思主义学风，坚持问题导向，注重回答普遍关注的问题，注重解答学员思想上的疙瘩，反对主观主义、教条主义、形式主义，防止空对空、两张皮。比如，如何看待马克思主义的真理性，如何看待社会主义本质特征，如何看待中国特色社会主义理论体系的科学性，如何看待加

---

① 《习近平谈治国理政》第1卷，外文出版社2018年版，第4—5页。

② 《习近平关于全面从严治党论述摘编》，中央文献出版社2016年版，第7页。

强和改善中国共产党的领导，如何看待自由、民主、平等的科学内涵和实践，如何看待西方所谓‘普世价值’，就需要重点加以回答”[①]；“党的建设必须常抓不懈，全面从严治党必须真管真严、敢管敢严、长管长严。我们要牢牢把握加强党的执政能力建设和先进性建设这条主线，继续从严从实加强党的思想建设、组织建设、作风建设、反腐倡廉建设、制度建设，坚持问题导向，以自我革命的政治勇气，着力解决党内存在的各种问题”[②]；党的十八大以来，我们推进全面从严治党成效卓著并取得弥足珍贵的经验，经验之一是“坚持思想建党和制度治党相统一”，经验之二是“坚持使命引领和问题导向相统一”[③]；全党开展“不忘初心、牢记使命”主题教育，其“‘守初心、担使命，找差距、抓落实’的总要求，是根据新时代党的建设任务、针对党内存在的突出问题、结合这次主题教育的特点提出来的”，“党内存在的一些突出问题，从根源上说都是思想上的问题。从延安整风运动以来，我们党开展历次集中性教育活动，都是以思想教育打头。开展这次主题教育，要强化理论武装，聚焦解决思想根子问题”。[④]可见，习近平总书记关于党的思想建设的重要论述是正视、解答党存在和面临的现实问题而提出的，是在党的十八大以来全面从严治党的实践中产生的，其关于什么是新时代党的思想建设、为什么要加强党的思想建设、如何加强党的思想建设等重要论述均彰显

---

① 习近平：《在全国党校工作会议上的讲话》，人民出版社2016年版，第16页。

② 《习近平关于全面从严治党论述摘编》，中央文献出版社2016年版，第7页。

③ 《十九大以来重要文献选编》上，中央文献出版社2019年版，第189页。

④ 《十九大以来重要文献选编》中，中央文献出版社2021年版，第111、第114页。

了鲜明的问题导向。

二、强烈的担当意识

中国共产党诞生于风雨如晦的半殖民地半封建社会的旧中国，近代中国各种政治力量和救国方案先后登上历史舞台，“你方唱罢我登场”，但都以失败告终，包括孙中山先生领导的辛亥革命虽然推翻了统治中国几千年的君主专制制度，但也未能改变中国半殖民地半封建的社会性质和中国人民的悲惨命运。中国迫切需要新的思想引领救亡运动，迫切需要新的组织凝聚革命力量。[①]正是在这一背景下，为了改变中国人民的悲惨命运和挽救中华民族危亡命运，历史和中国人民选择了马克思主义，在马克思列宁主义同中国工人运动相结合的基础上，中国共产党应运而生。因此，中国共产党自诞生始就是一个使命型政党，其初心和使命就是为中国人民谋幸福、为中华民族谋复兴。党诞生百年来，始终牢记初心使命，团结带领中国人民以“为有牺牲多壮志，敢教日月换新天”的大无畏气概，书写了中华民族几千年历史上最恢宏的史诗[②]。

改革开放以来，包括党的思想建设在内的“党的建设取得明显成效。同时，由于一度出现管党不力、治党不严问题，有些党员、干部政治信仰出现严重危机，一些地方和部门选人用人风气不正，形式主义、官僚

① 《中共中央关于党的百年奋斗重大成就和历史经验的决议》，人民出版社2021年版，第4页。

② 习近平：《在庆祝中国共产党成立100周年大会上的讲话》，人民出版社2021年版，第7页。

主义、享乐主义和奢靡之风盛行，特权思想和特权现象较为普遍存在”[①]。为此，党的十八大以来，以习近平同志为核心的党中央表现出全面从严治党、深入推进自我革命的坚强决心和使命担当。2012 年 11 月，习近平总书记率领十八届中共中央政治局常委同中外记者首次见面时就强调“人民对美好生活的向往，就是我们的奋斗目标”，“全党同志的重托，全国各族人民的期望，是对我们做好工作的巨大鼓舞，也是我们肩上的重大责任”，“打铁还需自身硬。我们的责任，就是同全党同志一道，坚持党要管党、从严治党，切实解决自身存在的突出问题，切实改进工作作风，密切联系群众，使我们党始终成为中国特色社会主义事业的坚强领导核心”。[②]2013 年 3 月，习近平总书记在接受金砖国家媒体联合采访时指出：“对我来讲，人民把我放在这样的工作岗位上，就要始终把人民放在心中最高的位置，牢记人民重托，牢记责任重于泰山。”[③]这充分体现了习近平总书记始终把人民放在心目中最高位置，坚持以人民为中心，牢记人民重托的为民情怀和责任意识。之后，在 2013 年 6 月党的群众路线教育实践活动工作会议、2015 年 1 月十八届中央纪委五次全会、2016 年 7 月庆祝中国共产党成立 95 周年大会和 10 月党的十八届六中全会、2017 年 10 月党的十九大、2018 年 5 月纪念马克思诞辰 200 周年大会、2019 年 5 月“不忘初心、牢记使命”主题教育工作会议、2021 年 2 月党史学习教育动员大会等重要场合的讲话中，对党坚持和发展马克思主义、坚持用习近平新时代中国特色社会主义思想武装

① 《中共中央关于党的百年奋斗重大成就和历史经验的决议》，人民出版社 2021 年版，第 29 页。

② 《习近平谈治国理政》第 1 卷，外文出版社 2018 年版，第 4—5 页。

③ 《习近平谈治国理政》第 1 卷，外文出版社 2018 年版，第 409 页。

全党，勇敢面对新形势新环境下党员干部思想理论、理想信念、党性修养等方面出现的新问题新挑战，积极探讨加强党的思想理论建设、坚定党员干部理想信念、促进党员干部党性修养等理论、路径和制度等，都表现出强烈的使命感和责任感。例如，2016 年 10 月，习近平总书记在党的十八届六中全会上强调，如果党内信念涣散、组织涣散，那就无法有效应对党面临的“四大考验”和“四种危险”，最终不仅不能实现我们的奋斗目标，而且可能严重脱离人民群众，上演霸王别姬的悲剧。这就是党中央反复强调“打铁还需自身硬”的根本原因，因此要推进全面从严治党，第一条就是抓思想从严，坚持用马克思主义中国化最新成果武装头脑、凝心聚魂，用理想信念和党性教育固本培元、补钙壮骨，着力教育引导全党坚定理想、坚定信念，增强中国特色社会主义道路自信、理论自信、制度自信、文化自信[①]；2017年10月，在党的十九大报告中，习近平总书记指出，“全面从严治党永远在路上”，“全党必须清醒认识到，我们党面临的执政环境是复杂的，影响党的先进性、弱化党的纯洁性的因素也是复杂的，党内存在的思想不纯、组织不纯、作风不纯等突出问题尚未得到根本解决”，要深刻认识党面临“四大考验”和“四种危险”的尖锐性和严峻性，坚持问题导向，保持战略定力，推进全面从严治党向纵深发展[②]。2018 年 7 月，习近平总书记在全国组织工作会议上的讲话中指出：“在新时代，我们党领导人民进行伟大社会革命，涵盖领域的广泛性、触及利益格局调整的深刻性、涉及矛盾和问题的尖锐性、突破体制机制障碍的艰巨性、进行伟大斗争形势的复杂性，都是前所未有的。

---

① 《十八大以来重要文献选编》下，中央文献出版社 2018 年版，第 453 页。

② 《十九大以来重要文献选编》上，中央文献出版社 2019 年版，第 43 页。

我们必须增强忧患意识、责任意识，把党的伟大自我革命进行到底。”[①]可见，习近平总书记关于党的思想建设的重要论述显示出强烈的使命担当意识，这一担当意识既表现在对建设长期执政的马克思主义政党的责任担当，也表现为对实现中华民族伟大复兴、满足人民群众对美好生活需要的使命担当。

三、广阔的国际视野

当今世界正经历百年未有之大变局。世界多极化、经济全球化、社会信息化、文化多样化深入发展，全球治理体系和国际秩序变革加速推进，世界各国人民的命运从来没有像今天这样紧密相连。当今中国正处在民族复兴的关键时期。新中国成立以来特别是改革开放以来，党领导中国人民经过长期的努力，中华民族实现了从站起来到富起来并迎来强起来的伟大飞跃，社会生产力水平总体上明显提高，国家经济实力、科技实力、国防实力、综合国力、国际影响力明显提升，成为维护世界和平、促进世界经济发展、推动人类文明进步的重要力量。中国的发展离不开世界，世界的发展也需要中国。在这种大背景下，党的自身建设及其领导的中国特色社会主义事业的发展，必须统筹国内国际两个大局，把党和国家事业的发展置于国际环境、全球视野下谨慎考量和科学决策。

党的十八大以来，习近平总书记多次强调要善于观大势、谋大事，要树立和增强辩证思维、历史思维、底线思维、战略思维、法治思维，不断提高全党尤其是党员干部的判断力、创新力和执行力，作为世界上

① 《习近平谈治国理政》第 3 卷，外文出版社 2020 年版，第 516 页。

最大发展中国家执政的世界最大政党，只有眼界非常宽阔，正确认识和积极顺应中国和世界发展的大势，才能跟上时代前进步伐，把握工作主动权，推动事业顺利发展。2013 年 1 月，在十八届中共中央政治局第三次集体学习会议上，习近平总书记指出，“我们要坚持从我国实际出发，坚定不移走自己的路，同时我们要树立世界眼光，更好地把国内发展与对外开放统一起来，把中国发展与世界发展联系起来”，“在中国与世界各国良性互动、互利共赢中开拓前进”。[①]正是根据这一指导精神，以习近平同志为核心的党中央综观国际国内大势，坚持认为和平与发展仍是当今世界的时代主题，和平、发展、合作、共赢是当今世界的时代潮流，我国仍然处在一个可以大有作为的战略机遇期，当然，重要战略机遇期的内涵和条件已经发生了很大变化，全党“要强化战略思维，保持战略定力，把谋事和谋势、谋当下和谋未来统一起来，因应情势发展变化，及时调整战略策略，加强对中远期的战略谋划，牢牢掌握战略主动权”[②]。正是放眼国际视野，立足全球视野，基于对时代主题和特征、我国发展战略机遇的科学判断，党领导人民统筹国内国际两个大局，统筹推进“五位一体”总体布局，协调推进“四个全面”战略布局，提出了一系列原创性治国理政新理念新思想新战略，形成和发展了习近平新时代中国特色社会主义思想。同时，习近平总书记对党的光辉历史、伟大功绩和成功经验等总结也具有广阔的国际视野。习近平总书记自豪宣告：一百年来，党团结带领人民在革命、建设、改革各个历史时期持续奋斗，创造了彪炳世界社会主义发展史、人类社会发展史的奇迹，生动谱写了

① 《习近平谈治国理政》第 1 卷，外文出版社 2018 年版，第 248 页。
② 《十九大以来重要文献选编》中，中央文献出版社 2021 年版，第 831 页。

世界社会主义历史发展的壮丽篇章，成功开辟了马克思主义新境界[①]。这就从世界社会主义运动、人类社会发展、马克思主义在世界发展等广阔的国际视野高度评价了党百年奋斗的伟大成就。

关于加强党的思想建设，党的十八大以来，习近平总书记同样从广阔的国际视野作出了科学研判和全面阐释。例如，从马克思主义尤其是科学社会主义在世界的运用和发展，强调坚持和发展马克思主义，续写科学社会主义的新篇章。2013 年 1 月，习近平总书记在新进中央委员、候补委员学习贯彻党的十八大精神研讨班上指出，马克思主义必定随着时代、实践和科学的发展而不断发展，中国特色社会主义是适应中国和时代发展进步要求的科学社会主义，我们这一代共产党人的任务，就是要继续把坚持和发展中国特色社会主义这篇大文章写下去。[②]2015 年 1 月，习近平总书记在十八届中共中央政治局第二十次集体学习时指出："要根据时代变化和实践发展，不断深化认识，不断总结经验……发展 21 世纪中国的马克思主义。"[③]对中国特色社会主义进入新时代、中国特色社会主义事业取得的伟大成就尤其是丰富发展马克思主义给予高度评价，习近平总书记多次强调其"意味着科学社会主义在二十一世纪的中国焕发出强大生机活力，在世界上高高举起了中国特色社会主义伟大旗帜……拓展了发展中国家走向现代化的途径，给世界上那些既希望加快发展又希望保持自身独立的国家和民族提供了全新选择，为解决人类

① 《中国共产党第十九届中央委员会第六次全体会议文件汇编》，人民出版社 2021 年版，第 115 页。

② 《习近平谈治国理政》第 1 卷，外文出版社 2018 年版，第 21、23 页。

③ 《习近平在中共中央政治局第二十次集体学习时强调　坚持运用辩证唯物主义世界观方法论　提高解决我国改革发展基本问题本领》，《人民日报》2015 年 1 月 25 日。

问题贡献了中国智慧和中国方案"[①],"创造了人类文明新形态"[②]。关于党员干部信仰缺失、理想信念动摇、党性弱化的危害，习近平总书记在多次讲话中不仅揭示了其对中国共产党保持先进性、纯洁性和巩固执政地位，对中国特色社会主义现代化和中华民族伟大复兴等事业发展的危害，而且从东欧剧变、苏联解体、苏共垮台以及东欧诸国"颜色革命"、中东国家"阿拉伯之春"等深刻教训告诫全党，思想滑坡、信念动摇等必将导致党思想纷争、组织瓦解、重蹈覆辙。关于如何发展马克思主义，习近平总书记同样强调坚持国际视野，在 2018 年 12 月庆祝改革开放 40 周年大会上指出，要"用深邃的历史眼光、宽广的国际视野把握事物发展的本质和内在联系，紧密跟踪亿万人民的创造性实践，借鉴吸收人类一切优秀文明成果，不断回答时代和实践给我们提出的新的重大课题，让当代中国马克思主义放射出更加灿烂的真理光芒"[③]。总之，党的十八大以来，习近平总书记从马克思主义在世界的运用和发展、中国共产党及其领导的中国特色社会主义事业在世界社会主义运动乃至全人类发展进步中的地位和作用、一些国家马克思主义政党和社会主义建设过程留下的深刻教训等广阔国际视野对党的思想建设作出了重要论述，极大地丰富发展了马克思主义建党学说，不仅对中国共产党的建设、中国特色社会主义事业的发展等发挥了指导作用，而且对世界社会主义运动、人类命运共同体的构建等产生了重大影响。

---

① 《十九大以来重要文献选编》上，中央文献出版社 2019 年版，第 7—8 页。

② 习近平：《在庆祝中国共产党成立 100 周年大会上的讲话》，人民出版社 2021 年版，第 14 页。

③ 《十九大以来重要文献选编》上，中央文献出版社 2019 年版，第 731—732 页。

四、坚定的政党自信

"信仰、信念、信心，任何时候都至关重要。小到一个人、一个集体，大到一个政党、一个民族、一个国家，只要有信仰、信念、信心，就会愈挫愈奋、愈战愈勇，否则就会不战自败、不打自垮。"[①]党的十八大以来，以习近平同志为核心的党中央虽然对中国共产党自身建设、中华民族伟大复兴、人类文明进步等艰巨性、长远性和复杂性等保持高度警觉，认识到"人间正道是沧桑"，但是对当今世界总体局势、人类社会发展趋向、中华民族伟大复兴和中国特色社会主义现代化前景等都充满高度自信，坚信"长风破浪会有时"。习近平总书记在众多重要场合的讲话中都指出，和平与发展仍然是时代主题，人类命运共同体理念深入人心，当前和今后一段时期，我国发展仍然处于重要战略机遇期，中国"同各国人民一道推动构建人类命运共同体，就一定能够迎来人类和平与发展的美好未来"。[②]无论从历史、今天、未来的历时比较，还是从世界各个国家和政党发展现状的共时比较，"当今世界，要说哪个政党、哪个国家、哪个民族能够自信的话，那中国共产党、中华人民共和国、中华民族是最有理由自信的"。[③]经过全党全国各族人民长期不懈奋斗，党的面貌、国家的面貌、人民的面貌、军队的面貌、中华民族的面貌发生了前所未有的变化，中国特色社会主义进入了新时代，"今天，我们比

① 《十九大以来重要文献选编》上，中央文献出版社2019年版，第739页。

② 《十九大以来重要文献选编》中，中央文献出版社2021年版，第775页。

③ 习近平：《在党史学习教育动员大会上的讲话》，人民出版社2021年版，第9页。

历史上任何时期都更接近、更有信心和能力实现中华民族伟大复兴的目标”①。这些重要论述充分表达和彰显了以习近平同志为主要代表的中国共产党人和全国各族人民的高度自信，对于全体中华儿女凝心聚力全面建成小康社会、开启全面建设社会主义现代化国家、为人类文明进步作贡献而砥砺奋进具有重大而深刻的影响。

关于党的思想建设的成就、经验和前景，党的十八大以来，习近平总书记在一系列重要讲话中也同样给予了充分肯定，表达了高度自信。关于党的指导思想，习近平总书记指出，“马克思主义是科学的理论，创造性地揭示了人类社会发展规律……为人类指明了从必然王国向自由王国飞跃的途径，为人民指明了实现自由和解放的道路”，“从《共产党宣言》发表到今天，一百七十年过去了，人类社会发生了翻天覆地的变化，但马克思主义所阐述的一般原理整个来说仍然是完全正确的”②，“马克思主义是我们立党立国的根本指导思想，是我们党的灵魂和旗帜”，“中国共产党为什么能，中国特色社会主义为什么好，归根到底是因为马克思主义行”。③关于党的理论创新，习近平总书记指出，中国共产党人坚持把马克思主义基本原理同中国具体实际、同中华优秀传统文化相结合，推进马克思主义中国化实现了第一次历史性飞跃和两次新的飞跃，形成了毛泽东思想、中国特色社会主义理论体系、新时代中国特色社会主义思想，今后还将“不断开辟当代中国马克思主义、二十一世纪马克思主

---

① 《十九大以来重要文献选编》上，中央文献出版社2019年版，第11页。

② 《十九大以来重要文献选编》上，中央文献出版社2019年版，第423—424、433页。

③ 习近平：《在庆祝中国共产党成立100周年大会上的讲话》，人民出版社2021年版，第12—13页。

义新境界”[①]。关于党的思想纯洁性和理想信念状况，习近平总书记认为经过开展群众路线、“三严三实”、“不忘初心、牢记使命”等集中性主题教育和严肃党内政治生活、彻底纠正“四风”等伟大斗争，全党“坚定了对马克思主义的信仰、对中国特色社会主义的信念”，“广大党员、干部信仰之基更加牢固、精神之钙更加充足”[②]。这些重要论述对中国共产党指导思想的科学性、生命力，对中国共产党运用和发展马克思主义的伟大成就和光明前景、对中国共产党通过自我革命锤炼品格和党性而始终成为走在时代前列的马克思主义政党等表达了高度自信和自觉。这一思想建党的自信自觉对于党发挥历史主动精神，继续推进党及其所领导的中华民族伟大复兴、人类文明进步等具有重大价值。

总之，党的十八大以来，习近平总书记关于党的思想建设的重要论述，内涵丰富，思想深邃，呈现出问题导向、使命担当、国际视野、高度自信等显著特征。这些重要论述丰富和发展了马克思主义建党学说，为中国共产党加强自身建设奠定了理论基础和铸牢了政治灵魂，为世界社会主义运动和人类文明进步提供了中国智慧，必将随着实践的发展而继续发展，并发挥更加广泛而深远的影响。

① 《十九大以来重要文献选编》上，中央文献出版社 2019 年版，第 435 页。
② 《十九大以来重要文献选编》中，中央文献出版社 2021 年版，第 372 页。

参考文献

1.《马克思恩格斯选集》第1—4卷，人民出版社2012年版。

2.《马克思恩格斯文集》第1—10卷，人民出版社2009年版。

3.《列宁选集》第1—4卷，人民出版社2012年版。

4.《列宁专题文集》第1—5卷，人民出版社2009年版。

5.《斯大林选集》上卷，人民出版社1979年版。

6.《毛泽东选集》第1—4卷，人民出版社1991年版。

7.《毛泽东文集》第2卷，人民出版社1993年版。

8.《毛泽东文集》第8卷，人民出版社1999年版。

9.《毛泽东早期文稿》，湖南人民出版社2013年版。

10.《毛泽东年谱（1893—1949）》（修订本）中卷，中央文献出版社2013年版。

11.《刘少奇选集》上卷，人民出版社1985年版，第116页。

12.《刘少奇论党的建设》，中央文献出版社1991年版。

13.《邓小平文选》第1—2卷，人民出版社1994年版。

14.《邓小平文选》第3卷，人民出版社1993年版。

15.《江泽民文选》第1—3卷，人民出版社2006年版。

16. 江泽民:《论党的建设》，中央文献出版社2001年版。

17.《江泽民思想年编（1989—2008）》，中央文献出版社 2010 年版。

18.《胡锦涛文选》第 1—3 卷，人民出版社 2016 年版。

19.《习近平谈治国理政》第 1 卷，外文出版社 2018 年版。

20.《习近平谈治国理政》第 2 卷，外文出版社 2017 年版。

21.《习近平谈治国理政》第 3 卷，外文出版社 2020 年版。

22.《习近平关于全面深化改革论述摘编》，中央文献出版社 2014 年版。

23.《习近平关于党的群众路线教育实践活动论述摘编》，党建读物出版社、中央文献出版社 2014 年版。

24.《习近平关于严明党的纪律和规矩论述摘编》，中央文献出版社、中国方正出版社 2016 年版。

25.《习近平关于全面从严治党论述摘编》，中央文献出版社 2016 年、2021 年版。

26.《习近平关于社会主义文化建设论述摘编》，中央文献出版社 2017 年版。

27.《习近平关于“不忘初心、牢记使命”论述摘编》，党建读物出版社、中央文献出版社 2019 年版。

28. 习近平：《学习马克思主义基本理论是共产党人的必修课》，《求是》2019 年第 22 期。

29. 习近平：《论党的宣传思想工作》，中央文献出版社 2020 年版。

30. 习近平：《在党史学习教育动员大会上的讲话》，人民出版社 2021 年版。

31. 习近平：《在庆祝中国共产党成立 100 周年大会上的讲话》，人民出版社 2021 年版。

32. 习近平:《论中国共产党历史》，中央文献出版社 2021 年版。

33. 习近平:《学史明理　学史增信　学史崇德　学史力行》,《求是》2021 年第 13 期。

34. 习近平:《高举中国特色社会主义伟大旗帜　为全面建设社会主义现代化国家而团结奋斗》，人民出版社 2022 年版。

35. 中央档案馆、中共中央文献研究室编:《中共中央文件选集（1949 年 10 月—1966 年 5 月）》第 5 册，人民出版社 2013 年版。

36.《建党以来重要文献选编（1921—1949）》第 16 册，中央文献出版社 2011 年版。

37.《建国以来重要文献选编》第 5 册，中央文献出版社 1993 年版。

38.《十三大以来重要文献选编》中，人民出版社 1991 年版。

39.《十四大以来重要文献选编》上，人民出版社 1996 年版。

40.《十五大以来重要文献选编》上，人民出版社 2000 年版。

41.《十六大以来重要文献选编》上，中央文献出版社 2005 年版。

42.《十七大以来重要文献选编》上，中央文献出版社 2009 年版。

43.《十七大以来重要文献选编》中，中央文献出版社 2011 年版。

44.《十七大以来重要文献选编》下，中央文献出版社 2013 年版。

45.《十八大以来重要文献选编》上，中央文献出版社 2014 年版。

46.《十八大以来重要文献选编》中，中央文献出版社 2016 年版。

47.《十八大以来重要文献选编》下，中央文献出版社 2018 年版。

48.《十九大以来重要文献选编》上，中央文献出版社 2019 年版。

49.《十九大以来重要文献选编》中，中央文献出版社 2021 年版。

50. 中共中央马克思恩格斯列宁斯大林著作编译局编:《苏共决议汇编》第 2 分册，人民出版社 1958 年版。

51. 中共中央文献编辑委员会:《中共中央关于党的百年奋斗重大成就和历史经验的决议》，人民出版社 2021 年版。

52. 中共中央宣传部编:《习近平新时代中国特色社会主义思想三十讲》，学习出版社 2018 年版。

53. 中共中央宣传部编:《习近平新时代中国特色社会主义思想学习纲要》，学习出版社、人民出版社 2019 年版。

54. 中共中央宣传部编:《习近平新时代中国特色社会主义思想学习问答》，学习出版社、人民出版社 2021 年版。

55. 中共中央文献编辑委员会编:《中国共产党廉洁自律准则中国共产党纪律处分条例》，人民出版社 2015 年版。

56. 中共中央文献编辑委员会编:《关于新形势下党内政治生活的若干准则》，人民出版社 2016 年版。

57.《中国共产党章程》，人民出版社 2007 年、2017 年、2022 年版。

58. 中共中央文献编辑委员会编:《中共中央关于坚持和完善中国特色社会主义制度　推进国家治理体系和治理能力现代化若干重大问题的决定》，人民出版社 2019 年版。

59. 本书编写组编:《全面从严治党再出发》，新华出版社 2018 年版。

60. 张静如等编著:《中国共产党思想史》，青岛出版社 1991 年版。

61. 魏泽焕主编:《马克思主义党的学说及其发展》，广东人民出版社 2001 年版。

62. 李洪峰:《论思想建党与理论武装》，人民出版社 2016 年版。

63. 崔耀中:《全面从严治党新要求　新特点　新部署》，人民出版社 2016 年版。

64. 王京清主编:《深入推进新时代党的建设新的伟大工程》，中国社会科学出版社 2019 年版。

65. 张英伟主编:《全面从严治党永远在路上》，中国社会科学出版社 2019 年版。

66. 中共中央党史研究室编:《中国共产党的历史（1921—1949）》第一卷上、下册，中共党史出版社 2011 年版。

67. 中共中央党史研究室编:《中国共产党的九十年》，中共党史出版社、党建读物出版社 2016 年版。

68. 本书编写组:《中国共产党简史》，人民出版社、中共党史出版社 2021 年版。

69. 全国干部培训教材编审指导委员会组织编写:《全面践行总体国家安全观》，人民出版社、党建读物出版社 2019 年版。

70. 彭文龙、陈世润:《思想建党与制度治党相结合：中国共产党党建规律的伟大探索》,《探索》2015 年第 2 期。

71. 臧乃康、张扬金:《习近平思想建党重要论述的四重意蕴》,《理论探讨》2015 年第 6 期。

72. 张书林:《思想建党与制度治党：目标任务与耦合生态》,《学习与实践》2015 年第 11 期。

73. 韩强:《把思想建党与制度治党高度结合的几点思考》,《理论探索》2016 年第 6 期。

74. 石仲泉:《锻造坚强领导核心之路——学习习近平关于思想建党和制度治党相结合的思想》,《中共党史研究》2016 年第 7 期。

75. 徐友龙:《把思想理论建设摆在更加突出的位置——习近平在浙工作期间加强思想理论建设研究》,《中共浙江省委党校学报》2017 年第 3 期。

76. 王久高:《坚持思想建党与理论强党》,《中国特色社会主义研究》2017 年第 5 期。

77. 王永贵:《推进全面从严治党伟大工程的新方略——习近平关于思想建党和制度治党紧密结合的新思想》,《陕西师范大学学报(哲学社会科学版)》2017 年第 6 期。

78. 黄文秀、郭维平、赵金飞:《习近平思想建党理论的特点、渊源与现实意义》,《观察与思考》2017 年第 8 期。

79. 吕永祥、王立峰:《新时代思想建党与制度治党融合互动的三维分析框架》,《湖北社会科学》2017 年第 12 期。

80. 王建华:《提升新时代思想建党水平的辩证思考》,《东南学术》2018 年第 3 期。

81. 王永凤:《习近平思想建党的基本特点》,《思想理论教育导刊》2018 年第 3 期。

82. 陈姝宏:《新时代推进思想建党的路径探析》,《邓小平研究》2018 年第 4 期。

83. 李洪峰:《新时代思想建党理论强党的根本任务》,《党建研究》2018 年第 8 期。

84. 冯立元、须卫:《思想建党是严肃党内政治生活的基础》,《华北理工大学学报(社会科学版)》2019 年第 1 期。

85. 李洪峰:《提高党的建设质量:新时代的重大课题》,《群众》2019 年第 1 期。

86. 丁俊萍、李雅丽:《新时代中国共产党思想建党、理论强党的内在逻辑》,《中共中央党校(国家行政学院)学报》2019 年第 4 期。

87. 丁威:《习近平关于思想建党与制度治党相结合重要论述的内在

逻辑与推进路径》,《理论学刊》2019年第6期。

88. 人民日报评论员:《坚持思想建党理论强党——论学习贯彻习近平总书记在“不忘初心、牢记使命”主题教育工作会议重要讲话》,《理论导报》2019年第6期。

89. 邹世勇:《党内教育:思想建党的有力武器》,《党政干部论坛》2020年第1期。

90. 雷青松:《思想建党和制度治党同向发力:逻辑与进路》,《长白学刊》2020年第1期。

91. 周良书、张思维:《中国共产党思想建党的历史逻辑与现实启示》,《北京航空航天大学学报(社会科学版)》2021年第1期。

后记

本书是2018年度安徽省哲学社会科学规划重大项目："习近平总书记关于全面从严治党重要论述研究"子课题"拧紧思想信念'总开关'——习近平总书记关于党的思想建设重要论述研究"最终成果。由高正礼教授（前言、第一章、第二章、第三章、结束语）、季春芳副教授（第四章、第五章）共同完成，课题组其他成员不仅参与了提纲的讨论，而且一起对书稿进行了多次审定，并提出了不少中肯的修改意见，为书稿质量的提高作出了重要贡献。

本课题研究自始至终都是在课题组总负责人姚宏志教授指导下进行的，他为本书的成稿付出了很多心血。书稿撰写过程中参考了学术界和理论界有关专家的研究成果，安徽师范大学马克思主义学院的领导和同事们对本课题研究给予了很大支持，在此一并表示衷心的感谢。

习近平总书记关于党的思想建设的重要论述内容丰富、思想精深、体系完备，是新时代中国共产党不断加强自我革命、推进全面从严治党向纵深发展的理论基础。由于我们水平有限，书中所述所论不一定全面准确，敬请广大读者批评指正！

高正礼

2023年1月